DICTIONNAIRE

CRITIQUE

DES RELIQUES ET DES IMAGES

MIRACULEUSES;

Par J.-A.-S. COLLIN DE PLANCY.

« Et je vis (dans les enfers) entre les mains des démons, un saint évêque dont les reliques avaient fait des miracles. »
DENYS LE CHARTREUX, *de Quat. Nov.* art. 47.

« Vous commandez à un ouvrier de vous faire des dieux, vous les achetez à prix d'or, et vous les adorez. »
ISAÏE, *cap.* 46.

TOME SECOND.

PARIS,

GUIEN ET COMPAGNIE, LIBRAIRES,
BOULEVART MONTMARTRE, n°. 23.

1821.

DICTIONNAIRE

CRITIQUE

DES RELIQUES ET DES IMAGES.

II.

IMPRIMERIE DE FAIN, PLACE DE L'ODÉON.

DICTIONNAIRE

CRITIQUE

DES RELIQUES ET DES IMAGES.

J.

JACOB, — patriarche, fils d'Isaac. Il fut enterré à Cariath-Arbé, dans la caverne d'Hébron. On montre à Rome, dans l'église de Sainte-Marie sur Minerve, quelques-uns de ses os, dont on serait bien embarrassé de faire voir les titres.

Les pèlerins un peu exacts ne manquent pas de visiter auprès de Sichem le fameux puits de Jacob, au bord duquel Notre-Seigneur eut un entretien avec la Samaritaine. Saint Jérôme dit, dans sa lettre sur la mort de sainte Paule, qu'on avait bâti une église auprès de ce puits, qui était très-vénéré de son temps, et qui aujourd'hui désaltère les Turcs, s'il n'est pas desséché.

JACQUES LE MAJEUR, — le troisième apôtre, frère aîné de saint Jean l'évangéliste. Tous les théologiens raisonnables (s'il en est,) se contentent de dire qu'il prêcha à Jérusalem, qu'il resta dans la Judée, et qu'il fut décapité par ordre d'Hérode Agrippa, onze ans après la mort de Jésus-Christ.

Mais les légendaires prétendent qu'après avoir prêché à Jérusalem et à Samarie, l'apôtre saint Jacques vint en Espagne ; qu'il y apporta le christianisme ; qu'il y ordonna des évêques, y bâtit des églises, et qu'il s'en retourna chercher le martyre à Jérusalem.

Ils ajoutent que pendant qu'il convertissait les juifs, deux magiciens, Hermogène et Filette le firent outrager par les démons. Filette fut si étonné des miracles de saint Jacques, qu'il se convertit. Hermogène qui faisait aussi des prodiges, charma tellement le nouveau chrétien, qu'il ne pouvait plus remuer ni bras ni jambes. Saint Jacques en eut pitié et lui envoya son mouchoir, qui ôta le maléfice.

Hermogène furieux commanda à une bande de démons de lui amener Jacques et Filette. Les démons garrottèrent Hermogène lui-même et l'étrillèrent si bien qu'il n'osait plus sortir seul. Jacques eut encore pitié de cet autre, et lui fit présent de son bâton, avec lequel il put aller partout en assurance.

Malgré tant de merveilles, Hérode Agrippa fit trancher la tête du saint, qui guérissait les paralytiques en allant au martyre. Mais on a dû garder quelque part son bâton et son mouchoir (1).

---

(1) Surius, 22 juillet; Ribadéneira, 25 juillet.

COMMENT LE CORPS DE SAINT JACQUES VINT EN ESPAGNE.

Après que saint Jacques fut décapité, ses disciples prirent son corps, et s'en allèrent de nuit au bord de la mer, où ils s'embarquèrent dans un vaisseau qui se trouvait là, sans matelots et sans pilote, mais qui les conduisit merveilleusement en Galice, où régnait alors la reine Louve ou Lupa. Ils tirèrent le saint corps du vaisseau et le déposèrent sur une grande pierre, qui devint aussi souple que la cire, et qui forma sur-le-champ un cercueil miraculeux au grand apôtre. Ils se présentèrent ensuite à la reine Lupa, qui n'avait pas voulu recevoir le saint de son vivant, dans son petit royaume. Ils lui contèrent ce qui se passait. Lupa leur dit qu'elle ne pouvait rien décider là-dessus, sans avoir consulté le roi d'Espagne.

Elle envoya donc les disciples à ce prince, qui les fit mettre en prison, soupa et s'alla coucher. Un ange les délivra pendant que le méchant roi dormait. Il n'eut pas plus tôt appris que ses prisonniers lui échappaient, qu'il envoya un régiment de cavalerie à leur poursuite. Le régiment se noya en traversant un pont qui se rompit. Alors le roi effrayé fit pénitence et envoya dire aux disciples de saint Jacques qu'il ne chercherait plus à leur mal faire.

Les disciples revinrent, se mirent à prêcher, et retournèrent au palais de Lupa qui savait déjà tout. « Prenez mes bœufs qui sont sur la montagne voisine, leur dit-elle; apportez le corps de saint Jacques et placez-le où vous voudrez. » C'était encore une perfidie de Louve; car ses bœufs étaient des bœufs sauvages et indomptés. Les disciples montèrent à la montagne, laquelle était gardée par un grand dragon qui vomissait du feu : ils le fendirent en deux avec un signe de croix, et trouvèrent les bœufs doux comme des agneaux.

Après qu'on les eut chargés du corps de l'apôtre, les bœufs vinrent s'arrêter au milieu du palais de Lupa, sans qu'on pût les faire aller ailleurs. La reine étonnée se fit chrétienne, donna son palais aux disciples qui en firent une église, et acheva ses jours dans les bonnes œuvres (1).

Le corps de saint Jacques débarqua donc à Iria-Flavia, maintenant El-Padron, en Galice, l'an 44 de Jésus-Christ. C'était là aussi qu'il avait pris terre lorsqu'il vint prêcher les Espagnols. On y montre la barque sur laquelle il arriva, seul et sans guide; elle est d'une seule pièce et n'a que six pieds de longueur; il paraît qu'elle ne fait pas de grandes merveilles ou qu'elle se gâte, car elle est presque totalement cachée dans le sable (2).

On ne sait trop pourquoi le corps du saint demeura oublié en Espagne pendant près de huit

---

(1) *Legenda aurea Jacobi de Voragine* aucta à Cl. à Rotd. 94 leg.

(2) Jouvin de Rochefort, *Voyage d'Espagne*, cité dans Bruzen de la Martinière.

siècles ; il y était tout-à-fait ignoré, lorsqu'on le découvrit en l'an 800 sous le règne d'Alfonse le Chaste, dans un bois voisin de Compostelle. Il n'y a aucun titre qui prouve que ce corps soit celui de saint Jacques le majeur, plutôt que de tout autre saint. Cependant on se le persuada généralement en Espagne. On rendit au saint des honneurs magnifiques ; on lui bâtit une église superbe ; son corps fut enchâssé avec luxe, et devint le but d'un fameux pèlerinage qui attirait les dévots de tous les pays du monde, et qui amenait à Compostelle de grandes sommes d'argent.

On appela la voie lactée *chemin de saint Jacques*, parce qu'elle se trouvait dans la direction de Compostelle ; ce chemin céleste avait été tracé, disait-on, par les anges qui avaient fait un jour le pèlerinage de Galice ; les clous lumineux qui se détachèrent de leurs souliers sont les petites étoiles qui forment confusément la voie lactée (1).

On sait que tout bon Espagnol ne mourrait pas en paix, s'il n'avait fait une fois au moins le pèlerinage de saint Jacques de Compostelle, qui est aussi le patron des pèlerins, dont il porte le costume dans ses images.

DES DIVERS CORPS DE SAINT JACQUES LE MAJEUR.

Quoique les Espagnols se vantent de posséder

---

(1) C'est ce que donnent à entendre les anciens bréviaires de saint Jacques de Galice.

depuis l'an 44, le vrai corps de saint Jacques; on voit dans Fortunat que le corps de ce saint était encore en Judée au sixième siècle. Tillemont (1) en indique un troisième, qui était en Lydie, en même temps qu'on l'honorait en Terre-sainte, et qu'on le possédait dans le bois de Compostelle.

Ce grand apôtre a un quatrième corps à Vérone; ce corps fut trouvé sur le mont Grigiano. Il a un cinquième corps à Toulouse; un sixième à Rome dans l'église des Saints-Apôtres; un septième à Pistoie, où l'on a une si grande vénération pour lui, que l'on l'appelle le premier des apôtres dans les prières publiques (2). On a encore une huitième tête de saint Jacques à Venise, une neuvième à l'abbaye de Saint-Waast d'Arras; un quinzième bras à Rome dans l'église de Saint-Chrysogone, un seizième à Liége, un dix-septième bras à l'abbaye de Saint-Benoît-sur-Loire; un dix-huitième à Amiens, et beaucoup d'autres reliques à Paris, à Troyes, à Bologne, etc.

MANTEAU DE SAINT JACQUES.

Théodoret raconte qu'un méchant démon lui apparut un jour et lui dit en langue syriaque: « Va, il y a long-temps que je t'aurais mis en

---

(1) *Mémoires ecclésiastiques*, tome I, page 629.
(2) Saint Pierre ne peut pas trouver cela bien. Une oraison à saint Jacques commence ainsi: *Tu qui primatum tenes inter apostolos, imò qui eorum primus*, etc. (Misson, t. II, p. 325.)

» pièces, si je ne t'avais vu gardé par saint Jacques
» et par plusieurs martyrs. » Un de mes amis et moi entendîmes ce discours, ajoute Théodoret; le démon parlait ainsi, parce qu'il y avait à mon lit un petit vase pendu, où était de l'huile bénite au tombeau de plusieurs martyrs; et il nommait saint Jacques, parce que j'avais sous ma tête un vieux manteau de ce grand serviteur de Dieu. On ne sait ce qu'est devenu ce manteau.

MIRACLES EN FAVEUR DES PÈLERINS, etc.

Un jeune Lyonnais, qui avait déjà fait quelquefois avec beaucoup de dévotion, le pèlerinage de saint Jacques de Compostelle, tomba un jour dans le péché de fornication, en faisant son pieux voyage, et arriva quelques jours après au tombeau du saint, qu'il honora et pria avec révérence.

La nuit suivante, le diable ayant pris la figure et le costume de saint Jacques, lui apparut et lui dit : « Me connais-tu ? — Non. — Je suis saint
» Jacques, que tu viens voir tous les ans. J'étais
» content de ta dévotion. Mais après avoir forni-
» qué, tu t'es approché de moi sans confession.
» Cela ne me fait pas plaisir. »

Le malin gagna par-là la confiance du pèlerin, qui se mit en devoir d'aller à confesse.

Mais au moment où il s'allait purger au tribunal de la pénitence, le diable lui apparut une seconde fois sous la même forme et lui dit : « Au fait
» il est inutile que tu te confesses, puisque je con-
» nais ton péché ; mais sache que tu n'en auras

» pas le pardon, à moins que tu ne te coupes les
» génitales ; et si tu veux venir avec les bienheu-
» reux, tu n'as qu'à te tuer ensuite, parce que tu
» seras martyr (1). »

Le jeune homme prit un sabre, se coupa les génitales, et se tua après cela, en se plongeant le sabre dans le ventre.

Il avait sans doute crié avant de mourir, car ses compagnons s'éveillèrent ; et craignant de se voir accuser de sa mort, ils jetèrent son corps dans un champ voisin.

Tandis qu'on se préparait à l'enterrer, il ressuscita, raconta son histoire, et ajouta : « Quand
» je fus mort, les démons me menèrent à Rome.
» Mais saint Jacques courut après eux, les gronda
» de la fourberie qu'ils m'avaient faite ; et comme
» nous nous trouvions sur le bord d'un pré, où la
» sainte Vierge s'entretenait avec quelques bien-
» heureux, saint Jacques lui demanda justice : elle
» ordonna qu'on me rendît la vie. »

Le jeune homme se confessa donc, et reprit le chemin de son pays (2). Mais on ne dit pas si le prodige qui le ressuscita lui restitua aussi ce qu'il s'était coupé.

Un autre pèlerin tomba entre les mains des voleurs, qui lui prirent le cheval sur lequel il conduisait ses enfans. Mais saint Jacques habillé en paysan vint au-devant de lui et lui prêta son âne.

---

(1) *Nisi* penitùs *genitalia membra sibi secaret.*
(2) *Jacobi de Voragine*, eadem leg. 94.

Un autre, faisant le pèlerinage, fut enfermé dans une tour qui avait cent pieds de haut. Saint Jacques vint le trouver, le fit monter au sommet de la tour et lui dit de faire le saut. Le pèlerin fit le saut sans se blesser, parce que la tour s'était miraculeusement abaissée de quatre-vingt-dix-neuf pieds; et il acheva son voyage sans autre inconvénient. Il ne reste aucune trace de tous ces miracles.

On ne saurait énumérer non plus les grandes faveurs que saint Jacques accorda aux Espagnols dont il est le patron. En l'an 834, le roi Ramire ayant perdu une grande bataille contre les Maures, saint Jacques lui apparut et lui dit : « Demain matin faites confesser et communier tous vos soldats : attaquez ensuite l'armée des Maures. Je marcherai devant vous, et je vous donnerai la victoire. » Ramire obéit ; et tous les Espagnols virent le grand saint Jacques à leur tête, monté sur un cheval blanc et tenant un étendard blanc à la main. Le saint fit un si grand carnage des infidèles, qu'on en tua ce jour-là plus de soixante mille. C'est en mémoire de ce grand miracle, qu'en marchant à la bataille les Espagnols crient : saint Jacques, l'Espagne combat (1).

On gardait à Compostelle le drapeau du saint, comme on conservait à Saint-Denis l'oriflamme.

On sait que les Espagnols ont un ordre de

---

(1) Lambertini de Cruz Houen, *theatrum hisp.* et Ribadeneira, au lieu cité.

chevalerie très-fameux qui porte le nom de saint Jacques.

JACQUES LE MINEUR. — Malgré la qualité d'apôtre, de frère de Jésus-Christ et d'évêque de Jérusalem, ce saint a fait beaucoup moins de bruit que son confrère saint Jacques le majeur. Thomas Corneille, Louis Racine et Gilles Boileau ont prouvé comme lui qu'il est désagréable de porter un nom déjà célèbre. On est si occupé de saint Jacques le majeur, qu'on ne songe presque pas à l'évêque de Jérusalem.

Il le mérite pourtant un peu. Il vivait d'une manière très-austère, et s'agenouillait si souvent, que ses genoux étaient durs comme ceux d'un chameau. On l'invoque avec succès pour avoir de la pluie.

Il n'a laissé que quatre corps. Le premier était enterré au mont des oliviers, comme l'observe saint Jérôme. Mais on se vantait d'en avoir un second à Constantinople, sans pouvoir dire comment il y était venu. On vénère le troisième à Rome, dans l'église des saints apôtres, et le quatrième à Toulouse.

Saint Jacques le mineur possède avec cela un neuvième bras à Gênes, un dixième à Trèves, un onzième à Namur, un douzième à Langres; il a une cinquième tête à Compostelle en Galice, à côté du corps de saint Jacques le majeur, une sixième tête (qui se trouve double dans la même ville) à Saint-Pierre de Rome; une septième à

Ancône; une huitième aux trois Maries en Provence; une neuvième à Compiègne, une dixième à Anvers, une onzième mâchoire à Forli; et diverses reliques dans sept ou huit cents autres églises.

Le roi Geryon qui avait trois têtes, n'était qu'un petit garçon à côté de ces saints-là. (Nous ne parlons que de leurs reliques.)

JACQUES, — martyr en Perse au cinquième siècle, surnommé *l'intercis*, parce qu'il fut coupé en morceaux. Son corps est entier dans l'abbaye du Saint-Esprit de Pavie; ce qui n'empêche pas qu'on n'en montre un second à Moscou, et un troisième corps également entier, à Brague en Portugal.

JAHEL, — héroïne juive, chez qui le général cananéen Sisara vint se réfugier. Elle l'enivra avec un pot de lait, et le voyant endormi, elle le tua, en lui enfonçant un grand clou dans la tempe. Le père Lemoine de la compagnie de Jésus fait un pompeux éloge de l'action généreuse de Jahel (1), dont le clou et le marteau furent conservés sans doute comme de saintes reliques. Voltaire dit qu'on vénérait ce marteau et ce clou dans plusieurs couvens grecs et latins (2).

JANVIER, — évêque de Bénévent au quatriè-

---

(1) *Galerie des femmes fortes.*
(2) Notes au deuxième chant de la *Pucelle*, etc.

me siècle. Dioclétien le fit mettre pendant trois jours dans un four ardent; mais le saint en sortit sans avoir perdu un poil de sa barbe. On l'exposa aux bêtes qui lui léchèrent les pieds. On lui fit souffrir d'autres tourmens, qu'il ressentit à peine; et le juge furieux termina tout en lui tranchant la tête.

Son corps fut enseveli près de Pouzzol ; et une bonne femme recueillit son sang dans deux bouteilles, qu'elle conserva précieusement. Ce corps fut depuis transporté à Naples ; mais il est encore par duplicatum à Pouzzol.

Quelque temps après son martyre, saint Janvier apparut à un Napolitain, et lui ordonna d'aller chercher sa tête, qu'on avait jetée dans un buisson d'épines, avec un de ses doigts. Le Napolitain recueillit ces vénérables reliques et les porta à Naples, où elles furent reçues avec beaucoup de vénération. La dame de Pouzzol apporta en même temps une fiole pleine de sang du martyr ; on ne l'eut pas plus tôt approchée de la sainte tête, que le sang se mit à bouillir, et devint liquide, quoiqu'auparavant il semblât pétrifié.

Ce miracle a toujours continué depuis ce temps-là ; et tous les ans, on fait une procession solennelle de ces reliques. On approche ensuite la tête de saint Janvier de la fiole qui contient son sang ; et aussitôt ce saint sang se liquéfie à la vue de la multitude.

On garde aussi dans la cathédrale de Naples,

une pierre teinte du sang de saint Janvier (1). Toutes ces reliques font des miracles surprenans ; et Baronius assure que la tête de saint Janvier éteignit un jour un horrible embrasement du Vésuve.

Lorsque les Français eurent pris Naples, à la fin du dernier siècle, ils furent curieux d'être témoins du miracle annuel de la liquéfaction du saint sang de saint Janvier. Le clergé fit d'abord de longues objections ; mais enfin le sang du saint fut approché de sa tête et devint liquide. Un chimiste de l'armée voulut examiner de près cette merveille. Il se trouva que la fiole qui contenait le précieux sang était artistement placée sur un petit brasier allumé. Il se trouva aussi que le sang de saint Janvier n'était autre chose qu'un morceau de fine cire d'Espagne.

« Je ne peux vous rien dire du miracle de la
» liquéfaction du sang de saint Janvier ; elle ne
» se fait pas dans l'été, elle y est trop naturelle ;
» je vous dirai seulement que ce miracle est de-
» puis peu de temps discrédité ; il cessera, dit-on,
» bientôt tout-à-fait. Il n'y aura peut-être bientôt
» plus dans tout l'univers qu'un seul mira-
» cle : l'univers (2). »

---

(1) *Voyage de France et d'Italie*, par un gentilhomme français, 1667, page 603.

(2) Dupaty, 109ᵉ. *Lettre sur l'Italie.* — Le père Montfaucon racontait souvent qu'étant à Naples lorsqu'on approcha le sang de saint Janvier de sa tête, tout le monde cria miracle, et qu'il fit à peu près comme les autres, de peur d'être lapidé,

Cependant saint Janvier règne encore à Naples, malgré son discrédit, et quoique les Français aient anéanti ses reliques, après en avoir découvert la supercherie.

Quand les guerres de Naples furent terminées, on retrouva par un nouveau miracle les reliques du saint ; et le quinze février 1806, peu de temps après qu'il fut fait roi des Napolitains, Joseph Napoléon, fit présent d'un riche collier de diamans à la châsse de saint Janvier......

JEAN-BAPTISTE, — précurseur de Jésus-Christ. L'historien Josephe, tout en faisant l'éloge de saint Jean-Baptiste, le représente comme un chef de parti, qui avait un pouvoir énorme sur l'esprit du peuple, et plus de crédit que Jésus-Christ même. Il ajoute (1), qu'Hérode ne fit arrêter Jean-Baptiste, que parce qu'il craignait qu'il n'excitât quelque sédition.

Mais cette version n'a pas plu aux légendaires. Ils disent qu'Hérode ayant épousé sa belle-sœur Hérodiade, (ce qui était commun chez les Juifs), Jean lui fit de sévères reproches sur cet inceste.

Hérodiade indignée de l'audace du prophète obtint son emprisonnement ; et quelque temps après, au milieu d'une grande fête, Salomé, fille

---

quoiqu'il ne vît rien du tout. (*Dictionnaire d'anecdotes* de Lacombe, au mot *Erreur.*)

(1) Livre 18, chap. 7.

d'Hérodiade, ayant dansé avec beaucoup de grâce devant Hérode, ce prince jura de lui accorder le présent qui pourrait lui plaire, « fut-ce la moitié de son royaume. » Salomé consulta sa mère qui lui ordonna de demander la tête de Jean-Baptiste. Hérode eut quelque regret; mais il voulut tenir son serment, et fit apporter la tête de Jean dans un plat. Salomé porta cette tête à sa mère qui lui perça la langue de plusieurs coups d'aiguille, si l'on en croit saint Jérôme (1).

Hérodiade enterra ensuite le chef de saint Jean dans un lieu secret de son palais, afin que les sectateurs du saint prophète ne pussent en faire un objet de culte offensant pour elle. Métaphraste dit qu'elle la cacha si bien, parce qu'elle craignait que cette tête ne s'allât réunir au corps, et que saint Jean ne ressuscitât......

Nicephore ajoute que tous les auteurs du meurtre de Jean-Baptiste, furent sévèrement punis en ce monde et en l'autre. Hérode et Hérodiade moururent dans l'exil. « Quant à la baladine Salomé, un jour qu'elle traversait une rivière gelée, la glace se fondit sous elle; elle tomba dans l'eau jusqu'au cou, la tête demeurant supportée sur la glace; et comme elle était accoutumée à danser, elle sauta et se tourna tant dans l'eau, que les gros glaçons lui coupèrent la tête tout net, au grand étonnement de ceux qui étaient présens,

---

(1) *In Rufin*. Lib. III, cap. 11.

et par un juste jugement de Dieu, lequel bien qu'il attende et dissimule, châtie d'autant plus rigoureusement qu'il a plus long-temps dissimulé et patienté (1). »

Une révélation fit découvrir par la suite, le lieu où était le chef de saint Jean-Baptiste. Il fut porté à Sébaste avec son corps. Mais sous Julien l'apostat, les païens brûlèrent le corps et la tête de saint Jean-Baptiste, avec les reliques du prophète Élisée. Pour plus grande profanation, ils joignirent à ces ossemens sacrés des os de bêtes immondes, et ils jetèrent les cendres au vent.

Cela n'empêche pas qu'au temps de saint Jérôme, sainte Paule vit le corps de saint Jean-Baptiste opérer les prodiges les plus surprenans. Cependant ce ne devait être que la vertu de ce saint corps qui faisait des miracles; car le tombeau était vide.

Mais, malgré l'authenticité de la perte de toutes les reliques de saint Jean-Baptiste, on va voir qu'on ne les honore pas moins très-multipliées, dans les églises grecques et catholiques. On vénère ses cendres à Rome dans l'église de Saint-Jean-de-Latran; on les honorait aussi à Gênes dans l'église de Saint-Laurent; à Vienne en Dauphiné; au Puy-en-Velai; à Ardres, en Picardie; dans l'abbaye du Paraclit au diocèse d'Amiens; à Douai, dans l'église de Saint-Amé.

Toutes ces villes en particulier se vantent de

---

(1) Ribadéneira, 29 août.

posséder les cendres complètes du corps de Jean-Baptiste. A Gênes surtout, on a beaucoup de vénération pour ces saintes reliques. Saint Jean-Baptiste était autrefois protecteur de la république de Gênes ; et depuis l'an 1098 qu'elles sont chez les Génois, ses cendres n'ont cessé d'apaiser les tempêtes de la mer et d'éteindre les incendies.

Indépendamment de ses cendres, on avait très-anciennement quelques-uns de ses os à Saint-Jean-de Maurienne (1), à Langey en Touraine, à Saint-Martin de Tours, et ailleurs. Saint-Gaudence mit aussi des os de Jean-Baptiste dans l'église de Brescia ; saint Paulin en apporta dans l'église de Saint-Félix-de-Nole.

On vénérait à Saint-Denis, près de Paris, une partie d'épaule de saint Jean-Baptiste, que l'on disait envoyée par l'empereur Héraclius au roi Dagobert Ier.; et une épaule entière donnée à Philippe Auguste par l'empereur de Constantinople. Une autre épaule était à Longpont dans le diocèse de Soissons ; une autre encore à Liessies dans le Hainaut.

On montrait une jambe à l'église de Saint-Jean d'Abbeville ; une autre jambe à Venise ; une autre à Tolède ; quelques os d'une jambe, au prieuré de Saint-Jean de Nemours ; et de plus l'abbaye de Joienval, au diocèse de Chartres, se vantait de

---

(1) Grégoire de Tours, *de glor. Martyr.* cap. 14 et seq.

posséder vingt-deux os du précurseur de Jésus-Christ.

Il avait un bras à Bologne ; un autre bras, apporté de Rhodes, en Hollande ; un autre bras à Saint-Jean-des-vignes de Soissons ; un autre bras à Rome, dans l'église de Sainte-Marie Majeure ; un cinquième bras avec la chair, la peau et les ongles, aux jacobins de Perpignan ; une sixième main précieusement conservée, à Citeaux ; une septième main à Venise ; une huitième à Sienne ; un 41. doigt à Besançon ; un 42ᵉ. à Toulouse ; un 43ᵉ. à Lyon ; un 44ᵉ. à Bourges ; un 45ᵉ. à Florence ; un 46ᵉ à Saint-Jean-des-aventures, près de Macon ; un 47ᵉ. à l'abbaye de Basse-fontaine, en Champagne ; un 48ᵉ. à la Sainte-Chapelle de Paris ; un 49ᵉ. à Malte ; un 50ᵉ. à Saint-Jean-du-doigt dans le Finistère ; un 51ᵉ. à l'Escurial.

Ces onze doigts détachés, tous bien conservés, sont aussi tous le doigt index de la main droite, avec lequel saint Jean-Baptiste montra Jésus-Christ aux Juifs, en leur disant : voici l'agneau de Dieu.

Nous ne parlons pas d'une main de saint Jean-Baptiste, qui fut donnée par Bajazet à Pierre d'Aubusson ; c'était, dit-on, la main avec laquelle il baptisa Jésus. Mais nous ne savons ce qu'elle est devenue.

On gardait encore deux doigts de saint Jean au monastère de Trois-Églises, en Arménie, une centaine d'autres doigts et une douzaine d'autres mains dans d'autre lieux, etc.

On conte aussi qu'une Gauloise se trouvant à Jérusalem, au moment où l'on coupa la tête de saint Jean, recueillit son sang et l'apporta à Bazas en Gascogne. Malgré l'absurdité d'une pareille origine, ce sang était encore vénéré à Bazas, au moment de la révolution; et on fêtait le onze juillet, son arrivée chez les Gascons.

On expose à Naples une fiole pleine de sang de saint Jean-Baptiste. Ce sang est dur toute l'année; mais le 29 d'auguste, jour de la fête de la décolation du saint, son sang est liquide pendant toute la messe. Ce miracle s'opère par le procédé qui fait bouillonner le sang de saint Janvier.

On garde à Venise une pierre teinte du sang de saint Jean-Baptiste. Les Vénitiens se frottent sur cette pierre, pour se guérir des rhumatismes et des maux de tête.

DES TÊTES DE SAINT JEAN-BAPTISTE.

1o. S'il est vrai qu'on ait retrouvé la tête qu'Hérodiade voulut dérober à toutes les recherches, elle fut brûlée à Sébaste, sous l'empereur Julien, comme toutes les autres parties du corps de Jean.

2o. On trouva une tête de saint Jean-Baptiste à Émèse, en Phénicie, du temps de Constantin-le-Grand.

3o. Au milieu du cinquième siècle, on découvrit, par un enchaînement de miracles surprenans, une autre tête du même saint, dans la même ville d'Émèse; et les Grecs instituèrent au vingt-quatre de février, la fête des deux têtes de saint Jean-Baptiste; ils adorèrent ces deux têtes; et ils soutinrent que Dieu les avaient doublées pour prouver la sainteté de Jean.

4º. On trouva à Comane, dans le Pont, vers l'an 850, une autre tête de saint Jean, différente des trois premières. On la transporta à Constantinople; et elle n'est pas sortie de cette ville.

5º. Les maronites du Liban ont une cinquième tête véritable de saint Jean-Baptiste.

6º. La cathédrale d'Amiens possède depuis le treizième siècle la tête de saint Jean-Baptiste. On dit qu'elle fut apportée de Constantinople; mais les moines grecs n'en conviennent pas; car ils se vantent de la conserver toujours. Il manque à cette tête un morceau de la mâchoire inférieure, et un morceau de l'os qui forme le crâne.

C'est la tête d'Amiens que l'abbé de Marolles baisait, lorsqu'il dit : « Grâces à Dieu, voilà la sixième que j'ai l'honneur de baiser (1). »

7º. L'église de Saint-Jean-d'Angely en Saintonge, possède aussi, depuis le huitième siècle, la tête de saint Jean, qui fut apportée d'Alexandrie en France, sous le règne de Pepin-le-Bref. La tête qui est dans l'église d'Amiens, porte la marque d'un coup de couteau qu'Hérodiade lui donna dans l'œil; mais la tête de Saint-Jean-d'An-

---

(1) Ducange, dans sa *Dissertation sur le chef de saint Jean*, dit que la tête d'Amiens est la véritable. On a prouvé que douze autres étaient aussi les têtes véritables.

gely n'a pas la trace du coup de couteau. On observera que ces têtes ne sont pas des os seulement, mais des visages revêtus de peau. On dit qu'elles ont été dérobées aux iconoclastes de la révolution.

8°. La ville de Rome ne pouvait pas manquer de montrer quelques prétentions sur la tête de Jean-Baptiste. Cette tête est dans l'église de Saint-Sylvestre au champ de Mars, entière et bien conservée. Les Romains disent qu'elle leur fut apportée par des moines grecs.

Le pape Jean XXIII, qui estimait peu ces sortes de choses, avait vendu cette tête de saint Jean aux Florentins, moyennant la somme de cinquante mille ducats. Mais au moment où l'on était sur le point de l'enlever, les Romains se révoltèrent et firent rompre le marché. Le concile de Constance reprocha au pape ce sacrilége de simoniaque. C'était plutôt une fourberie qu'un sacrilége; car une relique évidemment fausse ne vaut pas cinquante mille ducats; et Jean XXIII savait que sa relique était fausse.

Au reste la tête qu'on l'avait empêché de vendre fut anéantie dans la prise de Rome par Charles-Quint, en 1527.

9°. Mais on remit à la place une autre tête, qu'on donna pour la même tête de saint Jean; et Baronius dit que les religieuses de Sainte-Claire se vantaient d'avoir sauvé la tête sainte des impiétés du soldat, qu'ainsi elles l'avaient sauvée.

10°. La Sainte-Chapelle de Paris avait encore

la vraie tête de saint Jean, donnée à saint Louis par Baudoin II, de Constantinople. On voit dans une procession de Sainte-Geneviève, faite sous Henri III, le chef de saint Jean porté par les augustins. Mais depuis cent ans, cette relique faisait peu de miracles, lorsque la révolution la fit disparaître.

11°. Des moines grecs apportèrent à Moscou une onzième tête de saint Jean, dans des temps éloignés. Il est probable que le grand incendie de cette ville, dans nos dernières guerres, a respecté cette sainte relique.

12°. On avait une douzième tête de saint Jean-Baptiste à Soissons. Elle venait, comme celle d'Amiens, de Constantinople.

13°. Il y en a une treizième, qui vient également de Constantinople, à l'Escurial, avec cent six autres têtes de saints.

La moitié supérieure d'une autre tête était à Malte; un derrière de tête et une mâchoire à Saint-Jean-de-Nemours; un crâne entier à Venise; un autre crâne à Saint-Jean de Maurienne; un autre crâne à Cologne; une mâchoire à Besançon; une autre mâchoire au château de Saint-Chaumont en Lyonnais; une autre mâchoire à Saint-Jean de Lyon; une cinquième mâchoire détachée à Turin; une sixième dans la cathédrale d'Aoste; une septième à Beauvais, avec deux dents; plusieurs autres dents à Saint-Jean-de-Latran, à Nuremberg, à Saint-Denis, etc. Une cervelle de saint Jean à l'abbaye de Tiron, dans le diocèse de Chartres;

une autre cervelle à Nogent-le-Rotrou; une oreille à Paris, une autre à Saint-Flour, une autre à Prague; etc. etc. etc. (1), et une quarantaine d'autres têtes que nous ne pouvons indiquer précisément avec assurance.

AUTRES RELIQUES DE SAINT JEAN-BAPTISTE.

Les chartreux de Paris montraient un des souliers du saint précurseur. Ce soulier fut volé en 1588; et incontinent il s'en retrouva un autre. Tant qu'il y aura des cordonniers, dit Calvin, on ne sera pas en peine de telles reliques.

On gardait à Aix-la-Chapelle, le tapis que le bourreau eut la politesse de mettre sous saint Jean-Baptiste dans sa prison.

On faisait voir dans la cathédrale d'Avignon, le sabre qui coupa la tête du saint.

On vénère à Saint-Laurent de Gênes le plat d'airain dans lequel Salomée présenta à sa mère la tête de Jean-Baptiste.

On montre aussi, dans une église d'Avignon, les vêtemens de poil de chameau que portait saint Jean. Sa haire, dont il n'est fait mention nulle part, est à Rome, dans l'église de Saint-Jean-de-Latran; et les dominicains de Madrid avaient sa discipline.

On voit encore à Saint-Jean-de-Latran, l'autel

---

(1) Calvin, *Traité des Reliques*. Baillet, 29 août. Ducange, *Dissertation sur le chef de saint Jean-Baptiste*. Calendrier de M. Legall. *Voyages* de Misson, etc., etc. Bruzen de la Martinière, *Légendes et Martyrologes* divers, etc.

sur lequel Jean disait la messe. On visite dans le désert de Saint-Jean, en terre sainte, la grotte où il se retirait, et une longue pierre qu'on appelle *le lit de saint Jean-Baptiste*, parce que ce grand saint s'y reposait. Il n'est pas nécessaire de dire qu'elle a conservé l'empreinte de son corps; c'est l'usage.

On vénère dans une chapelle de Saint-Marc de Venise, la pierre sur laquelle Jean eut la tête tranchée; et l'on redoute beaucoup à Rome, dans Saint-Jean-de-Latran, un oratoire qui porte le nom de Jean-Baptiste; les femmes, par un miracle perpétuel, ne peuvent y entrer sans accident fâcheux, parce que ce fut à l'occasion d'une femme que le saint fut décapité (1).

HISTOIRE MERVEILLEUSE DU DOIGT DE SAINT JEAN-BAPTISTE, QUE L'ON VÉNÈRE A SAINT-JEAN-DU-DOIGT EN BRETAGNE.

« Passons à Saint-Jean-du-Doigt, sur le rivage de la mer. Là, dix-huit cents habitans vivaient à l'aide des offrandes faites au doigt de saint Jean, et de la dépense d'une multitude incroyable de pèlerins, qui s'y rendaient de la Bretagne, de la Normandie, des provinces les plus éloignées. Malgré les chemins impraticables qui l'environnent, plus de vingt mille personnes de tout âge marchaient pieds nus dans ce pèlerinage.

---

(1) *Merveilles de Rome*, etc. *Voyage d'un Gentilhomme français en France et en Italie. Voyage d'un franciscain en Terre-Sainte.* Calvin, *Traité des Reliques*, etc.

» Au milieu d'une colline, dont la pente est presque insensible, s'élèvent les bâtimens consacrés à saint Jean. La fontaine, où l'on trempe tous les ans l'index du saint, guérit toutes les maladies, est sans cesse entourée de femmes et d'enfans, d'hommes à barbe grise, qui se lavent les mains, les yeux et les genoux. Toutes les parties du corps que la douleur attaque, reçoivent du soulagement par cette liqueur admirable; elle charme l'ennui, dissipe les chagrins et remet les péchés.

» Je vis dans cette église des *ex-voto*, et la tête de saint Jean grossièrement sculptée, près d'une boîte où l'on dépose les offrandes. J'y vis, et sans la gravité du lieu je n'eusse pu m'empêcher de rire de l'attitude, des contorsions, des grimaces d'un grand homme louche de cinquante ans, dont pendant un demi-siècle toute l'occupation consiste à verser de l'eau, d'un vase d'étain dans un gobelet de plomb, à marmotter des patenôtres, à tourner un chapelet dans ses doigts, à recevoir l'argent qu'on lui prodigue.

» Hélas ! si les dévots se contentaient d'être imbéciles ! Mais ils sont atroces, cruels, ambitieux, calomniateurs ; ils égorgent au nom d'un Dieu ; ils emprisonnent pour le ciel, en France comme en Arabie, et dans l'Inde comme en Espagne.

» On brûlait à Sébaste le corps de Jean-Baptiste. Une pluie miraculeuse permit aux chrétiens d'en dérober quelques reliques ; un de ses doigts fut envoyé à Philippe le juste, patriarche de Jérusalem. Tècle, vierge normande, trouva ensuite le moyen d'acquérir ce doigt; elle le transporta dans sa patrie, et fit bâtir une église où elle le consacra à la vénération publique.

» En 1437, un jeune Bas-Breton natif de Plougasnou se passionne pour cette pièce merveilleuse et forme le projet de l'enlever. Le doigt n'attend pas cette violence; il se place entre cuir et chair sous le poignet de son adorateur, sans qu'il se doutât de cette bonne fortune. Entraîné aussitôt vers sa patrie par une force surnaturelle, le jeune Breton se met en marche. Dès la première journée, en passant par une petite ville, les cloches sonnent d'elles-mêmes, les arbres s'inclinent, toute la nature s'émeut de respect et de plaisir.

» Le jeune homme passe pour sorcier; on le saisit; on l'emprisonne. Le lendemain, (qui le croirait?) il s'éveille dans son pays, dans le village de Plougasnou, près de la fontaine qu'on nomme encore fontaine du Doigt....

» Tout s'agite dans Plougasnou; la chapelle de saint Mériadec s'ouvre; la terre tressaille d'allégresse et se couvre de fleurs nouvelles. A peine le jeune Breton est-il à genoux, que le doigt du saint se dégage et va se placer sur l'autel; il reconnaît l'objet de son adoration. Les cierges s'allument eux-mêmes; le peuple se prosterne; le duc Jean, qui était à Vannes, accourt au bruit de ces prodiges; il élève une église à son patron. Quels miracles! les morts ressuscitent, les sourds entendent, les aveugles voient; les offrandes des fidèles facilitent la construction du nouveau temple (qui ne fut achevé qu'en 1513, par la libéralité de la reine Anne).

» Cette princesse eut l'irrévérence d'envoyer chercher sur un brancard le doigt sacré; elle voulait l'appliquer à son œil malade : le brancard se brise, la relique retourne à sa place. Anne repentante fait à pied le voyage, guérit, donne une boîte de cristal, des chandeliers, un calice de vermeil, un encensoir au trésor de Saint-Jean. Quelques-uns de ces objets furent vendus à l'époque des guerres de la ligue. Le pied de la reine Anne est empreint sur le piédestal d'une croix à Lann-Festour.

» En 1489, quand Henri VII envoya des secours à la duchesse Anne, contre Charles VIII, roi de France, sous les ordres du général Richard d'Eggecimile, ses vaisseaux enlevèrent le doigt de saint Jean. Arrivés au port d'Hampton, ils firent prévenir le clergé du riche trésor qu'ils apportaient. Quelle fut la surprise générale! la boîte se trouva vide; la sainte relique avait repris le chemin de son domicile......

» On n'avait rien négligé pour frapper l'imagination des nombreux pèlerins qui se rendaient dans ce séjour de miracles. Les sentiers qu'on foulait en l'approchant étaient sacrés; des saints épars, grossièrement sculptés, peints, dorés, bordaient la route de l'église du Saint-Doigt. On rencontrait autour de la grande fontaine des estropiés qui criaient au miracle, des clercs qui les expliquaient, des poëtes qui les chantaient. Les cérémonies religieuses se faisaient avec majesté; les prêtres étaient revêtus des étoffes les plus brillantes. La veille de la fête du saint, dans une profonde obscurité, une scène nouvelle donnait le dernier coup à la raison de ces bonnes gens. Un ange partait du sommet du clocher, éblouissant de feux d'artifice; il allait à cent toises sur un monticule allumer le feu de saint Jean, remontait au sommet du clocher, et disparaissait dans les airs, sans qu'on pût voir la corde sur laquelle il tournait, pour opérer cet effet merveilleux (1). »

La sainte relique est toujours à Saint-Jean du Doigt; mais depuis la révolution, elle ne fait presque plus de miracles et n'attire presque plus de pèlerins.

D'UN BRAS DE SAINT JEAN-BAPTISTE.

Au douzième siècle, un marchand passant par le diocèse de Cologne, vit dans l'église d'un hôpital, un bras de saint Jean-Baptiste qui lui faisait envie. Il sut que le gardien des reliques avait une maîtresse; il l'alla trouver et lui promit cent quarante livres d'argent, si elle pouvait lui procurer la possession du saint bras. Cette femme à qui les cent quarante livres d'argent n'auraient pas déplu, refusa au gardien des reliques, son amant, l'entrée

---

(1) M. Cambry, *Voyage dans le Finistère en* 1794, tome I, pages 164 et suivantes.

de son lit jusqu'à ce qu'il lui eût donné le bras de Jean-Baptiste, qu'elle livra au marchand pour la somme convenue. Le marchand enveloppa le bras sacré dans la pourpre, se retira à Groningue aux frontières de la Frise, y acheta une maison, cacha sa précieuse relique dans la muraille, et commença bientôt à s'enrichir d'une manière étonnante.

Quelque temps après, un incendie brûla Groningue, sans endommager la maison du marchand; on voulut en savoir la cause; on apprit la miraculeuse histoire du saint bras, qu'on porta dans l'église et qui ne cessa depuis de faire les plus grands miracles.

Il était garni de sa chair et de sa peau (1), et augmentait encore de cinq, le nombre des cinquante-huit doigts de saint Jean-Baptiste, que nous avons indiqués précédemment.

IMAGE DE SAINT JEAN-BAPTISTE.

Un chanoine de Bonn, passait tous les jours devant une image de saint Jean-Baptiste, sans l'honorer, et sans jamais s'incliner le moins du monde devant la sainte peinture. L'image du saint lui apparut un soir pendant qu'il dormait, et lui dit, en le regardant de travers : « Méchant, tu n'as point de respect pour moi; tu n'as jamais baissé la tête devant mon autel...... » En même temps la vision ou l'image leva le pied et en donna

---

(1) *Cæsarii miracula*, lib. VIII, cap. 53.

de si grand coups dans le ventre du chanoine, qu'il en mourut en peu de jours (1).

FEUX DE LA SAINT-JEAN, etc.

On place la fête de la naissance de Jean-Baptiste au vingt-quatre juin, parce que, selon les uns, les jours diminuent à cette époque, et que saint Jean dit de Jésus-Christ : Il faut qu'il croisse et que je diminue (2). D'autres prétendent qu'on fête le précurseur au moment ou le soleil recule, parce que c'est le dernier prophète de l'ancienne loi.

Dans la Provence et dans tout le midi, on est dans l'usage de jeter ce jour-là des vases d'eau au visage de ses amis, en mémoire du baptême que distribuait Jean.

Mais généralement on fait encore le feu de la Saint-Jean. Pourquoi ce feu, dans le temps le plus chaud de l'été? C'est une vieille coutume des païens et des barbares, qui rappelle, dit-on, le monde à demi brûlé par Phaéton, et qui doit pénétrer les fidèles de l'idée que le monde finira par le feu.

A Paris et dans beaucoup d'autres villes, on brûlait deux douzaines de chats dans le feu de la Saint-Jean. Il y a peu de temps que cet usage a cessé. Voulait-on figurer quelque chose d'infernal, en brûlant un animal consacré au diable?

---

(1) *Ejusdem*, lib. *idem*, cap. 52.
(2) Voltaire, au mot *Noël*. *Dictionnaire philosophique*.

Dans tous les villages où l'on fait le feu de la Saint-Jean, on plante sur le bûcher un jeune arbre, que l'on tire des flammes tout embrasé, et dont on se dispute les branches ; les bonnes gens les gardent chez eux, comme des reliques. Celui qui a le tronc de l'arbre, qu'il ne peut acquérir qu'à coups de poing, est assuré d'avoir toute l'année la bénédiction d'en haut sur sa famille et sur ses biens.

D'où viennent toutes ces superstitions ? Il serait difficile d'en bien établir l'origine.

Quelques-uns pensent aussi que le feu de la Saint-Jean a pour but de rappeler que les os du saint ont été brûlés. Mais ces feux de joie étaient en usage avant Jean-Baptiste ; et au fond, ce ne sont que des feux de joie, comme on en faisait en l'honneur des anciens dieux.

Mais pourquoi le clergé catholique fait-il trois processions, en chantant des psaumes, autour du feu de la Saint-Jean ? Pourquoi de graves curés bénissent-ils un feu de joie, autour duquel on se prépare à danser et à se battre ? On maudit, on excommunie les folies du carnaval ; mais on permet les extravagances de la Saint-Jean, parce qu'elles portent le nom d'un saint.

JEAN-L'ÉVANGÉLISTE, — apôtre de Jésus-Christ, frère de saint Jacques le majeur, mort à Éphèse, à l'âge de près de cent ans. C'était, comme on sait, le disciple bien-aimé de Notre-Seigneur ; on a reçu son évangile et son apocalypse dans les livres canoniques.

Tous les bons historiens gardent le silence sur son martyre ; mais les légendaires en parlent beaucoup, parce que ce martyre est appuyé sur des monumens. Ils disent donc que Domitien fit venir Jean à Rome. On le jeta dans une chaudière d'huile bouillante ; aussitôt le feu perdit toute sa force ; la fumée devint une rosée fraîche, l'huile une liqueur douce ; et le saint prit un bain très-suave.

Jean fit beaucoup de miracles semblables. On voulut lui faire boire une coupe de poison ; un serpent qui se présenta sur la coupe l'avertit qu'il ne fallait pas boire ; et Domitien voyant qu'il ne pouvait tuer le saint, le laissa retourner en Asie.

Quoique le martyre et le voyage de saint Jean à Rome soient évidemment faux, on a bâti, sur le lieu de la chaudière d'huile, l'église de Saint-Jean devant la Porte Latine. On célèbre, surtout dans cette église, le 6 de mai, qui est, sans qu'on voie pourquoi, la fête des imprimeurs et des libraires, la commémoration des prodiges que le ciel n'opéra point, pour empêcher saint Jean d'être brûlé.

Saint Jean fut enterré à Éphèse, selon quelques-uns. Lorsqu'il sentit approcher l'heure de sa mort, il fit creuser une fosse sur une montagne, y jeta son manteau, y descendit ensuite, en faisant le signe de la croix, et rendit son âme à Dieu, au milieu d'une lumière resplendissante.

Certains légendaires prétendent que saint Jean l'Évangéliste n'est pas encore mort ; mais qu'il fut emporté vivant dans le paradis terrestre, d'où il viendra avec Élie et Énoch prêcher contre l'Antéchrist. D'autres soutiennent qu'il est au ciel même, en corps et en âme, et qu'ainsi il ne faut pas chercher ses restes ici-bas. D'autres enfin sont persuadés qu'il est enterré auprès d'Éphèse, mais qu'un si grand saint ne devant pas mourir, il est toujours vivant dans son tombeau, qui ne peut pas être, comme on l'a déjà observé, un séjour bien agréable.

Quoi qu'il en soit, si l'on n'a pas osé montrer un corps complet de saint Jean l'Évangéliste, on vénérait quelques-uns de ses os à Arles, à Milan, à Auxerre, à Besançon, à Tolède, à Moscou, à Cologne, etc.

On garde à Rome dans l'église de Saint-Jean-de-Latran sa tunique ou soutane, dont la vertu ressuscita trois morts ; on montre aussi la chaîne dont il fut lié lorsqu'on l'amena d'Éphèse à Rome.

Le calice dans lequel il but le poison que lui fit donner Domitien est à Saint-Jean-de-Latran ; mais il est pareillement à Bologne.

Il sortait continuellement de son tombeau, auprès d'Éphèse, une poudre blanche qui guérissait toutes sortes de maladies. Saint Augustin, Grégoire de Tours, parlent de cette poudre ou farine, comme d'un miracle encore subsistant ; mais il paraît que cette merveille cessa vers le septième siècle.

C'est peut-être à cause de cette poudre que la tombe du saint rejetait continuellement, que l'on a dit que le corps de Jean remuait sans cesse dans son tombeau. Mais cette opinion est détruite par le conte de ceux qui prétendent que le sépulcre de Jean ayant été ouvert au troisième siècle, le corps s'évanouit et disparut à la vue de la multitude. Il est difficile d'accorder toutes ces merveilles.

On montre dans l'île de Pathmos une grotte que l'on appelle l'*Apocalypse*. C'est là, dit-on, que Jean écrivit ses incompréhensibles révélations. Il y a dans la roche vive une fente par laquelle la voix du Saint-Esprit se faisait entendre au saint.

On sait que l'Apocalypse fut long-temps rejeté des livres canoniques ; on a trop écrit sur cette matière pour que nous puissions nous y arrêter.

Nous ne dirons rien non plus de l'Évangile de saint Jean, quoique le premier chapitre de ce livre soit pourtant une précieuse amulette qui chasse les démons, qui guérit l'épilepsie, qui fait découvrir les trésors cachés, et surtout qui préserve du tonnerre ceux qui le récitent avec foi.

Quand les cosaques de la Sibérie pillent la maison d'un honnête homme, ils mettent une clef dans l'évangile de saint Jean. Si la clef se retourne, elle leur indique quelque argent caché ; et ils serrent le livre avec une corde arrangée de manière à forcer la clef de tourner.

On représente saint Jean avec un aigle, parce que c'est le plus élevé des quatre évangélistes ; ou bien avec un serpent sur une coupe, à cause du miracle dont nous avons parlé.

JEAN-CHRYSOSTOME, — évêque de Constantinople, père et docteur de l'église, (surnommé Chrysostome, c'est-à-dire *bouche d'or*, à cause de son éloquence.) Il montra un zèle si véhément contre les désordres de la cour, que l'empereur Théophile l'exila. Mais un tremblement de terre qui survint, et les clameurs du peuple firent rappeler le saint, qui avait un parti considérable.

Quelque temps après, pendant qu'on élevait une statue à l'impératrice Eudoxie sur une place publique, il y eut des fêtes qui troublèrent un peu Chrysostome dans ses fonctions; il monta en chaire et tonna avec force contre la cour et les fêtes et les statues de la princesse, si bien qu'on l'exila de nouveau; il mourut à Comanes en l'an 407.

Sous l'empereur Théodose-le-Jeune, les mécontentemens que Chrysostome avait causés n'étaient pas encore apaisés. Saint Cyrille et plusieurs autres prélats blâmaient sa mémoire; on le regardait généralement comme un séditieux justement puni. Mais quelques évêques firent son panégyrique; on publia que le corps de Chrysostome faisait de très-grands miracles; on le présenta comme un zélé serviteur de Dieu; le peuple, qui fait aussi des saints, éleva la voix en faveur de son ancien patriarche; et Théodose envoya chercher en cérémonie le corps du saint, qu'on ne put remuer dans son tombeau.

Ce prodige acheva tout; il fallut absolument avoir à Constantinople les reliques d'un si puissant saint. Théodose lui écrivit une lettre, pour le prier de se laisser emporter. On mit cette lettre sur l'estomac de Chrysostome, qui était enterré depuis trente ans. Aussitôt il devint léger comme une plume ; et on le transporta à Constantinople, au milieu d'une pompe qui surpassait les fêtes triomphales des empereurs. On plaça le corps plus honorablement que ceux des plus grands princes, dans l'église des Apôtres. Le peuple criait à peu près : vive Chrysostome ! le défunt répondit : La paix soit avec vous ! et il souleva son bras mort, avec lequel il bénit les assistans.

On pense bien que la joie du peuple fut au comble, et qu'on brûla bien de l'encens. On avait allumé, dit-on, plus de douze mille cierges.

Le corps de ce saint n'a pas quitté Constantinople ; et s'il n'y est plus, c'est que l'impiété l'a dissipé. On en montre un second à Rome, dans l'église de Saint-Pierre ; il y fut apporté, dit-on, en l'an 745 ; mais en 1450, le corps de Chrysostome brillait encore dans la ville de Constantin.

Les Bernardins de Paris avaient une troisième tête de notre saint, qui en possède une quatrième à Messine.

JEAN-CALYBITE. — C'est le même que l'abominable saint Alexis. Nous nous permettons de l'appeler abominable, parce qu'il n'a sûrement pas existé, et que l'exemple de sa vie est affreux. On place à l'année 450 la mort de Jean-Calybite. Il a laissé un corps à Constantinople, un autre à Rome, et une troisième tête à Besançon. — Voyez Alexis.

JEAN L'AUMONIER, — patriarche d'Alexandrie, fameux pour sa charité et ses aumônes. On dit que Dieu multiplia plusieurs fois les richesses qu'il distribuait aux pauvres, et que sa bourse n'était jamais vide, quoiqu'il y puisât sans cesse. C'est une gracieuse allégorie, qui peut encourager la bienfaisance. Ce saint était bon : qu'il soit béni.

Au moment où il se mourait, une femme qui n'osait confesser à d'autres un grand péché qu'elle avait commis, demanda à le voir. Le saint ordonna qu'on la laissât entrer. Mais elle était si honteuse de sa faute, que tout ce qu'elle put faire fut de l'écrire dans une lettre, qu'elle cacheta et qu'elle remit au saint. Jean rendit l'âme, un moment après avoir pris la lettre, sans avoir pu la lire, ni absoudre le péché. La pauvre femme désolée demeura trois jours en pleurs au pied du corps mort ; le troisième jour, Jean étendit la main, et remit la lettre qu'on n'avait pu lui arracher. La pécheresse y lut ces mots : ton grand péché est effacé.

Le bon Jean-l'Aumônier fut ensuite mis en terre; on le plaça entre deux vénérables évêques, morts depuis peu de temps ; leurs corps inanimés semblèrent retrouver du sentiment à l'approche du grand serviteur de Dieu ; ils se retirèrent de part et d'autre avec respect, pour lui laisser entre eux la place honorable.

C'est ainsi qu'Abailard, mort depuis vingt ans, étendit ses bras pour recevoir sa chère Héloïse.

Saint Jean l'Aumônier n'a laissé que deux corps; il était trop bon pour faire un grand effet sur la populace. Il mourut en 616, et fut enterré dans l'île de Chypre, près d'Amathonte, où la mort le surprit dans un voyage que sa charité lui avait fait entreprendre.

Son véritable corps resta dans l'île de Chypre; mais on en eut par la suite un second à Constantinople. Ce dernier doit être maintenant à Presbourg.

JEAN, — premier pape de ce nom, mort en 526. Il a laissé un corps à Rome dans l'église du Vatican, un autre à Augsbourg, et une troisième tête à Ravennes.

On joint à l'histoire du saint pape Jean une petite circonstance qui ressemble un peu à l'aventure de Dagobert, et qui eut lieu vers le même temps. Théodoric, qui avait persécuté Jean, mourut trois mois après lui, *d'une fâcheuse diarrhée*; et saint Grégoire-le-Grand dit (1) qu'un saint ermite vit l'âme du tyran enchaînée et conduite par Symmaque et le pape Jean, qui, s'étant arrêtés en Sicile, la précipitèrent dans *l'antre de Vulcain*.

Mais ici ce sont des saints qui font l'office des diables de Dagobert.

JEAN DE MATHA, — fondateur de l'ordre

---

(1) Livre III, chap. 2, des *Dialogues*.

de la rédemption des captifs, mort au treizième siècle. Ce vénérable saint n'a laissé qu'un corps à Saint-Thomas de Rome ; et ce seul corps est perdu.

Soyez méchant, ou insensé, ou hypocrite, ou vendu aux grands, si vous voulez qu'on vous honore et qu'on se dispute votre carcasse.

JEAN DE LA CROIX, — réformateur des carmes déchaussés en Espagne, mort en 1591. Un an après qu'il fut enterré, on trouva son corps sans corruption ; on le porta à Ségovie, où il doit être encore, et où il se signala par des prodiges surprenans, que l'on appelait à Rome le miracle des miracles. On voyait par intervalles le corps de Jean tacheté de sang, ou stigmatisé de diverses figures, qui variaient aux yeux des spectateurs. Les uns voyaient ou croyaient voir sur sa peau des crucifix, des colombes, des anges, des images de la vierge, des portraits de saints ; et pendant que les uns voyaient tout cela, les autres ne voyaient rien...... Les mêmes personnes ne voyaient plus les mêmes choses, lorsqu'elles retournaient au corps du saint. Ce miracle cessa, lorsqu'on voulut l'examiner de près.

JEANNE DE LA CROIX. — Des chapelets de Jeanne de la Croix, bénis par Jésus-Christ, etc. Extrait de la vie admirable de sainte Jeanne de la croix, *religieuse du Tiers-Ordre de pénitence du séraphique saint François à Cordoue ;* ouvrage condamné par la Sorbonne le 1.er. d'octobre 1614.

« Les religieuses du monastère dont la bienheureuse Jeanne était supérieure, la prièrent un jour d'obtenir que Jésus-Christ même bénit leurs chapelets. La bienheureuse Jeanne ayant demandé cette grâce à Jésus-Christ, toutes les religieuses mirent leurs chapelets dans un coffre, dont une d'entre elles conserva la clef.

» Pendant que Jeanne était en oraison, un ange enleva ces chapelets, sans ouvrir le coffre, et les porta au ciel; de sorte que la religieuse qui était dépositaire de la clef, ayant été curieuse de voir ce qui se passait, trouva le coffre vide. Mais aussitôt que la bienheureuse Jeanne eût achevé sa prière, il se répandit une odeur agréable dans toute la maison ; on ouvrit le coffre ; on y trouva les chapelets bénis de la main même de Notre-Seigneur Jésus-Christ.

» Jeanne obtint aussi qu'il y eût des grâces particulières attachées non-seulement à chacun de ces chapelets, mais encore à chacun des grains dont ils étaient composés ; et que les mêmes indulgences fussent jointes à tous les grains qui auraient touché quelques grains de ces chapelets, même à ceux qui n'auraient touché que des grains bénis par l'attouchement des chapelets de Jésus-Christ, et ainsi à l'infini.

» Ces grâces étaient : de délivrer les possédés, d'éteindre les incendies, de garantir du tonnerre, d'apaiser les tempêtes, de préserver de la peste, de guérir la fièvre, la brûlure, la paralysie, de chasser les scrupules, les tentations, le désespoir, de rendre vains les sortiléges, etc.

» L'auteur de la vie de la bienheureuse Jeanne ajoute que les oiseaux venaient de tous côtés entendre prêcher cette sainte femme ; que les âmes du purgatoire accouraient à elle pour se recommander à ses prières ; que ces âmes faisaient leur pénitence dans des vases de sa cellule où elle mettait des fleurs ; et que les fleurs s'inclinaient toutes les fois qu'elle disait le *gloria patri*; enfin que son ange gardien lui avait révélé qu'un grand prélat avait été changé en colombier pour faire son purgatoire, parce qu'un prélat doit servir de refuge aux âmes faibles, comme le colombier sert de refuge aux pigeons contre les vautours... (1) »

JÉRÉMIE, — prophète juif. Il paraît qu'il fut enseveli en Égypte ; et quelques légendaires racontent que les Égyptiens rendaient de grands honneurs à sa cendre. Ils ajoutent qu'Alexandre-le-Grand étant venu visiter son sépulcre fit transporter ses reliques à Alexandrie, et les enferma dans un monument superbe. Ceux qui touchaient le tombeau de Jérémie se garantissaient par-là de la morsure des aspics et des crocodiles.

Mais outre que rien n'appuie cette belle histoire, comment l'accorder avec les honneurs que sainte Hélène rendit à la cendre de Jérémie, qui se trouvait à Jérusalem, et qu'elle plaça dans

---

(1) Cité dans le P. Lebrun, *Histoire critique des pratiques superstitieuses*, tome I, p. 395, et dans le *Journal des savans*, août 1728.

une riche église ? On a toujours à Jérusalem le corps de Jérémie ; et les capucins ne conviennent pas que ce corps ait jamais voyagé sous les ordres d'Alexandre.

Avec ces deux corps, Jérémie possède encore beaucoup de reliques à Moscou, à Venise et à Prague. Les Vénitiens ont surtout de ce prophète une grosse dent, qui fait de grands miracles.

On montre auprès de Jérusalem la caverne où il fit ses lamentations, et la fosse où quelques-uns prétendent qu'on l'enterra d'abord (1).

On voit, dans le chapitre 15 du II°. livre des Machabées, que Jérémie apparut au prince Judas, dans une circonstance difficile, et lui remit de la part de Dieu une épée d'or, en l'assurant qu'il terrasserait avec cette épée les ennemis du peuple juif. Cette épée doit se garder dans quelque église.

JÉROME, — docteur de l'église, mort en 420. Il fut enterré à Bethléem ; et son corps n'est jamais sorti de ce hameau. On en possède un second à Rome dans l'église de Sainte-Marie-Majeure, un troisième à Toulouse ; et l'abbaye de Cluny vénérait une tête détachée de ce grand saint.

On montre aussi, dans l'église de Sainte-Marie-Majeure, l'étole de saint Jérôme, qui n'a jamais porté d'étole.

---

(1) Baillet, *Vies des Saints de l'ancien testament*, 1er. mai. *Chronique Pasc. Voyage d'un franciscain en Terre-Sainte*, page 45, etc.

On visite à Bethléem la grotte où il se retira pour y mener cette vie pénitente, dont sainte Paule et sainte Eustochie charmèrent quelquefois l'austérité.

On représente quelquefois saint Jérôme avec un lion, parce que des légendaires ignorans l'ont confondu avec saint Gérasime. On le peint aussi avec un chapeau de cardinal; mais il n'y avait point de cardinaux du temps de saint Jérôme.

JÉSUS-CHRIST. — Nous ne prétendons attaquer ici ni la Divinité, ni la vie, ni la morale sublime de Jésus. Nous aurions souhaité que les prêtres eussent assez respecté le fils de Dieu, pour ne pas l'abaisser jusqu'à nos misères. On n'a pu se flatter de posséder son corps, parce que l'évangile déclare expressément que ce corps est dans le ciel, à la droite du père; mais on présente à la vénération des catholiques tout ce que Jésus-Christ n'emporta pas avec lui en quittant la terre.

Nous ne dirons pas avec les Basilidiens que Jésus-Christ était trop grand et d'une nature trop élevée, pour laisser aux hommes un prépuce, des cheveux, du sang, etc.; et que si ces restes appartiennent véritablement à celui qui fut crucifié par les Juifs, c'est que Jésus ne mourut point, mais qu'un autre fut mis en croix à sa place. Nous croyons que Jésus-Christ fut crucifié en personne; et si nous ne savons comment juger les reliques dont nous allons parler, c'est qu'elles ne sont appuyées que sur des preuves ridicules, et qu'elles nous présentent quelque chose d'indigne de la majesté d'un Dieu.

DE LA CRÈCHE DE JÉSUS-CHRIST.

L'auge ou la crèche de la sainte étable dans laquelle Jésus-Christ voulut bien naître se montre toujours à Bethléem, quoique cette pierre ait sans doute été dissipée par les Turcs. Mais on voit aussi dans l'église de Sainte-Marie-Majeure à Rome, cette même crèche où Jésus fut posé en naissant ; et bien qu'elle soit entière, mais de forme différente dans les deux endroits que nous indiquons, on en montrait des morceaux considérables à Toulon, à Nuremberg, à l'abbaye de la Celle près de Troyes, à l'Escurial, etc.

On dit que la sainte crèche fut apportée à Rome avec le corps de saint Jérôme, qui est bien à Rome, mais qui n'y a jamais été apporté.

On vénère encore, à Sainte-Marie-Majeure, le berceau de Jésus-Christ. Personne n'a pu savoir d'où vient cette relique ; et aucune histoire ne témoigne que Jésus ait jamais eu un berceau. Celui de Rome est magnifiquement orné de plaques d'argent et de cristal (1).

Nous avons déjà dit qu'on honorait en Lorraine le saint foin qui fut mis dans la crèche, sous le corps de Jésus naissant (2).

On visite enfin à Bethléem, outre la sainte crè-

---

(1) *Voyage de France et d'Italie par un gentilhomme français*, page 281.

(2) Voyez François d'Assise, dans ce dictionnaire.

che, l'étable où Jésus vint au monde, le lieu où la vierge enfanta ; ceux où se tenait saint Joseph, où les trois rois se mirent à genoux, où les pasteurs vinrent adorer le Messie ; tous ces lieux rappellent des mystères ; mais tous ces lieux sont-ils exacts ?

LE NOMBRIL DE JÉSUS.

On adore à Rome le nombril, ou peut-être le cordon ombilical de Jésus-Christ, divisé en deux parties ; la plus considérable est à Saint-Jean-de-Latran ; l'autre à Sainte-Marie-du-Peuple (1).

On ne songeait pas encore à cette relique, huit cents ans après la naissance de Jésus-Christ.

LANGES DE JÉSUS-CHRIST.

On a trouvé moyen de faire honorer aussi les langes où Jésus fut emmaillotté. On montre à Rome, dans l'église de Sainte-Marie-Majeure, la petite chemise que lui fit la Sainte-Vierge ; et dans l'église de Saint-Paul, le drapeau dont il fut enveloppé pendant qu'il ne marchait pas encore (2).

On avait à Paris, dans la Sainte-Chapelle, plusieurs langes de Jésus, et à Saint-Denis, un reliquaire rempli de ces langes sacrés (3).

On en vénérait aussi quelques pièces à Ancône, à San-Salvador en Espagne, à Chartres, et dans tant d'autres églises, qu'ils empliraient le magasin d'une revendeuse.

---

(1) *Voyage de France et d'Italie*, pages 309 et 433. Misson, tome II, page 148.
(2) Calvin, *Traité des Reliques*.
(3) Piganiol, *Description de Saint-Denis*.

Si un curieux demande où l'on a pris ces reliques, on répond qu'une sainte femme, ou un moine, ou un ange les apporta de la Terre-Sainte où elles étaient cachées. Ces langes sont cependant d'étoffe moderne ; mais comment en douter ? Ils font des miracles.

LE SAINT PRÉPUCE DE JÉSUS-CHRIST.

« On ne pouvait laisser échapper le corps de Jésus-Christ sans en retenir *quelque lopin* (1). Outre que certaines églises conservent ses cheveux et quelques-unes de ses dents, l'abbaye de Charroux, au diocèse de Poitiers, se vante d'avoir son prépuce, c'est-à-dire le peu qui lui fut coupé à la circoncision (2).

» En supposant que le petit morceau de peau qui fut ôté à l'enfant Jésus ait été conservé, et qu'il puisse être là ou ailleurs, que dirons-nous du prépuce qui se montre à Rome, dans l'église de Saint-Jean-de-Latran ? il est certain que jamais il n'y en a eu qu'un, et qu'il ne peut être à la fois à Rome et à Charroux. »

Il paraît à ce passage que Calvin ne connaissait que deux prépuces de Jésus-Christ ; cependant il y en a davantage. Les moines de Coulombs, dans le diocèse de Chartres, se vantaient d'avoir la même relique, que les bonnes gens du pays ap-

---

(1) Calvin, *Traité des Reliques.*
(2) Quelqu'un était-il là pour recueillir le saint prépuce, le conserver, le transmettre comme une relique, etc., etc.

pelaient *le saint prépuce*. On le montrait aux femmes grosses, enchâssé dans un reliquaire d'argent, afin de les faire accoucher sans travail ; et ce prépuce était d'un bon revenu (1).

Il y avait un quatrième prépuce à Anvers ; un cinquième que des moines ambulans apportèrent à la cathédrale du Puy en Velay ; un sixième à Hildesheim en Saxe ; un septième à Châlons-sur-Marne, dans l'église de Notre-Dame en Vaux. Au commencement du dernier siècle, pendant la régence, l'évêque Noailles considérant que ce saint prépuce était l'objet d'un culte souvent scandaleux, surtout de la part des femmes, et se doutant bien que c'était une fausse relique, voulut la faire examiner. Elle était dans un morceau de velours rouge ; un chirurgien, après avoir ouvert le velours, n'y trouva qu'un peu de poudre ; il la mit sur sa langue, et déclara que le prétendu prépuce n'était qu'une poussière de sable. On appela depuis ce chirurgien *croque-prépuce*; mais il n'y eut plus de prépuce à Châlons-sur-Marne (2).

AVENTURE DU PRÉPUCE DE SAINT-JEAN-DE-LATRAN.

Dans le pillage de Rome, en 1527, un soldat vola, au trésor de Saint-Jean-de-Latran, le saint prépuce de Notre-Seigneur, avec quelques autres reliques. Ayant été emprisonné, pour je ne sais quel délit, auprès d'Anguillara, il enterra les

---

(1) Thiers, *Traité des Superstitions*, t. I, Liv. II, ch. 1er.
(2) Note donnée sur les lieux.

saints objets qu'il avait volés; et comme il craignait qu'on ne le poursuivît pour ce vol (qui était peut-être le sujet de son emprisonnement), il ne l'emporta point lorsqu'on lui rendit sa liberté.

Une maladie qu'il eut peu de temps après lui fit pressentir sa mort prochaine; il révéla, avant de mourir, le lieu où il avait caché le saint prépuce. Clément VII ordonna des recherches, qui furent d'abord inutiles. Enfin, Magdeleine de Strozzi ayant fait fouiller avec soin dans la prison du soldat, découvrit un écrin précieux, qu'elle ouvrit devant Lucrèce des Ursins et sa fille Clarisse, âgée de sept à huit ans.

Les étiquettes qui indiquaient le nom des reliques enfermées dans l'écrin, étaient déjà pouries par l'humidité. Magdeleine tira un petit sac, où elle crut lire confusément le nom de Jésus. Elle essaya d'en délier les cordons; Mais aussitôt ses doigts se glacèrent; trois ou quatre tentatives furent aussi inutiles; ses mains avaient pris la raideur du marbre. « Cela me ferait croire, dit Lucrèce, que ce sac contient le saint prépuce. » Elle n'eut pas achevé ces mots, que toute la maison fut embaumée d'une odeur excellente. Mais elle ne put, non plus que Magdeleine, ouvrir le petit sac, parce qu'elles n'avaient pas les mains chastes.

Un prêtre qui se trouvait là n'osa tenter l'aventure. Il conseilla de faire délier le sac par la petite Clarisse. Nous avons dit qu'elle n'avait que sept à huit ans ; l'historien ajoute qu'elle était vierge. Elle ouvrit le sac sans difficulté, et en tira le saint prépuce, qui fut mis avec respect dans une cuvette d'argent, et reporté à Rome, où les fidèles l'adorent toujours, dans l'église de Saint-Jean-de-Latran (1).

Les incrédules diront qu'il n'est pas difficile de faire des histoires comme celle-là. Mais « ce sont des orgueilleux qui sont des ignorans (2). »

AUTRES RELIQUES DE LA CIRCONCISION.

On gardait à Compiègne, dans l'église de Saint-Corneille, le couteau qui servit à couper le prépuce de Jésus-Christ. L'abbé de Villars disait que cette relique avait une tournure si peu juive, qu'il la soupçonnait fort de venir de Namur.

On montre à Rome, dans l'église de Saint-Jacques *in Borgo*, la pierre sur laquelle l'enfant Jésus fut circoncis. L'impératrice Hélène, qui apporta cette grosse relique de Jérusalem, voulait la faire mettre à Saint-Pierre. Mais en passant devant Saint-Jacques, les chevaux s'obstinèrent tellement à ne plus faire un pas, qu'il fallut y laisser la pierre de la circoncision (3). On raconte

---

(1) *Philippi de Berlaymont, soc. Jesu, Paradisus puerorum,* pars II, cap. 28, § 1.

(2) Simonnet, *Conclusion de la réalité de la magie,* pillé dans la conclusion de l'explication du catéchisme de l'empire, qui a pillé saint Paul, 1, ad Timoth. cap. 6, verset 2.

(3) Misson, tome II, page 149. *Merveilles de Rome*, p. 34.

la même chose de la pierre qui servit d'autel au sacrifice d'Abraham. Celle de la circoncision est un grand morceau de marbre, sur lequel l'enfant Jésus a laissé l'empreinte d'un de ses talons.

RELIQUES DES NOCES DE CANA.

Le miracle des noces de Cana, où Jésus-Christ changea l'eau en vin, en faveur de gens qui avaient déjà beaucoup bu, fit tant d'effet sur les Juifs, que, si nous en croyons nos théologiens, on conserva les six cruches, qui avaient été l'instrument du prodige, soit par curiosité, soit par esprit de religion.

Mais on ne sait pas ce que devinrent ces cruches, jusqu'au moment où les croisés les apportèrent de la Terre-Sainte en Europe. Du moins les églises qui possèdent quelqu'une de ces cruches, n'en font pas monter l'origine beaucoup plus loin.

On en montre une à Pise, une à Ravennes, une à San-Salvador en Espagne, une quatrième à Venise, dans l'église de Saint-Nicolas *in Lido*, une cinquième à Moscou, une sixième à Bologne; il y en avait une septième à Tongres, une huitième à Cologne, une neuvième à Angers, une dixième à l'abbaye de Cluni, une onzième à l'abbaye de Port-Royal de Paris, une douzième à Beauvais, une treizième à Orléans. Toutes ces cruches étaient complètes; et outre quelques morceaux pris à d'autres cruches cassées, qui se voyaient à Saint-Denis et ailleurs, on montrait encore beaucoup de cruches entières, mais moins célèbres, dans divers monastères grecs ou catholiques. Cependant l'Évangile n'indique que six cruches.

Ce qu'il y de plus merveilleux, c'est qu'aucune de ces cruches ne ressemble à une autre, ni pour la matière, ni pour la taille, ni pour la forme. Il y a certaine de ces cruches qui tient un muids (1). Celle de Paris contenait cinquante-deux pintes ; celle de Cologne en contenait à peine dix-huit. Celle de Bologne était un vase de marbre antique, orné de fleurs en relief. Celle de Beauvais était un pot de terre cuite. Il fallait trois hommes pour remuer à vide la cruche de Port-Royal ; il n'en fallait qu'un pour porter plein celle de Tongres. Cependant l'Évangile spécifie que toutes ces cruches avaient la même capacité (2).

On ne s'est pas contenté de faire honorer des cruches. Les moines d'Orléans ont imaginé une ressource plus lucrative. Ils se vantaient d'avoir du vin des noces de Cana, qu'ils nommaient *vin de l'Architriclin*. On sait que le mot latin *Architriclinus* signifie maître d'hôtel, majordome ; nos doctes moines en ont fait un nom propre, le nom du jeune marié, dont Jésus fêtait la noce. Une fois l'année (le 6 de janvier) ils faisaient lécher le bout d'une cuillère trempée dans ce vin, à ceux qui leur apportaient quelque offrande. C'était, disaient-ils, le vrai vin que Notre-Seigneur fit au

---

(1) Calvin, *Traité des reliques*.
(2) *Sanctis Joannis Evang.* cap. 2, verset 6.

banquet de Cana ; et , chose admirable ! jamais la quantité n'en diminuait , quoique les moines en vendissent de pleins gobelets aux riches (1).

Malheureusement, nous ne pouvons plus boire de ce saint vin, qui aurait aujourd'hui près de dix-huit cents ans.

DU MIRACLE ANNUEL DES FONTAINES.

On prétend que le miracle de Cana fut fait le 6 de janvier; et c'est ce jour-là que l'église en fête la commémoration , conjointement avec l'Épiphanie et le baptême de Jésus-Christ.

Sainte-Épiphane raconte que, de son temps, l'eau de plusieurs fontaines et de quelques rivières se changeait en vin, ou plutôt en prenait le goût et la couleur , le 6 de janvier. Il proteste qu'il but avec plaisir du vin de l'une de ces fontaines, à Cibyre en Carie ; il ajoute que des moines de sa connaissance avaient bu du vin d'une autre fontaine, dans l'église de Gérase en Arabie. Le lendemain du 6 de janvier l'eau reprenait sa qualité commune (2).

Il paraît que ce miracle cessa dans le quatrième siècle ; car il n'y a que Saint-Épiphane qui en ait parlé.

Nous observerons seulement qu'on cite vaguement des rivières qui prirent le goût du vin ; et

---

(1) Calvin , *Traité des Reliques.*

(2) Cité dans Tillemont, *Mémoires ecclésiastiques*, t. II, et dans Baillet, 6 janvier.

que les fontaines que le saint spécifie appartenaient à des églises ou à des moines. D'ailleurs serait-il bien digne de la Divinité de faire tous les ans un miracle qui obligerait toute la terre à s'enivrer?...

Nous ajouterons encore qu'une fontaine du temple de Bacchus, dans l'île d'Andros, prenait tous les ans le goût de vin, le 5 de janvier....(1).

RELIQUES DES CINQ PAINS, etc.

Jésus nourrit, comme on sait, cinq mille hommes dans le désert, avec cinq pains d'orge et deux poissons, qu'il multiplia par un miracle. L'Évangile observe qu'il en resta quelques morceaux ; on en montre à Rome, dans l'église de Notre-Dame-la-Neuve et dans celle de Saint-Thomas, à San-Salvador en Espagne, et au trésor de l'Escurial (2).

On se vante aussi de posséder à Venise, dans l'église de Saint-Marc, la table sur laquelle Jésus distribua au peuple les cinq pains et les deux poissons (3). On est embarrassé de concevoir comment il y avait une table dressée dans le désert.

On vénère à Saint-Pierre de Rome une grille de fer sur laquelle notre Seigneur s'appuyait pour prêcher (4) ; cette grille délivre les possédés, et fait beaucoup de miracles.

---

(1) Pline, liv. Ier, chap. 103.
(2) Calvin, *Traité des Reliques. Merveilles de Rome*, p. 49. *Voyage en Espagne en* 1739, page 417.
(3) Misson, tome III, page 176, 4e. édition.
(4) *Merveilles de Rome*, 1730, page 10.

On gardait anciennement dans l'église d'Armagh le bâton de Jésus-Christ, qui passa au quatorzième siècle dans la cathédrale de Dublin (1). Ce bâton, que quelques-uns prétendent avoir été trouvé par saint Patrice, chassait les démons sans difficulté. Nous ne saurions dire s'il n'est pas perdu.

On visite dans la Terre-Sainte la grotte où Jésus-Christ jeûna quarante jours ; on montre le rocher où il fut tenté par le diable, et les pierres que Satan lui proposa de changer en pain. On fait voir aussi le roc élevé, du haut duquel le tentateur montra à Jésus tous les royaumes du monde avec toute leur gloire (2).

PUITS DU MOUCHOIR. PORTRAIT DE JÉSUS.

On trouve à quelque distance d'Orfa, anciennement Édesse, un puits fameux qu'on nomme le puits du mouchoir. Selon la tradition du pays, Abgare, roi d'Édesse, étant tout lépreux, et entendant conter beaucoup de merveilles de Jésus-Christ, lui envoya une ambassade pour le prier de venir à Édesse, promettant de le protéger contre ses ennemis. Comme le temps de sa passion approchait, Jésus répondit qu'il ne pouvait aller voir Abgare ; et s'étant aperçu qu'un peintre de la suite de l'ambassade tirait son portrait,

---

(1) *Polychronicon* de Ralph Hidgen, publié par Gale.
(2) *Voyage du P. Nau*, liv. 4. *Voyage d'un franciscain en Terre-Sainte*, Ire. partie, ch. 39.

il mit sur son visage un mouchoir qui en conserva l'empreinte, et qu'il donna aux ambassadeurs.

Ces gens s'en retournèrent ; et lorsqu'ils étaient sur le point d'entrer dans Édesse, ils furent rencontrés par des voleurs qui les attaquèrent. Celui qui portait le mouchoir se hâta de le jeter dans le puits dont nous avons parlé, et courut à la ville où il conta tout au roi.

Ce prince, suivi de tout son peuple rangé en procession, alla aussitôt au puits ; l'eau s'était élevée jusqu'aux bords ; et le saint mouchoir surnageait. Le roi le prit, fut sur le champ guéri de sa lèpre, et se fit chrétien avec tout son peuple (1).

Le puits du mouchoir guérit toujours les lépreux ; mais le mouchoir où Jésus a empreint lui-même sa figure, fut par la suite transporté à Rome, où il est encore honoré dans l'église de Saint-Sylvestre (2).

LARMES DE JÉSUS-CHRIST.

Les bénédictins de Vendôme se vantaient d'avoir dans leur église une des larmes que Jésus versa sur la mort de Lazare ; et ils en avaient si bien persuadé les bonnes gens que, dans les temps les plus malheureux, cette relique leur rapportait au moins quatre mille francs de rentes, en messes, en neuvaines et en offrandes. C'était une larme

---

(1) Bruzen de la Martinière, au mot *Orfa*.
(1) *Voyage de France et d'Italie par un gentilhomme français*, page 315.

qui valait un fonds de quatre-vingts mille francs placés à cinq d'intérêt.

Pour justifier l'authenticité de cette relique, les benédictins de Vendôme avaient fait imprimer un petit livre intitulé : « Histoire véritable de la
» sainte Larme que Jésus-Christ pleura sur Lazare;
» comme et par qui elle fut apportée au mona-
» stère de la Sainte-Trinité de Vendôme ; ensem-
» ble plusieurs beaux et insignes miracles arrivés
» depuis 630 ans., qu'elle est miraculeusement
» conservée en ce saint lieu. 1672. »

On voit dans ce livre admirable que cette larme est une de celles que Notre-Seigneur versa sur la mort de Lazare. Un ange la recueillit, la mit dans une petite fiole, qu'il enferma dans un vase plus grand, telle qu'elle se voyait encore au dernier siècle, et la donna à la Madeleine. Celle-ci l'apporta en France, lorsqu'elle y vint avec son frère Lazare, sa sœur Marthe, saint Maximin et saint Celidoine.

Quand elle se vit près de mourir, Madeleine remit sa précieuse relique à saint Maximin, devenu évêque d'Aix ; elle resta dans cette ville jusqu'après la mort de Dioclétien. Alors elle fut portée à Constantinople, où elle demeura jusque vers le milieu du onzième siècle.

En 1040, les Sarrazins ayant fait une nouvelle irruption en Sicile, l'empereur de Constantinople, Michel le Paphlagonien, à qui ce royaume appartenait, demanda du secours à Henri Ier. roi de France. Ce prince lui en envoya, sous la conduite de Geoffroi Martel, comte d'Anjou et de Vendôme, qui s'étant joint aux troupes impériales, défit entièrement les Sarrazins et les chassa de la Sicile.

A la fin de l'année 1042, Geoffroi Martel étant à Constantinople, l'empereur, pour récompenser ses services, lui donna la sainte larme, qu'il fit rapporter en France par un de ses gentilshommes, et qu'il donna au monastère de Vendôme, fondé depuis deux ans......

Voici les principales objections que l'on a faites aux bénédictins, sur cette histoire merveilleuse. « Vous dites que la sainte larme de Vendôme est une de celles que Jésus versa sur la mort de Lazare; mais ne pourrait-elle pas être également une de celles qu'il a répandues sur Jérusalem, au jardin des olives, sur la croix? Qui vous a révélé qu'un ange recueillit cette larme dans un flacon et la donna à la Madeleine ? Ou avait-il pris ce flacon ? Pourquoi ne conserva-t-il qu'une seule larme ? Est-ce le même ange qui a distribué celles qu'on vénère en d'autres lieux ? Vous dites que la sainte larme fut apportée en France par la Madeleine ? Ne savez-vous pas que la Madeleine ne vint jamais en France, et que saint Maximin est un saint imaginaire, dont on n'a commencé de parler qu'en 1572 ? Quelles sont les autorités qui prouvent que la sainte larme resta à Aix jusqu'à la fin de la persécution de Dioclétien ? Quels étaient les Grecs qui l'emportèrent à Constantinople ? Quel est votre Geoffroi Martel à qui Michel le Paphlagonien, qui était mort en 1041, donne la sainte larme en 1042?.... (1) »

On ne répondit point à ces objections et les bonnes gens continuèrent d'honorer la sainte larme de Vendôme.

Les religieux de l'abbaye de Saint-Pierre, au diocèse d'Amiens, avaient également une sainte larme, dont ils avaient fait imprimer aussi l'histoire véritable. Mais elle était moins fameuse que celle de Vendôme.

On avait encore d'autres larmes de Jésus-Christ à Trèves, à Saint-Maximin en Provence, à l'abbaye de Selincourt, à Thiers en Auvergne, à Saint-Pierre-le-Puellier d'Orléans, à l'abbaye de Foucarmont, et dans divers autres lieux.

Celle de Saint-Maximin était tombée des yeux de Notre-Seigneur, pendant qu'il lavait les pieds des apôtres; ses aventures n'étaient guère moins miraculeuses que celles de la relique de Vendôme.

On visita dans la révolution quelques-unes de ces saintes larmes. Dans certaines fioles comme celle de Vendôme, on trouva un grain de verre, qui figurait une goutte d'eau; dans d'autres on ne trouva rien.

RELIQUES DE L'ENTRÉE A JÉRUSALEM.

Nous avons parlé (2) de l'ânesse sur laquelle

---

(1) Thiers, *Traité des Superstitions*, liv. II, chap. 1er, t. 1er. Dissertation sur la sainte Larme de Vendôme. Salgues, *des Erreurs et des Préjugés*, tome II, page 355. Calvin, *Traité des Reliques*.

(2) Voyez l'article des *Animaux sacrés*.

Jésus-Christ entra dans Jérusalem. Le corps de cette ânesse se conservait à Vérone.

On montre, à San-Salvador en Espagne, la branche de palmier que Jésus tenait à la main le dimanche des rameaux, lorsqu'il fit son entrée dans la ville sainte, monté sur l'ânesse de Bethphagé. On a soin de tenir cette branche toujours verte.

Mais il faut que cette circonstance de l'histoire de Notre-Seigneur ait été révélée, car il n'en est point parlé dans l'Évangile (1).

RELIQUES DE LA CÈNE.

On vénère à Rome, dans l'église de Saint-Jean-de-Latran, la table sur laquelle Jésus fit le repas de la cène avec ses apôtres, le jeudi saint. Cette table fut, dit-on, apportée de Jérusalem par Titus (2); et quoiqu'elle soit entière, on en voyait pourtant des morceaux considérables à l'abbaye de Montdieu en Champagne, à Chartres, à Cologne, à l'Escurial et ailleurs. « Notez, dit Calvin, que Jésus-Christ n'était pas chez lui, et qu'en partant il laissa la table. »

On visite aussi, à quelques pas de Nazareth, une grande pierre à peu près ronde, sur laquelle Jésus-Christ mangea souvent avec ses apôtres, et que l'on appelle la table de Notre-Seigneur (3).

---

(1) Calvin, *Traité des Reliques.*
(2) *Merveilles de Rome*, page 3, édition de 1730.
(3) *Voyage d'un franciscain en Terre-Sainte*, chapitre 6.

— Il est inutile d'observer que la table de la cène est une table de bois.

On vénère à Jérusalem la salle où se fit la dernière cène ; elle faisait partie du palais de David ; et c'est, dit-on, dans cette même salle que Nathan vint reprocher au roi-prophète l'assassinat d'Urie, l'adultère avec Betsabée, etc. (1).

On avait à Paris, dans le trésor de la Sainte-Chapelle, la sainte *touaille* ou nappe qui couvrait la table où Jésus fit le repas de la cène (2). Cette pièce était également, quoiqu'un peu tronquée, à Nuremberg, et, aussi entière qu'à Paris, mais d'étoffe différente, dans la cathédrale de Moscou.

On voit à Saint-Jean-de-Latran le siége où Notre-Seigneur était assis dans son dernier repas ; c'est un grand tabouret de bois noir, large d'un pied et demi, et un peu vermoulu (3).

On garde, à la cathédrale de Gênes un grand plat qui est d'une seule émeraude. C'est, dit-on, le plat où fut servi l'agneau pascal, le jour où Jésus-Christ fit la pâque avec ses apôtres. Ce même plat était aussi dans une église d'Arles, à Rome, à Tolède, à Novogorod ; mais partout d'une matière et d'un travail divers.

Le vénérable Bede prétend que l'agneau fut servi dans un plat d'argent. Sainte Brigide assure que le plat était d'ivoire ; et André Duval, qui

---

(1) *Même voyage*, chap. 15.
(2) Corrozet, chap. 12.
(3) *Voyage de France et d'Italie*, pag. 434, etc.

regardait le plat d'émeraude de Gênes comme le vrai plat de la cène, pense que c'est un des présens que la reine de Saba fit à Salomon (1)... Un plat qui fut à l'usage de la reine de Saba, de Salomon, et de Jésus-Christ ne peut manquer d'être une relique trois fois vénérable.

On adorait à Trèves le couteau dont on se servit à la cène pour découper l'agneau pascal (2).

Il paraîtrait à toutes ces reliques que Jésus était servi magnifiquement. Baudouin, frère de Godefroi de Bouillon, s'empara en 1101 de Césarée en Syrie, d'où il rapporta une coupe d'émeraude qui est certainement celle dont Jésus-Christ se servit à son dernier souper, et dans laquelle il fit boire ses apôtres, en leur disant : ceci est mon sang (3). On la garde dévotement à Gênes.

Mais cette même coupe était aussi (d'une autre matière que l'émeraude à la vérité) à Notre-Dame-de-Lille près de Lyon, et dans un couvent d'Augustins du diocèse d'Albi.

On montre même quelques morceaux du pain que Jésus bénit, et qu'il donna à ses disciples en disant : « Ceci est mon corps, » à Saint-Jean-de-Latran, à Toulon, à San-Salvador, etc (4). Il est étonnant que l'on ne garde pas aussi un peu de vin de la cène.

---

(1) Misson, tome III, pages 44 et 236.
(2) Calvin, *Traité des Reliques.*
(3) Calvin, après Sigonius, liv. 9.
(4) *Voyage de France et d'Italie*, 1667, pages 113 et 433. Calvin, *Traité des Reliques.*

La serviette avec laquelle Jésus-Christ essuya les pieds de ses apôtres le jeudi saint se voit à Rome dans l'église de Saint-Jean-de-Latran. On en garde une autre, que l'on donne également pour la véritable, et qui a conservé la marque du pied de Judas, à Aix-la-Chapelle dans l'église de Saint-Corneille. Il y en avait une troisième à la Sainte-Chapelle de Paris; une quatrième à Nuremberg, un morceau à Chartres, une autre pièce à l'abbaye de Montdieu en Champagne (1).

CHEVEUX DE JÉSUS-CHRIST, etc.

On garde quelque partie des cheveux de Jésus-Christ, à Rome dans l'église de Sainte-Cécile, à Chartres, à l'Escurial; on en avait aussi dans l'abbaye de Notre-Dame d'Argensole en Champagne.

Henri Étienne parle d'un moine qui se vantait de porter dans une boîte « du souffle de Jé-
» sus-Christ, gardé soigneusement par sa mère
» depuis le temps qu'il était petit enfant (2). »

Un prêtre de Gênes rapporta pareillement de Bethléem un peu de souffle de Jésus dans une bouteille. Ce souffle est sans doute évaporé.

En 1810, une bonne femme de Salon en Provence croyait posséder un os de Jésus-Christ, qu'elle faisait porter aux jeunes gens qui voulaient

---

(1) Calvin, *Traité des Reliques. Histoire de l'église de Chartres.* Corrozet, Misson, Bruzen de la Martinière, etc.

(2) *Apologie pour Hérodote*, chap. 38.

éviter la conscription..... Cette relique ne doit pas être perdue.

DU SANG DE JÉSUS-CHRIST.

« De tout ce que Jésus-Christ a laissé sur la terre, rien ne serait plus digne de notre vénération que le sang qu'il a répandu pour le salut du genre humain. Rien ne méritait donc d'être recueilli et conservé avec plus de soin, mais Dieu ne l'a point permis, et on doit en être suffisamment persuadé par le silence de l'écriture et de tous les anciens (1). »

Cependant les modernes ont exposé à la vénération des fidèles une grande quantité du sang de Jésus-Christ; et l'on en conserve bien plus qu'un corps humain n'en porte dans ses veines.

On a dans Venise des fioles assez grandes remplies du sang de Jésus, qui reçoit un culte très-solennel le 12 de mars, au couvent des religieux conventuels de Saint-François et dans l'église de Saint-Marc.

A Rome, on a des fioles pleines du sang de Jésus-Christ, dans l'église de Saint-Eustache; on en montrait un flacon assez considérable dans l'église de la Sainte-Croix de Jérusalem. On en adore une grosse bouteille à Moscou, dans l'église de l'Annonciation.

A Sarzane, dans les états de Gênes, on doit avoir encore une fiole pleine du sang que Nico-

---

(1) Adrien Baillet, *Histoire de la Semaine sainte.*

dème recueillit sous la croix, et qui fut trouvée dans le fameux crucifix de Lucques.

A Saint-Maximin en Provence, on gardait quelques petits cailloux tachés du sang de Jésus-Christ, recueilli sous la croix par la Madeleine.

A Tours, on avait une certaine quantité de sang que Notre-Seigneur répandit au Mont-des-Olives.

A La Rochelle, on montrait quelques gouttes du sang recueilli par Nicodème; et dans le seizième siècle, on cite plusieurs porteurs de reliques, qui promenaient dans les pays chrétiens des fioles de sang de Jésus-Christ conservé par la Sainte-Vierge.

On ne s'est pas contenté du sang simple, dit Calvin, il a fallu avoir le sang mêlé d'eau qui sortit du côté de Jésus, sur la croix. « Cette marchandise se trouve à Rome, dans l'église de Saint-Jean-de-Latran (1). »

Mais le sang le plus fameux est celui de Mantoue. Il a même donné lieu à l'ordre militaire *du sacré sang du Christ*, établi en 1608. Ce que l'on possède dans cette ville ne consiste pourtant qu'en trois gouttes, qui à la vérité ont fait beaucoup de miracles. On disait autrefois que ces trois gouttes de sang étaient sorties d'un crucifix de Beryth en Phénicie; mais depuis, on publia que c'était le pur sang de Jésus-Christ en personne.

On prétend généralement que ce sang fut apporté à Mantoue par saint Longin. C'est le soldat

---

(1) *Traité des Reliques.*

qui perça le côté de Jésus-Christ avec sa lance.

Mathieu Paris raconte qu'Henri III, roi d'Angleterre fut jaloux de voir la couronne d'épines entre les mains de saint Louis, et que voulant avoir aussi quelque relique importante, il se vanta peu de temps après de posséder un grand flacon plein du sang de Notre-Seigneur. C'était, disait-il, un présent de quelques Templiers, qui l'avaient reçu du patriarche de Jérusalem.

Mais sa fiole devint bientôt si suspecte, qu'il fallut la faire disparaître. Il est vrai qu'il en reste assez de toutes parts.

HISTOIRE DU GANT DE NICODÈME.

Lorsque Nicodème descendit Jésus de la croix, il recueillit quelques gouttes de son précieux sang, dans un doigt de son gant; car Nicodème portait des gants comme nous en portons.

Il fit bientôt avec ce sang de si grands miracles, que les Juifs se mirent à le persécuter pour lui ôter sa relique, et qu'il se vit obligé de s'en séparer. Mais auparavant, il eut soin de prendre un parchemin, sur lequel il écrivit tous les miracles que le doigt de son gant avait faits; il en nota bien exactement l'origine; puis ayant pris le bec d'un grand oiseau dont on ne dit pas le nom, il lia de son mieux le doigt de gant plein du sang de Jésus dans ce grand bec, et le jeta à la mer, avec le morceau de parchemin, en recommandant le tout à Dieu.

Douze cents ans après, ou environ, ce saint bec,

s'étant bien promené par toutes les mers, arriva sur les côtes de Normandie, aux lieux où l'on a fondé l'abbaye du Bec.

Par la permission divine, la mer jeta le paquet de Nicodème dans des broussailles qui étaient près du rivage; et bientôt un bon duc de Normandie vint chasser dans ces quartiers-là.

Après qu'il eût long-temps poursuivi le cerf, on n'entendit plus ni le son des cors, ni les cris des chiens; et l'on ne sut ce qu'était devenue toute la chasse. Le bon duc se mit à chercher, avec la peur de quelque malheureux prestige.

Ses craintes cessèrent, mais sa surprise fut bien grande, lorsqu'il aperçut le cerf et les chiens tous à genoux autour d'un buisson, avec la contenance la plus modeste. Le duc ému de dévotion, et se doutant bien qu'il y avait là quelque chose de saint, se mit à genoux comme sa meute, et fit visiter le buisson.

On y trouva le saint bec, avec le précieux sang, dans le vénérable doigt de gant de Nicodème; et le bon duc fit bâtir aussitôt l'abbaye du Bec, « où l'on conserve encore cette belle relique, qui attire tant de richesses par ses miracles, qu'on peut bien dire que c'est un bec qui nourrit beaucoup de ventres et les nourrit bien grassement (1). »

ANECDOTE DU SANG DE NEUFRY (2).

L'abbé de Marolles eut un jour la dévotion de

---

(1) Henri Estienne, *Apologie pour Hérodote*, ch. 38.
(2) *Diction. d'anecdotes* de Lacombe, t. I, au mot *Erreur*.

visiter l'église du saint Sépulcre de Neufry, en Touraine, près de laquelle il passait. Les chanoines de la collégiale lui annoncèrent qu'on y gardait, dans un reliquaire de verre, quelque peu du sang de Jésus-Christ, que l'on serait bien aise de lui montrer; et qu'il serait étonné de voir ce sang liquide et vermeil se partager toujours également en trois gouttes dans le reliquaire, et se réunir ensuite comme feraient trois gouttes d'eau ou de quelque autre liqueur.

L'abbé de Marolles répondit que ce fait lui semblait en effet merveilleux, mais qu'il desirait de voir avant d'être persuadé. On approcha donc le reliquaire de ses yeux, en plein jour; il le considéra avec attention, et l'on fut bien surpris de ne lui voir témoigner aucun étonnement. On lui en demanda la raison : tout ce que vous m'avez annoncé peut bien être, dit-il; mais je n'en ai rien vu. Ce que j'ai remarqué dans le reliquaire n'est ni vermeil ni liquide; et au lieu de trois gouttes égales, j'ai compté quatre grains mal polis et de grosseur différente.....

Les chanoines gémirent sur son aveuglement, aussi-bien que les bons dévots qui se trouvaient là, et qui n'en virent pas moins dans les quatre cailloux bruns-rouges, trois précieuses gouttes du sang de notre Seigneur.

LE SAINT SANG DE HALES.

Lorsque Henri VIII eut ordonné la visite des couvens de l'Angleterre, on fit chez les moines de Hales une découverte assez fâcheuse pour l'honneur des saintes reliques. Ces bons religieux montraient, dans une fiole, du sang de canard, qu'ils faisaient adorer comme étant du pur sang de Jésus-Christ.

Le verre de la fiole était épais d'un côté, et fort transparent de l'autre. Quand on voulait tirer de l'argent de quelque dévot, on lui montrait le côté épais de la fiole, et on lui disait que ses péchés rendaient le sang invisible; le dévot payait alors tout ce qu'on voulait pour expier ses fautes et voir le sang miraculeux (1).

On chassa les moines, et l'on exposa leur charlatanisme aux regards de la multitude. Mais qu'il y aurait peu de miracles, s'ils pouvaient être examinés de près! On peut même croire qu'il n'y en aurait point.

ROBE SANS COUTURE DE JÉSUS-CHRIST.

Les églises russes sont généralement riches en reliques. L'histoire suivante montrera avec quelle facilité elles y sont reçues.

Le Schah de Perse fit présent au Czar Michel de la Tunique ou robe sans couture de Jésus-Christ, que ses troupes avaient prise en Géorgie. On fit des recherches pour prouver l'authenticité d'une relique si précieuse. D'abord l'archevêque de Vologda assura qu'en venant de Jérusalem où

---

(1) *Histoire des religions de tous les peuples*, in-4°. 1819, tome IV, page 81.

il avait été archidiacre; il avait vu, dans une église géorgienne, sur une colonne, une cassette d'or qui renfermait, lui avait-on dit, la tunique de notre Seigneur.

Le témoignage de ce prélat suffisait pour confirmer les Russes dans leur foi à la sainte tunique, lorsqu'on reçut une preuve encore plus respectable. Le patriarche de Jérusalem était alors à Moscou. Un moine qui l'accompagnait certifia que c'était l'opinion générale en Palestine, que la sainte tunique de Jésus-Christ avait passé en Géorgie, parce qu'au moment où les vêtemens du Sauveur furent joués aux dés, le sort ayant donné la tunique à un soldat géorgien, il l'avait emportée dans sa patrie.

Après une semblable attestation, il ne manquait plus à la relique que de faire des miracles : c'était le plus aisé; elle en fit (1). — Cette tunique est religieusement conservée dans la principale église de Moscou.

Il est évident que Jésus n'eut qu'une seule tunique dans les différens âges de sa vie, puisqu'on avoue que la Sainte-Vierge fit à son fils sortant des maillots une tunique qui crut à mesure qu'il croissait, et qui est la même que l'on tira au sort le jour de la passion (2).

Cependant cette tunique qui est à Moscou, est aussi à Rome, dans l'église de Saint-Jean-de-Latran. Mais celle-ci est une chemise de toile; et

---

(1) Lévesque, *Histoire de Russie*, tome IV, page 133.
(2) *Merveilles et Antiquités de Rome*, 1730, page 51.

sans s'arrêter à ce fait que le linge n'était pas en usage chez les Juifs, c'est une petite chemise qui ne peut avoir été portée par Jésus-Christ, dont la taille était de six pieds (1). On ne laisse pas de la faire adorer comme la robe sans couture, que tricota la Sainte-Vierge.

On a une troisième tunique de Jésus-Christ à Rome même, dans l'église de Sainte-Martinelle. Il y en eut une quatrième à Trèves, qui croit tenir cette relique d'une libéralité de sainte Hélène. On en vénère une cinquième au bourg d'Argenteuil, près de Paris; et Calvin en note une autre chez les Turcs (2). Ce serait la sixième, mais ce ne serait sans doute pas tout.

La plus fameuse est celle d'Argenteuil. On conte que Charlemagne la reçut de l'impératrice Irène, vers l'an 800, et qu'il la donna au monastère d'Argenteuil, où étaient alors sa sœur Gisèle et sa fille Théodrade. La robe s'égara dans les invasions des Normands. Mais au douzième siècle, l'abbé Suger ayant remplacé les religieuses d'Argenteuil par des bénédictins, un moine eut soin d'avoir une révélation qui lui indiquait la cachette de la sainte relique. On chercha donc et on découvrit, en 1157, *la chape de notre Sauveur* dans une vieille muraille. Elle était sans couture,

---

(1) On montre à Rome, dans ce fameux magasin de reliques de Saint-Jean-de-Latran, la mesure de la taille de Jésus. C'est une toise.

(2) *Traité des Reliques.*

de couleur roussâtre ; et un petit billet que l'on y trouva joint, annonçait que c'était la *chape* que la Sainte-Vierge avait faite pour Jésus enfant, et que notre Seigneur n'avait quittée qu'au jour de sa mort.

En 1567, cette robe sans couture, cette chape, cette tunique de Jésus-Christ fut brûlée par les huguenots. Mais on la retrouva de nouveau ; elle a même échappé aux exterminations révolutionnaires ; et tous les ans, le jour de l'Ascension, on adore à Argenteuil la robe sans couture de Jésus-Christ.

Ce qu'il y a de plus singulier dans tout cela, c'est que la robe de Trèves est une tunique, celle de Saint-Jean-de-Latran une petite chemise, celle de Moscou une robe longue, celle d'Argenteuil une chasuble de prêtre.

AUTRES VÊTEMENS DE JÉSUS.

« Les gendarmes n'ont partagé les vêtemens de Jésus-Christ que pour s'en servir à leur usage, dit Calvin ; quel chrétien les a rachetés pour les conserver et en faire des reliques ?... »

On les honore pourtant. On montre à Rome de grands morceaux du manteau de Jésus, dans l'église des saints martyrs Jean et Paul, dans celle de Saint-Eustache, dans celle de St.-Alexis, et dans celle de la Sainte-Croix. On en conservait une grande pièce en Angleterre, dans l'abbaye de Westminster. On en voit quelque chose à Chartres, à Ancône, à Arles, à Tolède, à Prague, etc. etc.

On montre à Cologne le bord de la robe que l'hémoroïsse toucha pour se guérir. Quand les femmes de Cologne étaient travaillées de quelque perte de sang, elles faisaient porter une certaine quantité de vin aux chartreux, qui en renvoyaient en change un petit verre, dans lequel ils avaient trempé le bout de leur relique. Elles étaient délivrées de leur maladie aussitôt qu'elles avaient bu ce vin bénit, à moins qu'elles ne fussent de grandes pécheresses (1).

Le manteau d'écarlate, autrement dit la robe de pourpre, dont Jésus fut couvert pour être montré au peuple, est deux fois à Rome, premièrement à saint Jean-de-Latran sous le nom de robe de pourpre, en second lieu dans l'église de Saint-Louis sous le nom de manteau d'écarlate; ce qui n'empêche pas qu'on en montrait des morceaux très-considérables à la Sainte-Chapelle de Paris, à Naples, à Venise, à Montserrat, etc.

On voit aussi à Rome, dans la même église de Saint-Jean-de-Latran, le linge « que la Sainte-
» Vierge Marie mit sur les parties honteuses
» de Notre-Seigneur, lorsqu'on l'attacha à la
» croix (2). » Cette pièce est pareillement dans l'église des augustins de Carcassonne.

Si l'on ajoutait foi à toutes les reliques que l'on fait honorer sous le nom de Notre-Seigneur, il faudrait croire que Jésus vécut dans un palais,

---

(1) Jean Reiskius, *des Images de Jésus-Christ*.
(2) Calvin, *Traité des Reliques*.

qu'il avait des souliers pour ses promenades et des sandales au logis, etc.; car on gardait à l'abbaye de Prumm, dans le diocèse de Trèves, la semelle d'un des souliers du Sauveur, donnée à notre roi Pepin-le-Bref par le pape Zacharie; et l'on voit à Rome, dans le saint des saints de Saint-Jean-de-Latran, une paire de souliers qui furent portés par Jésus-Christ. Ses sandales sont au trésor de l'Escurial.

On ne s'est pas contenté d'avoir les divers débris de la garde-robe de Notre-Seigneur; on a retrouvé aussi les dés avec lesquels la robe sans couture fut jouée au sort. Ces deux dés sont à Umbriatico en Calabre; mais il y en a deux autres à San-Salvador, et un cinquième à Trèves. On peut même voir, à Saint-Jean-de-Latran, la pierre sur laquelle les soldats jetèrent les dés; c'est un grand bloc de porphyre.

Nous nous contenterons d'observer que les Juifs consultaient le sort dans un vase ou dans un casque, et qu'ils ne connaissaient pas les dés (1).

LE ROSEAU DE LA PASSION.

Il paraît certain que lorsque Mahomet II prit Constantinople, en 1453, on y trouva le roseau que les soldats avaient mis à la main de Jésus, en guise de sceptre; et que Mahomet fit garder soigneusement cette relique dans son palais (2).

---

(1) Calvin, *Traité des Reliques.*
(2) Adrien Baillet, *Histoire de la Semaine sainte.*

Néanmoins, ce roseau est depuis long-temps à Rome, dans l'église de Saint-Jean-de-Latran.

On en avait aussi une grande partie à la Sainte-Chapelle de Paris, depuis le règne de Louis IX; et une autre grande partie se voit toujours à Novogorod.

Celui de Saint-Jean-de-Latran est un bâton d'un bois singulier de couleur brune; celui de Novogorod est un bambou.

COLONNES ET VERGES DE LA FLAGELLATION.

Nous avons dit, à l'article *colonnes*, que celle où l'on attacha Jésus pour le battre de verges, se voit toujours à Rome dans l'église de Sainte-Praxède. Nous ajouterons qu'elle est aussi à Jérusalem; et malgré que ces deux colonnes soient entières, on en montre des parties considérables à Padoue, à Assise, à Ancône, à Tolède.

On en avait un débris considérable à l'abbaye de la Celle près de Troyes, où l'on conservait en même temps les verges qui servirent à flageller Jésus-Christ. Ces verges sont encore à Bologne et à San-Salvador.

On croyait à Paris que Jésus-Christ avait été enchaîné à la colonne; et l'on montrait à la Sainte-Chapelle quelques anneaux de sa chaîne; mais on prétend à Rome qu'il fut lié avec une corde; que l'on vénère dans l'église de la Sainte-Croix.

ESCALIER SAINT, OU SCALA SANTA.

Tout près de Saint-Jean-de-Latran, les dévots

vénèrent la *santa scala*, ou la sainte échelle, ou l'escalier saint. C'est un escalier de vingt-huit degrés de marbre blanc, qui était autrefois devant la maison de Pilate, et que Notre-Seigneur monta et descendit deux fois le jour de la passion. On ne conçoit guère comment cet escalier est venu à Rome, d'autant plus qu'on le montre toujours (mais en pierre commune) à Jérusalem. On dit que Jésus y répandit quelques gouttes de sang, qui se voient encore sous un grillage de fer.

Il n'est permis de monter cet escalier qu'à genoux ; mais en récompense on gagne à chaque degrés trois ans d'indulgences. Pour les curieux peu avides de ces sortes de pardons, il y a de chaque coté un petit escalier, par où l'on peut monter comme on veut au saint des saints de saint Jean-de-Latran (1).

L'ÉPONGE DE LA PASSION.

On montre à Rome, dans l'église de la Sainte-Croix, l'éponge avec laquelle on présenta à Jésus, sur la croix, du fiel et du vinaigre, lorsqu'il demandait à boire (2).

Elle est aussi à Ancône. On en trouva une troisième en 804 à Mantoue ; elle était teinte de sang, et c'était également l'éponge de la passion ; elle opérait des miracles (3).

---

(1) Misson, tome II, page 192 ; Calvin, *Traité des Reliques* ; *Merveilles de Rome*, page 4.
(2) Calvin, dans l'ouvrage cité.
(3) Lefebvre de Saint-Marc, *Histoire d'Italie*.

Il y avait une quatrième véritable éponge à l'abbaye de Montdieu en Champagne. Saint Louis fit acheter la cinquième à Constantinople ; elle était à la Sainte-Chapelle de Paris, et doit être maintenant au trésor de Notre-Dame.

AUTRES RELIQUES DE JÉSUS.

On conte que Jésus-Christ consacra lui-même l'église que Dagobert avait fait bâtir en l'honneur de saint Denis. Il était accompagné d'une troupe d'anges. Il fit cette cérémonie un peu avant l'instant où les évêques se disposaient à la faire avec beaucoup de pompe. On sut ce miracle, par le moyen d'un lépreux, qui s'était caché dans la nouvelle église, et que Jésus guérit de sa lèpre, comme un témoignage de ce qui s'était passé (1).

On avait une preuve plus forte de l'apparition du Christ dans l'église de Saint-Denis. C'était la trace de son pied divin sur une pierre, qui est peut-être perdue aujourd'hui.

On garde à Rome, dans l'église de Saint-Laurent, une autre pierre où Jésus laissa la trace de son pied lorsqu'il sortit du tombeau.

On vénère au mont des Olives le lieu d'où Jésus s'éleva au ciel le jour de l'ascension. Il laissa sur un roc très-dur la forme de ses pieds ; les Turcs ont pris le pied droit qu'ils ont mis, dit-on, dans une mosquée. Mais la marque du pied gauche est toujours à sa place ; et l'on n'a jamais pu y bâtir d'église.

---

(1) Le P. Giry, 9 octobre.

On voit à Rome, dans l'église de Saint-Sébastien, la pierre sur laquelle Notre-Seigneur laissa les traces de ses pieds, lorsqu'il apparut à saint Pierre qui s'enfuyait de Rome (1). Il est vrai que saint Pierre n'alla jamais à Rome ; mais il faut une grande foi, dans les reliques.

Ceux qui visitent en Terre-Sainte la maison de Simon le pharisien, ne manquent pas d'aller adorer une grande pierre, où Jésus laissa la marque de son pied gauche, imprimée dans la pierre à deux doigts de profondeur, « comme s'il eut marché sur la neige, en mémoire éternelle du pardon qu'il accordait à Marie-Madeleine, qui était venue laver les pieds adorables de Notre-Seigneur avec ses larmes, et les essuyer avec ses cheveux (2). »

On montre encore, à Soissons et dans une église d'Arles, des pierres où sont gravés les pieds de Jésus-Christ. Enfin, on fait voir à Poitiers, sur un pavé célèbre, la trace du pied du Sauveur, qui laissa ce vestige sacré, lorsqu'il apparut à sainte Radegonde.

On sait que Jésus bâtit lui-même le magnifique portail de la cathédrale de Reims ; et l'on montrait sur une pierre qui se conservait religieusement derrière le grand autel, l'empreinte des fesses de Notre-Seigneur. « Cette empreinte miraculeuse s'est faite, disent les Rémois, du temps que

---

(1) *Merveilles de Rome*, page 24.
(2) *Voyage du père Goujon en Terre-Sainte*, page 249.

Notre-Seigneur était devenu maçon pour bâtir le portail de leur église (1). »

On baisait, dans plusieurs couvens, la mesure de la plaie que Jésus-Christ reçut à l'épaule, et qu'il révéla à saint Bernard (2). Mais Jésus n'eut point de plaie à l'épaule, et cette révélation ne se trouve dans aucune des vies de saint Bernard. L'abbé Salicet, dans l'*Antidotarius animæ* ne parle pas non plus de cette plaie à l'épaule. Il rapporte seulement une oraison des cinq plaies, qui vaut à ceux qui la récitent cinq cents ans d'indulgences.

On débite aussi que Jésus-Christ traça lui-même le plan de l'église du monastère de Vichklissé en Arménie. Au lieu de crayon, il se servit d'un rayon de lumière, et fit son dessin sur une grande pierre de trois pieds de diamètre, que l'on montre encore aujourd'hui au milieu de l'église, si l'église subsiste toujours.

Nous n'avons pas besoin d'ajouter que l'on visite assez généralement en Palestine, les lieux où Jésus porta sa croix, où il sua sang et eau ; où il fut montré au peuple, et où se passèrent les diverses circonstances de la passion.

DE QUELQUES IMAGES DE JÉSUS.

Misson dit que le saint des saints de Saint-Jean-de-Latran porte le nom de *Sancta Sanctorum*,

---

(1) Calvin, *Traité des Reliques.*
(2) Thiers. *Traité des superstitions*, tome IV, page 120.

à cause d'une image de Jésus-Christ, âgé de douze ans, que l'on croit faite par les anges, et que l'on conserve très-religieusement. « J'ai vu ce portrait, ajoute-t-il ; c'est une figure fort laide et fort mal bâtie (1). » Mais cette figure fait de grands miracles.

Nous avons peut-être déjà dit que l'on vénère à Naples, dans l'église de Saint-Laurent, une image de Jésus qui, ayant été frappée d'un coup de poignard, saigna et porta la main sur sa plaie.

On rendait un grand culte à une image en bronze de Jésus-Christ, érigée en Palestine au lieu où il guérit l'hémoroïsse. Eusèbe raconte qu'il croissait continuellement au pied de cette image une herbe merveilleuse, que l'on frottait au bord de la robe de la statue, et qui avait dès lors la vertu de guérir toutes les maladies sanguines (2).

On montrait à Paris, dans la Sainte-Chapelle, une fiole pleine du sang qui sortit d'une image de Jésus, frappée par un infidèle. Une multitude d'images firent le même miracle.

Les Russes, qui ont beaucoup de vénération pour les images, racontent que, Jésus-Christ étant encore sur la terre, un peintre essaya plusieurs fois, mais en cachette, de faire le portrait du Sauveur, sans en pouvoir venir à bout. Il trouvait tous les jours son travail dénaturé ; et

---

(1) Misson, tome II, page 192.
(2) Eusèbe, *Histoire ecclésiastique*, lib. VII, cap. 18.

les traits de l'image qu'il voulait faire changéaient toutes les nuits. Jésus, qui sans doute avait pris plaisir à l'étonner par ce miracle, eut enfin pitié de lui ; il l'appela, lui demanda son mouchoir ; et après l'avoir appliqué sur son visage, il le lui rendit, lui disant que son portrait s'y trouvait peint au naturel.

C'est sur cet original que les Russes peignent notre Seigneur, et qu'ils se flattent de le peindre exactement (1).

On voit sans doute que ce conte est une copie du conte d'Abgare, dont nous avons parlé.

Voyez, pour la sainte lance, l'article de Longin. Voyez aussi les articles Croix, Clous de la croix, Couronne d'épines, Crucifix, Suaire, Sépulcre, etc., etc.

JOACHIM. — Les évangélistes n'ont pas eu la galanterie de nous transmettre le nom des parens de la Sainte-Vierge ; c'est pourquoi on décida vers le sixième siècle que sa mère s'appelait Anne et son père Joachim. On montre dans la Terre-Sainte le tombeau du père de la Sainte-Vierge, et le corps de Joachim, qui est au moins double, reçoit un culte à Bologne et à Cologne.

JOB. — FONTAINE DU BONHOMME JOB.

Auprès d'Anneberg en Misnie, on remarque

---

(1) Perry, *État de la Russie* ; page 215.

un bain d'eaux tièdes, que l'on appelle la fontaine du bon homme Job. Ces bains sont très-efficaces, surtout pour les maladies de la peau. Mais au lieu d'attribuer leur vertu à leur qualité naturelle, on prétend qu'ils ne guérissent les malades qu'à cause d'une vieille image de Job, qui était autrefois dans une chapelle adossée à l'édifice des bains (1).

JONAS. — Les Turcs se vantent de posséder, dans une mosquée des environs de Lydda le corps du prophète Jonas, qu'ils montrent aux chrétiens à la lumière d'une bougie, en les obligeant de se déchausser par dévotion (2).

Mais Jonas a un second corps à Moussoul, qui est aussi au pouvoir des infidèles; et il n'aurait pas de culte bien distingué chez les chrétiens, si les Vénitiens ne possédaient son troisième corps, dont la tête se porte en procession lorsqu'on veut apaiser une tempête.

JOSEPH, — fils de Jacob, et l'un des douze chefs des tribus d'Israël. Les Hébreux emportèrent ses os dans la terre promise et les enterrèrent à Sichem, selon qu'il l'avait demandé en mourant.

On vénérait encore le sépulcre de Joseph, du temps de saint Jérôme, qui conte que sainte Paule

---

(1) L. Peccenstein. *Theat Sax.* pars 3.
(2) Adrien Baillet. *Vies des Saints de l'ancien testament*, 21 septembre.

visita près de Sichem les tombeaux des douze patriarches, quoique l'Écriture ne dise pas que Moïse ait emporté aussi les os des onze autres fils de Jacob. Les Turcs se flattent toujours de conserver les reliques de Joseph.

On n'est pas d'accord sur la manière dont Moïse retrouva le corps de Joseph, enterré depuis quatre cents ans, dans un pays où les débordemens du Nil doivent accélérer la pouriture. Les uns disent qu'une brebis parla miraculeusement sur son tombeau, et le révéla; les autres prétendent que Moïse écrivit sur une lame d'or ce nom magique du Seigneur *Tetragrammaton*; qu'il jeta cette lame sur le Nil débordé; et qu'après avoir flotté quelque temps sur les eaux, elle s'arrêta au lieu où reposaient les ossemens du chaste Joseph (1). Nous ne prenons aucun parti dans cette dispute.

On montre, à quelque distance de Sichem, la citerne où Joseph fut jeté par ses frères, avant d'être vendu aux marchands qui l'emmenèrent en Égypte. Les Turcs ont bâti une mosquée sur cette citerne.

JOSEPH, — époux de la Sainte-Vierge. Son corps est enterré dans la vallée de Josaphat. On montre à Pérouse, à Semur et ailleurs, son anneau de mariage. Son manteau est à Tolède et dans d'autres villes chrétiennes : ses chausses sont à

---

(1) *Voyage du Père Goujon en Terre-Sainte*, page 96.

Aix-la-Chapelle. Calvin observe qu'elles ne pourraient servir qu'à un enfant de dix ans. On garde ses pantoufles, qui sont bien plus grandes, à l'abbaye de Saint-Siméon de Trèves ; et la ville d'Anneci en Savoie se vante de posséder son bâton de voyage qui opère des merveilles.

Mais une relique plus curieuse, c'est le fameux *han* de saint Joseph fendant une bûche. On entend par un *han*, le son qui sort de la poitrine d'un homme qui se donne quelque peine à fendre du bois. Il en sort communément un à chaque coup de hache. On gardait un des *hans* de saint Joseph, en bouteille, à Courchiverny près de la ville de Blois (1).

JOSEPH D'ARIMATHIE. — On raconte que lorsque Titus eut pris Jérusalem, il fit abattre un gros mur de prison et en vit sortir un vieillard, respectable par sa bonne mine et ses cheveux blancs. Il lui demanda qui il était : « Je suis Joseph d'Arimathie, dit le vieillard. Les Juifs m'ont muré ici, parce que j'avais enseveli Jésus ; mais je n'ai pas cessé d'être nourri par des anges, et vous voyez que je me porte bien. »

Le corps de Joseph d'Arimathie était à Moyen-Moutier au diocèse de Toul, et à Glassembury en Angleterre. Il a un cinquième bras à Rome, dans l'église du Vatican.

---

(1) D'Aubigné, *Confession de Sancy*, chap. 7. Leduchat, notes sur le chapitre 7 de la *Confession de Sancy*.

JUDAS ISCARIOTE.* — Celui-là n'est pas saint; mais beaucoup d'églises gardent comme reliques divers objets qui ont été à son usage.

On montrait quelques-uns des trente deniers qu'il reçut pour avoir trahi Jésus-Christ, à Saint-Denis près Paris. On garde deux de ces pièces à Florence dans l'église de l'Annonciade, une à Rome dans l'église de la Sainte-Croix, une autre dans celle de Saint-Jean-de-Latran, une autre chez les visitandines d'Aix en Provence, et une centaine d'autres dans différentes villes.

Ces deniers étaient des pièces de trente sous. Ils passèrent des mains de Judas dans celles du marchand qui vendit le petit champ dont on fit un cimetière. Il n'est pas aisé de concevoir comment ces pièces ont été conservées; comment on les a discernées des autres pièces de même valeur; et il n'est pas probable que Dieu les ait fait reconnaître par des révélations.

On montre à Rome dans le trésor de Saint-Jean-de-Latran la lanterne de Judas; ce qui n'empêche pas qu'on la voyait aussi à Saint-Denis, avec la tasse dans laquelle l'Iscariote buvait.

On gardait enfin au château d'Amras, à une demi-lieue d'Inspruck, un bout de corde qui est, dit-on, la corde avec laquelle Judas se pendit.

JUDE, — l'un des apôtres. Il a laissé deux corps célèbres : celui de Toulouse, et celui de Saint-Pierre de Rome. On lui donne aussi à Cologne un cinquième bras et une troisième mâchoire.

Saint Jude est un saint de qui il ne fait pas bon se jouer. Une femme voulant faire la dépense d'une image pour quelqu'un des apôtres, tira leurs noms au sort ; et le sort lui amena saint Jude. Elle en fut si fâchée qu'elle déchira le billet et le jeta au vent. Elle n'osait trop choisir à son gré l'un des douze, de peur de courroucer les onze autres ; mais elle désirait intérieurement saint Jacques, ou saint Jean le bien-aimé.

Cependant saint Jude s'irrita sérieusement du mépris qu'une dévote lui témoignait. Il vint la trouver la nuit suivante, lui fit des reproches assez durs sur ce qu'elle ne faisait point cas de lui, sur ce qu'elle avait déchiré le billet qui portait son nom ; et ne se contentant pas de la gourmander, il lui donna tant de coups de poing, qu'elle en devint paralytique et qu'elle en mourut dans l'année (1).

JUDITH. — On garde, dit-on, dans plusieurs couvens grecs et latins, le sabre ou couperet avec lequel Judith coupa la tête d'Holoferne, après avoir couché avec lui (2).

JULIEN, — premier évêque du Mans, vers le quatrième siècle. Son corps fut brûlé par les

---

(1) *Cæsarii cist. miracula*, *lib.* 8, *cap.* 61, etc.
(2) Voltaire, *Notes au chant* V^e. *de la Pucelle.*

huguenots en 1562 ; mais on le retrouva deux ou trois ans après dans une abbaye du pays manseau, et sa tête reparut au Mans aussi puissante que si elle n'avait jamais été brûlée.

On conte que saint Julien ayant fiché son bâton en terre, près de la vieille porte du Mans, fit jaillir une fontaine abondante où les habitans vont encore se laver les yeux lorsqu'ils y ont mal.

JULIEN L'HOSPITALIER, — ainsi nommé parce qu'ayant tué son père et sa mère au quatrième siècle (1), il bâtit en expiation une petite auberge gratuite pour les pèlerins. Son corps est à Padoue, et à Rome, dans l'église de Saint-Paul-au-Chemin-d'Ostie ou dans le monastère de Saint-Julien, près des trophées de Marius. Les moines de ce couvent trempent un os de leur patron dans une fontaine factice, dont l'eau guérit toute espèce de fièvre.

JULIENNE, — vierge et martyre de Nicomédie au quatrième siècle. Elle a laissé vingt ou trente corps complets : un à Constantinople, un à Cumes, un troisième à Naples, un quatrième à Bologne, un cinquième à Sarragosse, un sixième à Madrid, un septième à Lisbonne, un huitième dans un village voisin de Coïmbre, un neuvième à Prague, un dixième à Gand, un onzième à

---

(1) Voyez dans l'article des Animaux, *le Cerf de saint Julien l'Hospitalier.*

Moscou, un douzième à Varsovie, un treizième à Cologne, etc. Plus, une tête détachée à Notre-Dame des martyrs près Lisbonne, une autre à Hall, une autre à Bruxelles, une autre à Ancône, une autre à Paris dans l'église de Saint-Jacques-du-Haut-Pas, une autre au Val-de-Saint-Germain près de Dourdan.

L'évêque de Chartres ayant visité cette dernière en 1697, il se trouva que la châsse où il croyait honorer la tête de sainte Julienne ne contenait que le morceau d'un crâne d'enfant, avec le derrière d'un autre grand crâne d'homme de six pieds. Cela n'empêcha pas de vénérer comme par le passé la sainte tête, qui attirait un grand nombre de pèlerins et d'offrandes.

Malgré toutes ces reliques, on ne sait pas en quels lieux fut enterrée sainte Julienne.

JUST et PASTEUR, — jeunes martyrs d'Espagne au quatrième siècle. La pierre sur laquelle on les fit mettre à genoux pour avoir la tête tranchée s'amollit sous le poids de leurs corps; et l'on montre encore à Alcala de Hénarès cette pierre merveilleuse, où les deux saints ont laissé leurs genoux empreints. Les corps de ces deux saints sont avec cette pierre.

JUSTIN LE PHILOSOPHE, — martyr au second siècle, docteur de l'église. Son corps est à Rome dans l'église de Saint-Laurent; il est aussi à Eystad, avec une troisième tête à Namur et une quatrième à Bologne.

JUSTINE, — vierge et martyre, patrone de Padoue. On ne sait pas dans quel temps elle a vécu. Son corps est à Padoue, et à Rome dans l'église de Sainte-Marie-la-Neuve. On va honorer à Venise une pierre où paraît l'impression qu'y firent ses genoux, lorsqu'elle adressa à Dieu sa dernière prière, quelques instans avant son martyre.

JUVÉNAL, — évêque de Narni au quatrième siècle. Son corps est à Narni et à Fossano en Piémont.

K.

KÉ. — Saint Ké ou Koladec vécut dans les temps héroïques de la Bretagne, aux environs de Douarnenez. C'était un faiseur de prodiges. Il marchait sur les eaux sans se mouiller les pieds, et volait sans ailes. Les anges faisaient son potage. Il guérissait les malades en les touchant de son bâton.

Ce qui le distingue un peu davantage, c'est qu'il avait une clochette qui l'avertissait du bien qu'il pouvait faire, et du mal qu'il devait éviter, selon les sons qu'elle rendait d'elle-même.

Cette clochette fut long-temps conservée à Douarnenez; nous ne saurions dire où elle peut être aujourd'hui.

L.

LACS. — Les Russes de la Sibérie croient que le dangereux lac de Baikal couvre une ancienne ville que Dieu noya à cause des péchés des habitans. Ils disent que ce lac est gardé par un ange terrible et fier; et pour ne pas l'offenser ils appellent ce lac *la mer sainte*, parce qu'ils croient qu'il y aurait pour eux du danger à ne lui donner que le nom modeste de lac.

Ils se privent d'eau-de-vie et de tabac lorsqu'ils passent ce lac sur les glaces. Ils ont raison de lui rendre un culte puisque c'est une relique, ou, si vous l'aimez mieux, un monument d'un grand miracle.

Les Savoyards honorent aussi le *lac bénit*, près de Bonneville. Ils vont faire sur ses bords des prières solennelles, le jour de la Saint-Claude, et croient se préserver par-là de ses inondations.

Sur la montagne appelée Frackmont, dans le canton de Lucerne, on vénère avec une sorte de frayeur un petit lac rond, qu'on nomme le *lac de Pilate*. On dit que Pilate s'y noya; que les diables viennent souvent faire leur sabbat à l'entour; et que Pilate vêtu en juge apparaît tous les ans une fois sur un petit tertre voisin.

On était persuadé aussi, jusqu'à la fin du seizième siècle, que lorsqu'on jetait quelque chose dans ce lac, comme un morceau de bois, une pierre, aussitôt une puissance invisible excitait des tempêtes affreuses qui causaient de grands ravages dans le pays. C'est pourquoi on ne pouvait visiter la montagne et le lac sans une permission expresse du magistrat de Lucerne ; et il était sévèrement défendu d'y rien jeter (1).

Beaucoup d'autres lacs ont reçu un culte ou inspiré des frayeurs. Nous parlerons ailleurs de la mer de Sodome. Voyez aussi l'article Is, etc.

LAIT DE LA LUNE. — On voit près du lac de Pilate, dont nous venons de parler, une caverne profonde qu'on appelle le trou de la lune. Le haut de cette caverne distille continuellement une certaine eau qui se convertit en une matière blanche comme le lait. Cette liqueur est d'abord légère et poreuse, mais elle se sèche et se durcit au grand air. Elle est propre à la guérison de diverses maladies ; et les gens du pays l'appellent le *lait de la lune.*

Il n'est pas bien décidé que cet objet tienne beaucoup aux reliques. Cependant les Suisses récitent certaines prières en employant le lait de la lune, comme si c'était le fruit d'un ancien miracle que nous ignorons.

LANDELIN, — fondateur de Lobes, premier abbé de Crespin en Hainaut, au septième siècle. Son corps était à Crespin, et à Lobes dans le diocèse de Cambrai. Il a plusieurs bras et beaucoup de côtes en Allemagne.

---

(1) *Délices de la Suisse*, tome II, page 286.

LANDRI, — vingt-huitième évêque de Paris, mort vers 650. Sa châsse, qui faisait beaucoup de miracles, était à Saint-Germain-l'Auxerrois. Comme il paraît qu'il n'avait qu'un corps, nous ne le plaçons ici que pour sa célébrité. Il la mérite, s'il est vrai qu'il ait fondé l'Hôtel-Dieu de Paris.

LAURENT, — diacre de l'église romaine, martyr au troisième siècle. Il était né en Espagne, et il vint se faire brûler à Rome. On sait qu'il fut mis sur un gril, et que lorsqu'il se sentit assez cuit d'un côté il demanda qu'on le retournât de l'autre. Il fut enterré sur le chemin de Tivoli.

Le dominicain Labat raconte que, lorsqu'on apporta de Jérusalem à Rome le corps du premier diacre saint Étienne, en 557, on le mit dans le même tombeau où reposaient les restes de saint Laurent. Alors saint Laurent, qui était mort depuis trois cents ans, se retira de lui-même, pour donner la droite à son hôte, « action qui lui ac- » quit le surnom de civil Espagnol (1). »

Saint Grégoire-le-Grand dit (2) que, quand Pélage II fit orner en 580 le tombeau de saint Laurent, les ouvriers qui faisaient la fouille découvrirent son corps à la lumière ; que personne n'osa le toucher ; et que cependant tous ceux qui l'avaient vu, quoique avec respect, moururent

---

(1) *Voyage de Labat*, cité dans le *Dictionnaire philosophique de Voltaire*, article *Clou*.

(2) *Epistola* 30 *libri III*.

au bout de dix jours. Ces pauvres gens étaient tous des moines ou des prêtres.

Il paraît que le corps de saint Laurent ne fut pas toujours si formidable; car on l'exposa au neuvième siècle dans une grande châsse; et il se voit encore auprès de Rome dans l'église qui porte le nom du saint. On montre avec ce corps une pierre teinte de son sang et de sa graisse fondue. Ce fut, dit-on, sur cette pierre que l'on posa le corps rôti, lorsqu'on l'ôta de dessus le gril (1).

Saint Laurent avait un second corps à Gênes; et Calvin prétend qu'on gardait en France assez d'ossemens sous son nom, pour en faire encore trois ou quatre corps raisonnables. Mais nous ne compterons que les deux premiers.

Il avait un cinquième bras au Puy en Velai, un sixième à l'abbaye de Saint-Martin de Laon; une cinquième épaule à Saint-Maximin en Provence; un cinquième pied à Padoue. Le pied droit du corps qui est à Gênes guérit la brûlure, éteint les incendies et fait des cures merveilleuses.

On gardait aussi divers ossemens de ce saint à Liége, aux Blancs-Manteaux à Paris, à Chartres, à l'abbaye de Basse-Fontaine en Champagne, à Berre en Provence, etc., etc.

CHAIR, SANG ET GRAISSE DE SAINT LAURENT.

On montre à Rome, dans l'église de Saint-

---

(1) *Merveilles de Rome*, page 55. *Voyage de France et d'Italie*, page 405.

Laurent *in Lucind*, un grand pot plein de morceaux de sa chair grillée. On voit dans cette même église et dans celle de Saint-Laurent *in Damaso* des cruches pleines de sa graisse, qui se fondit pendant qu'il rôtissait. On y conserve aussi une bouteille pleine de son sang, avec une serviette qu'un ange apporta du ciel pour essuyer le corps du saint, et qui est ornée de sang et de graisse. Cette serviette est double à Rome même, car on la possède également à Saint-Eustache; on dit même qu'elle est encore au trésor de Saint-Jean-de-Latran (1), où l'on vénère aussi les vêtemens de diacre de saint Laurent.

FONTAINE DE SAINT LAURENT.

L'église de Saint-Laurent *in fonte* à Rome a été bâtie au lieu même où le saint fut emprisonné. On conte que, voulant baptiser dans sa prison saint Lucile et saint Hippolyte, il fit jaillir une fontaine miraculeuse, dont l'eau bénie par un saint pour le baptême de deux autres saints, guérit beaucoup de maladies; car cette fontaine subsiste toujours.

CHARBONS DE SAINT LAURENT.

Les charbons qui rôtirent saint Laurent méritaient sans doute leur part dans le culte qu'on rend à ses reliques. Ces saints charbons sont à Rome, dans l'église de Saint-Laurent *in panis-*

---

(1) *Journal d'un Voyage de France et d'Italie*, page 434.

pernâ, dans celle de Saint-Eustache, dans celle de Saint-Jean-de-Latran ; et dans beaucoup d'autres églises chrétiennes.

Henri Estienne raconte cette petite aventure, qu'il a prise dans le cordelier Menot. Un porteur de rogatons, comme il y en avait beaucoup au seizième siècle, ayant engagé ses reliques au cabaret, et ne pouvant rendre l'argent qu'il avait emprunté sur ce gage, s'avisa du tour qu'on va lire.

Il prit un charbon, en présence de l'hôtesse à qui il devait l'argent, et l'enveloppa dans un beau linge fin. « Vous vous moquez de mon charbon, dit-il à l'hôtesse ; mais je vous le ferai baiser avant qu'il soit nuit. » Elle se mit à rire : « Eh bien, ajouta le moine, consentez-vous, si je vous fais baiser mon charbon, à me rendre mes reliques et à me tenir quitte de la somme que je vous dois? » L'hôtesse ayant répondu qu'elle le ferait de bon cœur, le moine, qui n'était pas sot, se rendit à l'église, y rassembla le peuple, et annonça qu'il n'allait pas montrer ses reliques ordinaires, mais une bien plus précieuse. Alors il ouvrit son beau linge : « Ce charbon que vous voyez, s'écria-t-il, est un de ceux sur lesquels le glorieux saint Laurent fut rôti. Mais les filles qui ont perdu leur pucelage, et les femmes qui ont manqué de fidélité à leurs maris, ne peuvent en approcher sans s'exposer à de grands périls. »

Il y eut aussitôt un empressement général à qui baiserait le saint charbon : les femmes et les filles voulaient montrer qu'elles avaient la conscience nette. L'hôtesse considérant qu'en baisant le charbon elle perdait son argent, mais qu'en ne le baisant pas elle se rendait suspecte d'avoir joué un mauvais tour à son mari, aima mieux une petite perte qu'une querelle conjugale, et alla baiser le babouin comme les autres. Ainsi ce bon moine dégagea ses rogatons sans rien débourser, et ajouta une relique à la multitude des anciennes (1).

GRIL DE SAINT LAURENT.

Cette relique est encore plus fameuse que les saints charbons. Elle a fait partout de grands miracles.

On possède à Rome une partie du gril de saint Laurent, dans l'église de Saint-Laurent *in panispernâ*, une autre dans celle de Saint-Laurent hors des murs, une troisième partie dans celle de Saint-Laurent *in Lucinâ*. On convient que ces trois parties font le gril complet. Cependant on montrait la moitié de ce gril à Saint-Denis en France; on se vantait même d'en avoir la verge, quoique le gril de notre saint ne soit pas un gril à verge, comme ceux où l'on grille les harengs. L'autre moitié de ce double gril était à Aix en Provence. Il y en avait une douzaine d'autres dans diverses églises.

LA POUTRE DE BRENNE.

« Dans la petite ville de Brenne, en Italie, un

---

(1) Henri Estienne, *Apologie pour Hérodote*, chap. 39.

curé faisant rebâtir l'église de Saint-Laurent, il se trouva une poutre trop courte. Le bon curé eut recours au saint et le pria en pleurant d'avoir compassion de sa pauvreté, parce qu'il n'avait pas le moyen d'acheter une autre poutre. Aussitôt la poutre s'allongea plus qu'il n'était besoin pour le bâtiment; on scia ce qu'il y avait de trop; et le peuple en conserva les morceaux comme des reliques, par lesquelles Dieu fit de grands miracles, rendant la vue aux aveugles et la santé aux malades (1). »

Les bonnes gens ont une superstition qui tient au culte de saint Laurent. Ils prétendent qu'il ne faut pas jeter au feu la coque des œufs, parce que toutes les fois qu'on le fait, on brûle de nouveau le grand saint Laurent, quoiqu'il soit dans le ciel.......

LAVRENTHIOS. — C'est le nom d'un saint grec qui fit beaucoup de miracles. Nous n'en citerons qu'un petit. Un jour qu'il voulait parler au patriarche de Constantinople, on le fit attendre assez long-temps dans l'antichambre. Comme il faisait fort chaud, le bon saint voulut se débarrasser de son manteau qui l'importunait; mais la pièce où l'austère patriarche laissait entrer les moines, n'était qu'une petite cellule qui n'avait que les quatre murailles. A travers une ouverture pratiquée dans un volet, un rayon de soleil tra-

---

(1) Ribadéneira, 10 août.

versait l'antichambre. Lavrenthios jeta son manteau sur ce rayon, qui prit la consistance d'une corde à linge..... On alla conter ce prodige au patriarche, qui se hâta de recevoir le saint moine, et qui lui accorda tout ce qu'il voulut bien demander. Le corps de saint Lavrenthios est à Salamine; il avait une seconde tête à Constantinople, où l'on gardait aussi son manteau précieux, dans l'une des églises grecques que le bon plaisir du grand-turc vient de renverser (1).

LAZARE, — juif de Béthanie, disciple de Jésus-Christ; on le fait aussi premier évêque de Marseille. Il est du nombre passablement grand de ceux qui sont morts deux fois (2).

Les uns mettent sa seconde mort, qui fut la bonne, à Jérusalem. D'autres, comme les chrétiens grecs, disent qu'après avoir vû mourir Jésus-Christ, par qui il avait été ressuscité, Lazare alla finir ses jours dans l'île de Chypre. Mais les légendaires modernes prétendent que saint Lazare vint à Marseille avec sainte Marthe, la Madeleine et quelques autres.

Le corps de Lazare était en Chypre; on le

---

(1) M. de Pouqueville parle de saint Lavrenthios et du miracle du rayon de soleil, dans le tome IVe. de son ouvrage *sur la Grèce*.

(2) Jésus ressuscita trois ou quatre morts; François Xavier en ressuscita huit. De plus petits saints en ont ressuscité seize, etc.

transporta à Constantinople, sous Léon-le-Sage. Il avait un second corps à Béthanie ; on montre toujours dans la Terre-Sainte le tombeau où il fut enterré. On voit aussi le caveau dans lequel son corps était enfermé depuis quatre jours, lorsque Jésus vint le ressusciter.

Mais les Marseillais soutiennent que les juifs ayant chassé de Jérusalem Lazare, Marthe, Marie-Madeleine, Marcelle leur servante, Maximin, Célidoine, que l'on croit être l'aveugle-né, et Joseph d'Arimathie, on les exposa tous sur un vaisseau sans gouvernail, sans voiles et sans rames, qu'ils arrivèrent heureusement à Marseille, et que Lazare en fut le premier évêque.

Il n'aurait pas fallu, au dernier siècle même, aller dire aux Provençaux que cette histoire était un conte. Ils ne sont pas encore traitables sur cette matière ; et le parlement d'Aix condamna au feu un livre du docteur Launoi, qui prouvait pourtant par de bonnes raisons que Lazare n'était jamais venu à Marseille (1).

Les Marseillais conservent, magnifiquement enchâssée, la tête de saint Lazare, dans l'église de Notre-Dame la majeure. Le troisième corps de ce saint était à Autun ; il en avait un quatrième à Avalon (2). On montre, dans la Terre-Sainte, tous les lieux remarquables par quelque circonstance de sa vie.

---

(1) Bruzen de la Martinière, au mot *Marseille*.
(2) Calvin, *Traité des Reliques*.

On voit à Jérusalem une relique plus curieuse que toutes celles-là ; c'est la maison du pauvre Lazare (mendiant lépreux qu'il ne faut pas confondre avec Lazare le ressuscité). Elle est dans un cul-de-sac, à côté du palais du mauvais riche. « Je fus bien surpris, dit un moine, lorsqu'on me montra ces deux maisons; car jusqu'alors je ne connaissais l'histoire du mauvais riche que comme une parabole (1). »

LÉGER, — évêque d'Autun et martyr au septième siècle ; ce fut, dit-on, le doux Ébroïn qui le fit assassiner. Saint Léger a laissé cinq corps complets, un premier aux moines de Saint-Maixent en Poitou, un second aux religieuses de Notre-Dame de Soissons, un troisième au couvent de Saint-Gérard de Brogne, au diocèse de Namur, un quatrième aux moines d'Ébreules près de Clermont en Auvergne, un cinquième au prieuré de Souvigny dans le Bourbonnais.

Il avait une sixième tête au monastère de Saint-Waast d'Arras, une septième chez les moines de Maimac en Limousin, une huitième dans l'abbaye de Murbach en Alsace, une neuvième dans l'église de Saint-Pierre-de-Préaux au diocèse de Lisieux, une dixième dans l'abbaye de Jumièges au pays de Caux, une onzième main à Maimac,

---

(1) *Voyage d'un religieux de Saint-François en Terre-Sainte*, 1760, première partie, chapitre 18.

une douzième à Fescan, et diverses reliques dépareillées à Paris, à Boissy-Saint-Léger, à Autun, etc.

On dit qu'Ebroïn, implacable ennemi de saint Léger, lui avait fait arracher les yeux quelque temps avant de le faire tuer. On sut retrouver dans la suite ces deux pièces égarées. L'œil gauche était à Paris, dans l'abbaye de Saint-Victor. On vénérait l'œil droit, richement enchâssé, dans le trésor de l'abbaye de Saint-Denis.

LÉGION THÉBÉENNE. — Les légendaires parlent de plusieurs régimens qui reçurent le martyre; on remarque surtout la légion thébéenne. Les os de quelques-uns de ces soldats étaient à Bonn, et faisaient beaucoup de miracles.

Dans une châsse où l'on croyait n'avoir qu'un seul corps, on apprit par la révélation d'un ange qu'il y avait un corps et demi. Depuis cette révélation, l'eau où l'on trempait quelque os de cette châsse eut la propriété de guérir les tumeurs de la peau et les inflammations pectorales (1).

On avait dans mille autres églises des ossemens de la légion thébéenne et des autres légions martyrisées. — Voyez Maurice.

LÉOCADIE, — vierge et martyre à Tolède au quatrième siècle. Trois cents ans après sa mort,

---

(1) Cæsarii miracul. Lib. VIII, cap. 65.

saint Ildefonse ou Alphonse, archevêque de Tolède; étant en prières devant son tombeau, tout à coup la tombe, que trente hommes n'eussent pas su ébranler, s'ouvrit d'elle-même, et Léocadie sortant de son sépulcre, se tourna vers le saint prélat en lui disant : « Salut, ô Ildefonse, défenseur de la gloire de Marie. » Il faut savoir que saint Ildefonse ou Alphonse avait défendu la virginité de la sainte mère de Jésus, contre les sarcasmes des hérétiques. Il répondit à Léocadie par un compliment assez bien tourné, et lui dit qu'elle était digne d'habiter dans le ciel. A ces mots, la sainte fit mine de se retirer; mais le prélat voyant qu'elle avait un beau voile, dont on pouvait faire une relique enchâssée, mit la main dessus et voulut l'arracher. Comme il n'en eut pas la force, le roi Recessuinde qui était là, lui prêta son sabre, et il coupa une bonne pièce du voile de Léocadie (1). On enchâssa ce voile et ce sabre qui font à présent de grands miracles.

Le corps de notre sainte disparut de Tolède pendant les invasions des Maures ; mais il se trouva par la suite à Mons, sans qu'on sût comment il y était venu, et Philippe II le fit reporter à Tolède en 1587. Ce qui fit qu'on le montra à la fois à Tolède et à Mons.

LÉON-LE-GRAND, — premier pape du nom

---

(1) Ribadéneira, 9 décembre.

de Léon, mort en l'an 461. Il n'a laissé que trois corps, un à Rome dans l'église de Saint-Pierre, un autre à Wurtzbourg en Franconie, un troisième à Périgueux chez les Périgourdins.

On montrait à Sens un bras détaché de ce grand saint qui avait cinq pieds neuf pouces, et diverses reliques dans une multitude d'églises.

LÉON IX, — cent cinquante-quatrième pape. On dit qu'à l'heure de sa mort toutes les cloches sonnèrent d'elles-mêmes, et qu'il fut *conduit au ciel dans une riche et précieuse litière* (1).

Tandis qu'on faisait des miracles pour le canoniser, une femme de la Toscane, coupable de certains péchés qu'on ne dit pas, osa entrer dans l'église. Le diable qui s'était logé dans le corps de cette femme, se mit à crier par la bouche d'icelle : « O saint Léon, pourquoi me resserrez-vous si fort ? Je ne vous ai point fait de mal. » Les évêques qui se trouvaient là dirent au démon : « Tais-toi, maudit, et réponds. Comment es-tu venu dans le corps de cette femme ? » Le démon répondit qu'il s'y était glissé à petit bruit. — « C'est très-bien, répartit un prêtre. Mais après cela pourquoi t'annonces-tu avec tant de scandale ? Réponds, scélérat. » — D'abord, repliqua le démon, quand nous sommes maîtres d'un poste, nous y amenons la paresse, la lubricité et la gourmandise. Si la personne qui nous loge passe son

---

(1) Ribadéneira, 20 avril.

temps à table et au lit, tout va bien, et nous sommes bien payés de nos prevôts. Mais si l'on nous mène à l'église, où nous avons tant d'ennuis, nous crions pour qu'on s'en éloigne.

« A merveille, ajouta un évêque ; je t'adjure maintenant de nous dire si le pape Léon IX est parmi les saints? Réponds, misérable. » — Ah! vieux sorcier, s'écria le diable, tu parles là de notre plus grand ennemi. Saint Léon IX a conduit plus de gens au ciel que nous en enfer. Il nous chasse partout, nous poursuit de tous côtés, et je vois qu'il me va faire détaler d'ici. C'est un grand malheur pour nous que cet homme-là soit saint. »

Tout cela se passait devant le tombeau de Léon IX. Une méchante femme qui s'y rencontra blasphéma en cette sorte : « Léon IX, qui marchait dans le sang sur les champs de bataille est un turc et non un chrétien. Quand il chassera les démons, je serai reine..... » Incontinent, le démon sortit de la possédée de Toscane, et se jeta dans le bas-ventre de cette femme impie. (1) On pense que saint Léon IX eut la complaisance de la délivrer, toutefois l'histoire n'en dit rien ; mais c'est sur des miracles de cette force que l'on canonisa le défunt, dont le corps est au Vatican, et dans un village voisin de Capoue.

---

(1) Bollandi, aprilis 19, cap. II, in Leon. IX. — *Le diable peint par lui-même*, chap. 27, § III.

LÉOPOLD, — marquis d'Autriche, mort en 1136. Lorsqu'on fit le procès verbal des miracles opérés à son tombeau, une femme nommée Isabelle fut appelée pour témoigner de ce qu'elle savait, touchant le saint que l'on voulait canoniser. Elle répondit qu'elle ne savait rien de remarquable ; et, malgré les longs interrogatoires qu'on lui fit, elle ne déposa aucunement de manière à augmenter le nombre des merveilles du saint. Tout à coup elle se sentit atteinte d'une vive douleur, comme si quelqu'un l'eût piquée par derrière. Alors elle reconnut sa faute, et raconta tous les miracles que l'on souhaita d'avoir sur le compte du saint marquis qui l'avait piquée. (1). Le corps de Léopold est à Neubourg, où il opère des guérisons surnaturelles et délivre les prisonniers.

LEU, — *Lupus*, évêque de Sens, mort en 623. Il se fit enterrer sous une gouttière de son église ; mais ce trait d'humilité ne servit qu'à rendre sa sainteté plus éclatante. C'est assez l'effet ordinaire des actions humbles, que les saints ne font pas sans bonnes raisons.

Son corps était à Sens, et à l'abbaye de Saint-Pierre-le-Vif près de Sens. Malgré ces deux corps il avait des reliques à Paris et ailleurs.

LIBÉRAL. — La manière de faire l'eau bénite

---

(1) François de Padoue, dans *Surius*, tome VII ; Bolland, *februarii*, tome II, page 80 ; Ribadéneira, 10 novembre.

dans l'église de Saint-Mathieu de Venise, était d'y tremper tout simplement un os de saint Libéral (1), que nous ne connaissons guère autrement, et que nous ne plaçons ici qu'à cause de son nom. Il avait une église à Venise.

LIBOIRE, — quatrième évêque du Mans.
Badurad, second évêque de Paderborn en Westphalie, voulant détourner son peuple du culte des idoles, fit demander aux Manceaux le corps de Liboire. Après quelques difficultés on le lui envoya en grande pompe ; et les légendaires observent que dès qu'ils purent adorer le corps de saint Liboire qui faisait des miracles, les habitans de Paderborn cessèrent d'invoquer leurs faux dieux (2). Ce petit trait prouve avec mille autres que le culte des reliques et des images de saints, ne fut qu'un moyen d'appliquer l'idolâtrie à la religion chrétienne.

Le corps de saint Liboire était à Paderborn et à Aimeries dans le Hainaut.

LIDWINA, — vierge hollandaise, morte au quinzième siècle. — Un chanoine qui avait une belle voix en tirait quelque vanité. Lidwina qui s'intéressait à son salut pria pour lui ; aussitôt il devint tellement enroué, qu'il fut obligé de faire venir un médecin. Mais quand le médecin

---

(1) Misson, tome II, page 278, 4e. édition, *in marg*.
(2) Baillet, 23 juillet.

sut que ce rhume était l'effet des oraisons de la sainte, il dit au malade : « Puisque c'est comme » cela, Hippocrate et Galien ne vous ôteront » pas votre rhume (1). » Le chanoine sentit sa faute et par la suite il se contenta de psalmodier. Lidwina fit beaucoup de miracles aussi utiles.

Elle a laissé trois corps ; le premier fut brûlé à Schiedam par les protestans ; le second était à Anvers ; le troisième est peut-être encore à Bruxelles.

LIVRES. — Nous dirons deux mots des livres-reliques et des livres miraculeux ; mais nous devons nous contenter d'en indiquer quelques-uns seulement. Nous observerons d'abord qu'on se vante de posséder à Bologne, dans l'église de Saint-Dominique, la bible écrite en hébreu de la main d'Esdras (2) ; et nous demanderons comment cet exemplaire original est venu à Bologne ? comment il s'est pu conserver jusqu'ici ? et comment ce volume a pu prendre une forme si moderne, qu'on le croirait au plus tard du huitième siècle ?

On garde aussi à Venise, dans un écrin magnifique (3), l'évangile que l'on croit écrit de la main de saint Marc, et qui n'a certainement pas dix-huit cents ans d'antiquité.

Nous pourrions observer aussi que ni Mathieu,

---

(1) Ribadéneira, 14 avril.
(2) *Voyage de France et d'Italie*, pag. 780.
(3) Bruzen de la Martinière, au mot *Venise*.

ni Marc, ni Luc, ni Jean n'ont écrit d'évangile. Le titre seul des livres qu'on leur attribue prouve cette assertion. Évangile selon Mathieu, selon Marc, selon Luc, selon Jean, ne veut pas dire, évangile écrit par Mathieu, par Marc, etc.; mais, évangile rédigé sur les prédications et selon la doctrine de Mathieu, de Marc, de Luc, de Jean.

D'ailleurs si le Saint-Esprit s'était donné la peine de révéler l'évangile, comme la révélation est une, comme le Saint-Esprit doit être infaillible, il se fût contenté de dicter une seule fois l'histoire de Jésus; où s'il l'eût fait écrire par quatre secrétaires, les quatre textes seraient exactement les mêmes et nous n'aurions qu'une rédaction, au lieu que nous en avons quatre qui ne se ressemblent pas (1).

On montre à travers un grillage, dans le chœur de l'église d'Agreda en Espagne, les ouvrages de l'illustre sainte Marie d'Agreda, ouvrages flétris par la Sorbonne et censurés plusieurs fois à cause de leurs extravagances. Les Espagnols considèrent pourtant les manuscrits de ces ouvrages comme de précieuses reliques, et Philippe V les baisa et les honora à genoux en 1703 (2).

On vénère à Notre-Dame-de-Lorette la petite armoire où la sainte Vierge mettait *ses écritu-*

---

(1) Voyez l'*Histoire critique des livres de l'ancien Testament* du fameux Richard Simon.

(2) *État présent de l'Espagne*, tome I, p. 325.

res (1), avec quelques prières écrites de sa main.

On gardait à Édesse la lettre que Jésus écrivit à Abgare; l'effet de cette lettre était si merveilleux qu'il ne pouvait rester à Édesse ni juifs, ni païens, ni hérétiques. Lorsqu'on soupçonnait qu'il y avait un méchant dans la ville, un enfant monté sur une tour faisait lecture de la lettre, et le méchant était obligé de fuir, poussé par une force inconnue (2). Cette précieuse relique est au Vatican.

On conserva quelque temps, dans nos monastères, la lettre écrite par Jésus-Christ aux Français sous le règne de Charlemagne. Cette lettre déclarait que si les paysans ne payaient pas la dîme à leurs curés, des dragons ailés viendraient manger les tétons de leurs femmes (3).

On baisait encore, comme une relique une lettre de saint Léon-le-Grand, revue et corrigée par saint Pierre (4). Voici comment cela se fit : Léon déposa son opuscule sur le tombeau de saint Pierre, le priant d'en corriger les fautes. Au bout

---

(1) *Journal d'un voyage de France et d'Italie*, page 743.

(2) *Legenda aurea*, J. de Voragine, leg. 5.

(3) Mably, obs. 5, liv. II, sur l'*Histoire de France*. Garinet, *Histoire de la Magie*, 2ᵉ. race. *Dictionnaire féodal*, au mot *Dîme*.

(4) C'est la dixième des lettres de saint Léon. Elle roule sur le mystère de l'incarnation du verbe, et les révélations d'en haut sont bonnes en ces sortes de choses. D'ailleurs Léon, qui avait de l'esprit, sentit bien que c'était un moyen usé de dire que le saint esprit lui aurait dicté sa lettre. Il inventa une ressource plus neuve.

de quarante jours, il alla reprendre sa lettre, qui se trouva raturée avec des surcharges très-heureuses. Saint Pierre apparut en même temps au pape et lui dit : Votre lettre est bien à présent ; je l'ai lue, je l'ai corrigée (1).

On garde ainsi, dans une multitude d'autres lieux, et comme de précieuses reliques, divers manuscrits de saints. Quand Vincent-de-Paule fut mort, les pieux déchirèrent un de ses registres, pour en faire des amulettes. Ce saint zèle s'est souvent répété.

Nous ne pouvons dire précisément en quelles églises se conservent les manuscrits de l'apocalypse et des autres livres saints ; mais on les montre assurément dans de belles châsses.

Nous ajouterons qu'on a trouvé, il y a trois ans, dans les environs de Bordeaux, une lettre écrite en caractères d'argent, par la sainte Vierge, et signée du seing de la croix. On a fait imprimer cette lettre, on l'a distribuée ; et sans doute les missionnaires, dont cette pièce sert les intérêts, n'ont pas laissé perdre l'original. Au reste, de pareilles lettres envoyées d'en haut ne sont pas si rares qu'on le croit.

Quant aux livres miraculeux, on peut entendre par-là tous les livres inspirés, ceux dont nous venons de faire mention, et ceux auxquels le ciel a travaillé sans les dicter totalement, comme les exercices spirituels de saint Ignace de Loyola. On

---

(1) Ribadéneira, 11 avril.

sait qu'il fut aidé par la sainte Vierge et par l'ange Gabriel, dans la composition de cet ouvrage divin.

Nous ne citerons pas les livres apocryphes de l'ancien et du nouveau testament; l'église les a déclarés apocryphes, et nous devons respecter l'église.

Nous ne citerons pas non plus la lettre d'Ignace le martyr à la sainte Vierge en l'an 116, ni la réponse de Marie. Ces objets sont devenus si suspects que notre siècle en rirait.

Récit surprenant sur l'apparition visible et miraculeuse de notre-seigneur jésus-christ au saint-sacrement de l'autel, qui s'est faite, par la toute-puissance de dieu, dans l'église paroissiale de paimpol, près tréguier en basse-bretagne, le jour des rois.

« Le 6 janvier 1771, jour des rois, pendant qu'on chantait le salut, on vit des rayons de lumière sortir du saint-sacrement, et l'on aperçut à l'instant Notre-Seigneur Jésus en figure naturelle, qui parut plus brillant que le soleil, et qui fut vu une demi-heure entière, pendant laquelle parut un arc-en-ciel sur le faîte de l'église. Les pieds de Jésus restèrent imprimés sur le tabernacle, où ils se voient encore; et il s'y opère tous les jours plusieurs miracles.

» A quatre heures du soir, Jésus ayant disparu de dessus le tabernacle, le curé de ladite paroisse s'approcha de l'autel, et y trouva une lettre que Jésus y avait laissée : il voulut la prendre; mais il lui fut impossible de la pouvoir lever. Le curé, ainsi que le vicaire, en furent avertir monseigneur l'évêque de Tréguier, qui ordonna, dans toutes les églises de la ville, les prières de quarante heures pendant huit jours, durant lequel temps le peuple allait en foule voir cette sainte lettre.

» Au bout de la huitaine, monseigneur l'évêque y vint en procession, accompagné de tout le clergé séculier et régulier de la ville, après trois jours de jeûne au pain et à l'eau. La procession étant entrée dans l'église, monseigneur l'évêque se mit à genoux sur les degrés de l'autel ; et, après avoir demandé à Dieu la grâce de pouvoir lever cette lettre, il monta à l'autel, et la prit sans difficulté : s'étant ensuite tourné vers le peuple, il en fit la lecture à haute voix, et recommanda à tous ceux qui savaient lire d'en faire la lecture tous les premiers vendredis de chaque mois ; et à ceux qui ne savaient pas lire, de dire cinq *Pater* et cinq *Ave* en l'honneur des cinq plaies de Jésus-Christ, afin d'obtenir les grâces promises à ceux qui la liront dévotement, et la conservation des biens de la terre.

» Les femmes enceintes doivent dire, pour leur heureuse délivrance, neuf *Pater* et neuf *Ave* en faveur des âmes du purgatoire, afin que leurs enfans aient le bonheur de recevoir le saint sacrement de baptême.

» Tout le contenu en ce récit a été approuvé par monseigneur l'évêque, par monsieur le lieutenant général de ladite ville de Tréguier, et par plusieurs personnes de distinction, qui se sont trouvées présentes à ce miracle. »

Copie de la lettre trouvée sur l'autel, lors de l'apparition miraculeuse de notre-seigneur jésus-christ au très-saint-sacrement de l'autel, le jour des rois, 1771.

« Éternité de vie, éternité de châtimens, éternelles délices; rien n'en peut dispenser. Il faut choisir un parti, ou celui d'aller à la gloire, ou marcher au supplice. Le nombre d'années que les hommes passent sur la terre dans toutes sortes de plaisirs sensuels et de débauches excessives, d'usurpations, de luxe, d'homicides, de larcins, de médisances et d'impureté, blasphémant et jurant mon saint nom en vain, et mille autres crimes, ne me permettant pas de souffrir plus long-temps que des créatures créées à mon image et ressemblance, rachetées par le prix de mon sang sur l'arbre de la croix, où j'ai enduré mort et passion, m'offensent continuellement, en transgressant mes commandemens et en abandonnant ma loi divine, je vous avertis que, si vous continuez à vivre dans le péché, et que je ne voie en vous ni remords ni contrition, ni une sincère et véritable confession et satisfaction, je vous ferai sentir la pesanteur de mon bras divin. Si ce n'était les prières de ma chère mère, j'aurais déjà détruit la terre, pour les péchés que vous commettez les uns contre les autres. Je vous ai donné six jours pour travailler, et le septième pour vous reposer, pour sanctifier mon saint nom, pour entendre la sainte messe, et pour employer le reste du jour au service de Dieu mon père.

Au contraire, on ne voit que blasphèmes et ivrogneries ; et le monde est tellement débordé, qu'on n'y voit que vanité et mensonges. Les chrétiens, au lieu d'avoir compassion des pauvres qu'ils voient à leurs portes, et qui sont mes membres, pour parvenir au royaume céleste, ils aiment mieux mignarder des chiens et autres animaux, et laisser mourir de faim et de soif ces objets, en s'abandonnant entièrement à Satan, par leur avarice, gourmandise et autres vices ; au lieu d'assister les pauvres, ils aiment mieux sacrifier tout à leurs plaisirs et débauches. C'est ainsi qu'ils me déclarent la guerre.

» Et vous, pères et mères pleins d'iniquités, vous souffrez vos enfans jurer et blasphémer mon saint nom : au lieu de leur donner une bonne éducation, vous leur amassez, par avarice, des biens qui sont dédiés à Satan. Je vous dis, par la bouche de Dieu mon père, de ma chère mère, de tous les chérubins et séraphins, et par saint Pierre, le chef de mon église, que si vous ne vous amendez, je vous enverrai des maladies extraordinaires, par qui périra tout ; vous ressentirez la juste colère de Dieu mon père ; vous serez réduits à un tel état, que vous n'aurez connaissance les uns des autres. Ouvrez les yeux, et contemplez ma croix que je vous ai laissée pour arme contre l'ennemi du genre humain, et pour vous servir de guide à la gloire éternelle : regardez mon chef couronné d'épines, mes pieds et mes mains percés de clous ; j'ai répandu jusqu'à la dernière goutte de mon sang pour votre rédemption, par un pur amour de père pour des enfans ingrats. Faites des œuvres qui puissent vous attirer ma miséricorde ; ne jurez pas mon saint nom ; priez-moi dévotement ; jeûnez souvent, et particulièrement faites l'aumône aux pauvres qui sont mes membres ; car c'est de toutes les bonnes œuvres celle qui m'est la plus agréable : ne méprisez ni la veuve ni l'orphelin ; restituez ce qui ne vous appartient pas ; fuyez toutes les occasions de pécher ; gardez soigneusement mes commandemens ; honorez Marie, ma très-chère mère.

» Ceux ou celles qui ne profiteront pas des avertissemens que je leur donne, qui ne croiront pas mes paroles, attireront par leur obstination mon bras vengeur sur leurs têtes ; ils seront accablés de malheurs, qui seront les avant-coureurs de leur fin dernière et malheureuse, après laquelle ils seront précipités dans les flammes éternelles, où ils souffriront des peines sans fin, qui sont le juste châtiment réservé à leurs crimes.

» Au contraire, ceux ou celles qui feront un saint usage des avertissemens de Dieu, qui leur sont donnés par cette lettre, apaiseront sa colère, et obtiendront de lui, après une confession sincère de leurs fautes, la rémission de leurs péchés, tant grands soient-ils. »

« Il faut garder soigneusement cette lettre, en l'honneur de Notre-Seigneur Jésus-Christ.

» Avec permission. A Bourges, le 30 juillet 1771.

De Beauvoir, lieutenant général de police (1). »

LA CLEF DU PARADIS ET LE CHEMIN DU CIEL, AVEC LES RÉVÉLATIONS FAITES PAR LA BOUCHE DE JÉSUS-CHRIST A SAINTE ÉLISABETH, SAINTE BRIGITTE ET SAINTE MELCHIDE, QUI AVAIENT DÉSIRÉ SAVOIR LE NOMBRE DES COUPS QU'IL AVAIT REÇUS EN SA PASSION. Paris, chez Montaudon. 1816.

« Notre sauveur et rédempteur Jésus-Christ ayant écouté les prières de ces saintes âmes, il leur apparut et leur dit : considérez, mes sœurs, que j'ai versé pour vous soixante-deux mille deux cents larmes ; et des gouttes de sang dans le jardin des Olives, quatre-vingt-dix-sept mille trois cent sept.

» J'ai reçu sur mon sacré corps seize cent soixante-sept coups ; des soufflets sur mes délicates joues cent dix ; des coups au cou cent vingt ; sur le dos trois cent quatre-vingts ; sur ma poitrine quarante-trois ; sur la tête quatre-vingt-cinq ; aux flancs trente-huit ; sur les épaules soixante-

---

(1) « Il faut remarquer que cette sottise a été imprimée » à Bourges, sans qu'il y ait eu, ni à Tréguier ni à Paimpol, » le moindre prétexte qui pût donner lieu à une pareille im- » posture. Cependant, supposons que, dans les siècles à ve- » nir quelque cuistre à miracle veuille prouver un point » de théologie par l'apparition de Jésus-Christ sur l'autel de » Paimpol, ne se croira-t-il pas en droit de citer la propre » lettre de Jésus, imprimée à Bourges avec permission ? ne » traitera-t-il pas d'impies ceux qui en douteront ? ne prou- » vera-t-il pas par les faits que Jésus opérait partout des mi- » racles dans notre siècle ? Voilà un beau champ ouvert aux » Houtreville et aux Abadie. » (VOLTAIRE, *Dictionnaire philosophique*, au mot *Superstition*.)

deux ; sur les bras quarante ; aux cuisses et aux jambes trente-deux.

» Ils m'ont frappé à la bouche trente fois. On m'a jeté sur ma précieuse face de vilains et infâmes crachats trente-deux fois. On m'a traité à coups de pieds comme un séditieux trois cents soixante-dix fois. On m'a poussé et renversé par terre treize fois. On m'a tiré par les cheveux trente fois. On m'a attaché et traîné par la barbe trente-huit fois.

» Au couronnement d'épines, on m'a fait à la tête trois cent trois trous.

» J'ai gémi et soupiré pour votre salut et conversion neuf cents fois. Des tourmens capables de me faire mourir, j'en ai souffert cent soixante-deux. D'extrêmes agonies comme si j'eusse été mort, dix-neuf fois. Du Prétoire jusqu'au Calvaire portant ma croix, j'ai fait trois cent vingt-un pas.

» Pour tout cela, je n'ai reçu qu'un acte de charité de sainte Véronique, qui m'a essuyé le visage d'un mouchoir, où ma face est demeurée empreinte de mon sang précieux.

» Ceux qui réciteront la clef du paradis pendant quarante jours, où qui ne sachant pas lire diront cinq *Pater* et cinq *Ave*, je leur donnerai cinq grâces de ma passion.

» La première, indulgence plénière et rémission de tous leurs péchés. — La seconde, je les ferai exempts des peines du purgatoire. — La troisième, mourant auparavant que le temps soit fini, je leur concède comme s'ils avaient accompli tout le temps. — La quatrième, je leur concède comme si c'était un martyr qui eût répandu son sang pour la foi. — La cinquième, je viendrai du ciel en terre recevoir les âmes de leurs parens jusqu'au quatrième degré, lesquels seront aux peines du purgatoire, et je les ferai jouir de la gloire du paradis. »

— Nous pourrions rapporter quelques autres pièces de cette force ; mais la matière est si abondante qu'elle fournirait à plusieurs volumes.

LOMER, — abbé de Corbion, (appelé depuis Lomer-le-Moutier au pays de Dreux), mort à la fin du sixième siècle. Son corps fut enterré à Chartres où il décéda en courant le pays. Comme il faisait des miracles, les moines de Corbion redemandèrent ce trésor, car alors les reliques rapportaient beaucoup d'argent ; et voyant qu'on leur refusait le corps de leur saint abbé, ils le volèrent. On envoya des gendarmes à leur poursuite ; mais le saint fit tant de miracles que les gendarmes n'osèrent mettre la main sur ses moines.

Dans la suite, il fut transporté à Blois par les moines de Corbion qui s'y établirent. Les huguenots le brûlèrent en 1567, excepté un bras que l'on vénère sans doute encore. Il avait une seconde tête à Maissac, au diocèse de Clermont en Auvergne.

LONGIN ou **LONGIS**. — C'est le nom qu'on

donne au soldat qui perça le côté de Notre-Seigneur avec sa pique. Aussitôt il devint aveugle. Mais ayant senti l'énormité de son péché et reconnu la divinité de Jésus-Christ, il prit un peu du sang divin qui coulait le long du bois de sa lance, il s'en frotta les yeux, recouvra la vue et se fit moine en Cappadoce.

Le père Goujon ajoute qu'il reçut le martyre, et qu'on fit jeter son corps et sa tête à la voirie. Mais ce corps ne fut pas perdu pour cela; il est à Mantoue dans l'église de Saint-André, avec quelques gouttes du sang qu'il fit jaillir du côté de Jésus. Ce corps est aussi à Rome, dans l'église de Saint-Marcel. Il était en troisième lieu à Notre-Dame-de-l'Ile-sur-Lyon.

Au reste, si l'évangile et les écrivains des premiers siècles ne parlent pas de saint Longin, Métaphraste et Ribadéneira en parlent beaucoup.

LANCE DE SAINT LONGIN.

On ne songeait pas à la lance de saint Longin avant le sixième siècle. Grégoire de Tours fut le premier qui publia qu'on avait conservé cette sainte lance, de laquelle fut percé le côté de notre Sauveur. Il semble qu'en suivant les sentimens que la nature inspire, on n'aurait que de l'horreur pour un pareil instrument. Mais les légendaires disent qu'il a fait de grands miracles; et l'église veut qu'on l'honore comme une relique sacrée.

Cette lance, transportée de Jérusalem à Antioche, fut trouvée en 1098, et délivra la ville des Sarrasins qui l'assiégeaient. Ce qu'il y a de particulier, c'est qu'au douzième siècle on la vénérait à Jérusalem, à Antioche et à Constantinople. En 1123, les chrétiens de Jérusalem, réduits aux dernières extrémités par les Sarrasins, firent porter devant eux le bois de la croix, la lance de saint Longin et une fiole du lait de la Vierge. Au moyen de ces reliques, ils remportèrent, dit-on, une victoire complète.

Dans le siècle suivant, l'empereur de Constantinople vendit la sainte lance à saint Louis, qui la fit mettre dans la Sainte-Chapelle ; et en 1492, Bajazet la vendit de nouveau au pape Innocent VII qui la plaça solennellement au Vatican. C'est déjà quatre fois la lance de saint Longin.

Il y en a dans Nuremberg une cinquième, avec laquelle un homme seul mit en déroute toute une armée, dans des temps nécessairement très-éloignés de nous. On en montrait une sixième à l'abbaye de Montdieu en Champagne, une septième à l'abbaye de la Tenaille en Saintonge (1), une huitième à la Selve près de Bordeaux, une neuvième à Moscou, etc. Toutes ces lances sont de forme différente. Celle de Nuremberg, qui est probablement la plus curieuse, est trop belle pour avoir été l'arme d'un simple soldat.

Observez que nous n'avons parlé que du fer de

---

(1) Calvin, *Traité des reliques.*

la sainte lance. Le bois est à Saint-Jean-de-Latran, et sans doute ailleurs.

LOUIS IX, — roi de France. On sait qu'il mourut de la peste, dans sa dernière croisade, le 25 d'auguste de l'année 1270. On fit bouillir son corps, pour séparer les os et les chairs. On envoya les entrailles à Palerme, et le corps à Paris. Philippe-le-Hardi son fils porta ce corps sur ses épaules jusqu'à Saint-Denis ; et l'on planta des croix dans tous les lieux où la pesanteur du fardeau l'obligea de s'arrêter. Ces funérailles, qui se firent avec beaucoup de pompe, ne furent troublées que par l'impudence des moines de Saint-Denis, qui se disaient indépendans de toute juridiction épiscopale, et qui fermèrent leurs portes jusqu'à ce que l'évêque de Paris et l'archevêque de Sens se fussent dépouillés de leurs habits pontificaux, et des autres marques de leur dignité.

Lorsque Louis fut canonisé (en 1297) et qu'on fit l'élévation de ses reliques, le roi Philippe-le-Bel eut toutes les peines du monde à obtenir des moines de Saint-Denis que l'archevêque de Sens et l'évêque de Paris fissent les offices en costume pontifical. Selon les coutumes féodales d'alors, c'était reconnaître la juridiction d'un évêque que de le laisser entrer dans une église avec les marques de sa dignité ; et il fallut que le roi donnât aux moines un acte qui attestait que les évêques n'avaient aucun droit sur leur abbaye.

Les entrailles et les chairs de saint Louis sont

à Mont-Réal en Sicile. On gardait à Saint-Denis ses os, sa mâchoire, quelques morceaux de ses habits, sa main de justice, son épée, son anneau, etc. Philippe-le-Bel avait fait transporter sa tête à la Sainte-Chapelle, après en avoir demandé permission au Pape Clément V (1); et l'on vénérait à Notre-Dame de Paris une des côtes de saint Louis qui, comme toutes ses autres reliques faisait beaucoup de miracles. On montrait aussi les cheveux du saint roi, dans la principale église d'Assise. — Les dernières révolutions ont dû dissiper la plupart de ces objets de culte.

On conservait comme une relique, dans le trésor de Saint-Denis, une tasse de bois de tamaris, dans laquelle saint Louis buvait pour se préserver du mal de rate. C'était comme on le voit une amulette. Le grand inquisiteur Torquemada portait toujours avec lui une corne de licorne pour se garantir du poison et des assassins (2).

---

(1) Piganiol, *Description de Paris*, tome I.

(2) Tous les peuples superstitieux font usage des amulettes, parce qu'ils reconnaissent deux puissances, Dieu ou le génie du bien, et le diable ou le génie du mal, contre qui il faut se mettre en garde. Les brames ont bien soin de tenir une queue de vache à l'heure de la mort. Périclès portait des amulettes sur sa poitrine, lorsqu'il s'apprêtait à mourir. Dans les environs de Coadrix et de Scaer en Bretagne, on trouve beaucoup de ces pierres nommées pierres de croix par les naturalistes, parce qu'elles portent souvent la figure imparfaite d'une croix de saint André. On en conserve comme préservatifs dans la plupart des ménages. C'est un talisman qui garantit du naufrage. C'est une amulette qui préserve

On montre, dans une chapelle de la nef de Notre-Dame de Poissy (1), les fonts sur lesquels saint Louis fut baptisé. On prétendait, encore dans le dernier siècle, que la raclure de ces fonts était un remède excellent contre la fièvre. On mettait, en payant, un peu de cette raclure dans un verre d'eau, on l'avalait; et la guérison était certaine.

Les vitraux de cette chapelle représentaient l'accouchement de la reine Blanche, avec ce quatrain :

<blockquote>
Saint Louis fut un enfant de Poissy,
Et baptisé en la présente église ;
Les fonts en sont gardés encore ici,
Et honorés comme relique exquise (2).
</blockquote>

DU DON DE GUÉRIR LES ÉCROUELLES.

La médecine avait quelque chose de si vénérable pour les anciens, que plusieurs rois se vantèrent de posséder le don de guérir, mais sans employer de remèdes, et par une grâce spéciale attachée à leur royale personne. Pyrrhus guérissait les malades en les touchant du bout du pied ; Vespasien n'avait besoin que de prononcer quelques paroles ; Adrien jouissait du même pouvoir.

---

de la morsure des chiens enragés, qui guérit les maux des yeux, etc. (M. Cambry, *Voyage dans le Finistère*, tome III, page 158.)

(1) Petite ville à sept lieues de Paris.
(2) Rapporté par M. Dulaure, *Description des Environs de Paris*.

Les rois de Hongrie prétendaient guérir la jaunisse. Les rois de Bourgogne préservaient de la peste ; les rois d'Espagne délivraient les possédés. Les rois de France ont guéri des écrouelles, depuis les temps les plus anciens.

Thomas d'Aquin fait remonter cette prérogative jusqu'à Clovis (1). Mais il est maintenant reconnu qu'elle ne fut donnée qu'aux rois de la troisième race, en récompense des vertus du bon roi Robert. Guibert de Nogent assure qu'il vit de ses propres yeux le roi Louis-le-Gros guérir une multitude de malades affligés des écrouelles. Il ajoute que Philippe I*er*, père de ce prince, perdit

---

(1) Il attribue la vertu de guérir les écrouelles à l'huile sainte qui fut apportée du ciel pour *le sacre* de Clovis. Voici l'histoire de la première cure qui fut faite par le premier roi chrétien : « Un cavalier, nommé Lancinet, que Clovis aimait beaucoup, était affligé des écrouelles. Un jour que Clovis dormait, il lui sembla qu'il touchait doucement le cou de Lancinet, et que Lancinet se trouvait parfaitement guéri. Le roi se leva plus joyeux qu'à l'ordinaire, toucha Lancinet et le guérit. Cette vertu de guérir les écrouelles a été depuis héréditaire aux rois de France, etc. » On répond que personne ne se nommait Lancinet, du temps de Clovis ; que Clovis ne fut jamais sacré ; que la sainte Ampoule fut apportée pour son baptême et non pour son sacre ; que le pieux Dagobert et tous les Mérovingiens et tous les Carlovingiens ne guérirent jamais les écrouelles ; et que tous les chroniqueurs ne font remonter ce privilége de nos rois qu'au pieux roi Robert, qui chantait au lutrin, et qui fit la guerre à son père comme un brigand. Ce n'est sans doute pas pour s'être révolté contre son père et son roi qu'il eut le don de guérir les écrouelles. S'il gagna son beau talent en chantant au lutrin, tous les maîtres d'école devraient l'avoir.

sa prérogative de guérir, lorsque le pape l'eut excommunié.

Guillaume de Nangis dit que saint Louis fut le premier qui fit usage du signe de la croix en touchant les écrouelles. Aussi guérissait-il bien plus de malades que ses prédécesseurs. On accourait de toutes parts pour se faire toucher par lui. Les Espagnols faisaient pour cela de nombreux pèlerinages ; et quand saint Louis fut mort, comme sa réputation était immense, les Catalans achetèrent à grands frais un doigt du pieux monarque ; ce doigt guérissait par le simple attouchement du reliquaire contre le mal.

Cependant les rois de France continuaient de guérir. Philippe de Valois nettoya la peau de quatorze cents malades. Charles VIII touchait les écrouelles en Italie comme en France. Le grand François Ier. fit des cures éclatantes à Madrid. Charles IX. opéra des guérisons merveilleuses à Bordeaux ; et le pieux Henri III ne laissa pas languir son talent héréditaire.

« Il arriva une chose assez triste à Martorillo le Calabrois, que nous nommons saint François de Paule. Le roi Louis XI le fit venir au Plessis-lez-Tours, pour le guérir des suites de son apoplexie. François arriva avec les écrouelles. — Le saint ne guérit point le roi, et le roi ne guérit point le saint (1). »

---

(1) Voltaire, *Dictionnaire philosophique*, au mot *Écrouelles*.

Les rois d'Angleterre, toujours rivaux des rois de France, voulurent avoir le même privilége(1). Édouard III n'avait pas plus tôt posé le bout de son doigt sur un cou scrofuleux que les écrouelles n'y paraissaient plus. La reine Élisabeth toucha, dit-on, un catholique et le guérit, toute excommuniée qu'elle était. Jacques Ier. toucha le marquis de Tresnel, ambassadeur de France ; et Jacques II s'exerça avec honneur à Saint-Germain-en-Laye. Après la reine Anne, les princes anglais ne touchèrent plus les écrouelles.

Il est fâcheux que ces temps de prodiges soient passés, et que le doute ait détruit ces merveilles. On ne croit plus que nos rois aient jamais fait de miracles. Les écrivains de bonne foi, qui ont parlé de la guérison des écrouelles (2), disent qu'ils n'ont jamais vu guérir un seul malade. Les rois ne touchaient qu'après avoir communié, et ils ne communiaient pas tous les jours. Les malades observaient un régime, et après s'être fait toucher plusieurs fois, ils guérissaient, peut-être, dans le courant d'une année.

Lorsqu'on voulait guérir plus rapidement et

---

(1) Brompton, approuvé par Godescard, fait remonter ce privilége jusqu'à saint Édouard le confesseur, mort en 1066. — L'anneau de ce saint (que l'on gardait à l'abbaye de Westminster) guérissait le mal caduc et la crampe. C'est depuis cette relique, que les rois d'Angleterre bénissaient le vendredi saint des anneaux que l'on portait pour se préserver de la crampe et du mal caduc.

(2) Il y avait, dans les siècles passés, peu d'écrivains de bonne foi, parce que ces écrivains étaient moines.

produire de l'effet, on avait des mendians et des gueux, qui n'avaient que des écrouelles peintes, et qui étaient, pour un peu d'argent, des instrumens à miracles. Néanmoins au sacre de nos rois, le prince touche encore les écrouelles en disant au malade : *Le roi te touche, Dieu te guérisse* (1).

Les jeunes filles avaient aussi le don de guérir les écrouelles, pourvu qu'elles fussent vierges, et qu'elles prononçassent à jeun et toutes nues ces paroles : *Negat Apollo pestem posse recrudescere quem nuda virgo restringat.*

Le septième enfant mâle, né en légitime mariage et sans mélange de filles, avait le même privilége.

Les fils aînés des comtes de Châteauroux se croyaient également propres à guérir les humeurs froides, parce qu'ils possédaient dans leurs terres une fontaine, près de laquelle on avait déposé pendant quelque temps les reliques des trois mages.

Enfin, les eaux de Saint-Cloud près de Paris, guérissaient autrefois les écrouelles. Toutes ces choses ne sont plus, parce que nous ne sommes

---

(1) Autrefois les rois et les grands n'avaient pas seulement des priviléges humains. Ils avaient encore des priviléges divins. Des anges les avertissaient de leur mort. Dieu les protégeait plus que les malheureux. Il fallait qu'ils fissent bien peu, pour être mieux placés dans le ciel que les roturiers. Quel bon temps ! la monstrueuse féodalité avait place dans la religion même; et pourtant on appelait cela religion de Jésus-Christ, qui est le dieu des pauvres.

pas pieux et croyans comme nos pères (1).

LOUIS, — évêque de Toulouse, fils de Charles le Boiteux, roi de Naples et de Sicile. Il mourut au château de Brignoles en Provence, et demanda à être enterré chez les cordeliers de Marseille. On conte qu'après sa mort on vit sortir une fleur de sa bouche; que, pendant qu'on l'enterrait, il vint en habit religieux chanter avec les moines l'office des morts pour ses propres obsèques; et que quand il fut inhumé, il parut au maître-autel avec ses ornemens pontificaux, la mitre en tête et la crosse à la main (2).

Le corps de ce saint demeura à Marseille jusqu'en l'an 1423. Mais Alphonse le Magnanime, roi d'Aragon, ayant pris et pillé cette ville, emporta le corps de saint Louis de Toulouse, qui doit être encore à Valence en Espagne. On montre à Chartres une troisième main de notre saint, et quelques bribes à Marseille.

LOUIS DE GONZAGUE, — jésuite, mort à vingt-trois ans, après en avoir passé six dans la compagnie de Jésus. Il était mort en 1591; les

---

(1) Cet article est extrait principalement du *Traité des erreurs et des préjugés* de M. Salgues, tome I, p. 272; de Godescard, *Vies de saint Louis et de saint Édouard le confesseur*; de Thiers, *Traité des Superstitions*, t. I, liv. VI, ch. 4; du P. Lebrun, liv. IV, etc. Voyez aussi saint Marcoul.

(2) Durand, *Caractères des Saints*, 19 août. Ribadéneira, même jour.

jésuites lui firent faire tant de miracles, qu'il fut canonisé en 1626. Ses reliques guérissent les enfans de la dyssenterie, et chassent les démons. Son corps est à Rome dans l'église de Saint-Ignace; mais ce qu'on trouvera sans doute merveilleux, c'est sa boîte aux lettres.

Dans la fameuse chapelle de Saint-Louis de Gonzague (1), au-devant de l'autel, on voit « une ouverture par laquelle on jetait, du temps des jésuites, et on jette encore aujourd'hui, des lettres adressées au saint : on lui demande de présenter à Dieu telle et telle requête, et de les appuyer de ses bons offices.

» Les jésuites avaient persuadé aux Italiens que saint Louis de Gonzague se prêtait volontiers à cela, et qu'il était si bien avec Dieu, que rarement il manquait son coup. Les jésuites ne manquaient pas le leur ; ils pénétraient, par ce moyen, les secrets les plus cachés des familles.

» Comme le devant d'autel avait été enlevé à cause de la fête, j'ai vu de mes propres yeux, dans la boîte, une foule de lettres.

» On venait d'en mettre une à la poste dans le moment même, elle était souscrite : *A saint Louis de Gonzague.* On avait oublié *poste restante* (2). »

Il y avait à Nice et dans beaucoup d'autres églises, plusieurs saints à qui l'on écrivait pareil-

---

(1) En l'église de Saint-Ignace de Rome.
(2) Dupaty, XLVII*e* *Lettre sur l'Italie.*

lement des lettres, et qui daignaient y répondre.

LOUP, — évêque de Troyes, l'un des principaux ornemens de l'église gallicane, mort en l'année 478.

Calvin lui donne cinq corps, 1°. à Troyes, 2°. à Auxerre, 3°. à Genève, 4°. à Sens, 5°. à Lyon. Mais Calvin a confondu saint Loup, archevêque de Lyon avec saint Loup de Troyes, ce qui fait à ce dernier un corps de moins.

Les reliques de saint Loup ont fait de grands miracles. Grégoire de Tours rapporte celui-ci : Un esclave ayant fait une faute, se réfugia dans l'église de Saint-Loup, qui avait le droit d'asile. Son maître le poursuivit et l'arracha du tombeau du saint qu'il tenait embrassé, en disant que ce loup ne mettrait pas la pate hors de son cercueil pour protéger son esclave. Ce blasphème fut puni ; la langue de l'impie s'embarrassa de telle sorte, qu'il ne lui fut plus possible de pousser d'autres sons que des hurlemens semblables à ceux des loups. Il se mit à quatre pates et courut par l'église en criant comme un furieux. Sa femme, l'ayant fait lier avec de bonnes cordes, l'emmena dans sa maison, et fit de grands présens au tombeau, pour obtenir sa délivrance. Ces vœux furent inutiles, le mari mourut comme un loup trois jours après, et la femme retira ses présens. Mais l'esclave demeura libre (1).

---

(1) *Gregorii Turon. de Gloriâ confess.* cap. 68.

On raconte qu'un soir le diable se jeta dans un verre d'eau que Loup allait boire, espérant par ce moyen entrer dans le corps du saint et y faire du ravage. Loup ne s'y laissa pas prendre. Il couvrit le vase d'un oreiller et y tint le diable enfermé jusqu'au matin. On gardait ce vase dans le trésor de la cathédrale de Troyes.

Les boucheries de cette ville sont tellement disposées, la fraîcheur y est si constamment entretenues par les courans d'air, qu'on n'y voit jamais de mouches. Le peuple troyen regarde cela comme un miracle perpétuel, dont il rapporte tout l'honneur à saint Loup, son ancien évêque. Le buste du saint décore l'entrée de ce palais.

On sait que saint Loup est, par antithèse, le patron des brebis.

LUBIN, — évêque de Chartres, mort en 557. Toutes ses reliques, qui étaient à Chartres, furent brûlées par les huguenots en 1568. Mais peu après on lui retrouva une seconde tête, qui faisait encore de grands miracles au dernier siècle.

On conservait, dans la cathédrale de Chartres, la soutane de saint Lubin, qui guérissait de la fièvre ceux qui avaient le bonheur d'en être vêtus quelques minutes. On conte même qu'une jeune fille, qui était possédée du diable, en fut délivrée à jamais pour avoir porté sur elle un petit filet de la chemise de notre saint.

« Je ne trouve pas cela étrange, dit Riba-

» déneira, puisque l'ombre seule de saint Pierre
» guérisssait tous les malades sur lesquels elle
» passait. »

LUC, — le troisième évangéliste. Il fut enterré à Patras; et il paraît qu'il n'a guère eu que huit corps complets; premièrement, celui qu'on laissa pourir à Patras; 2°. celui que l'on commença d'honorer au quatrième siècle, dans l'église des douze apôtres, à Constantinople; 3°. celui que l'on vénérait vers le même temps, à Antioche; 4°. celui qui parut à Ostie au sixième siècle, et qui fut brûlé par les Lombards; 5°. celui qu'on adorait encore il y a peu de temps, au couvent de Monte-Vergine, près de Bénévent; 6°. celui qu'on montre à Venise, dans l'église de Saint-Job; 7°. celui qui se voit toujours chez les bénédictins de Sainte-Justine de Padoue; 8°. un huitième corps enfin dans la ville de Naples; avec des reliques considérables à Nole, à Fondi, à Brescia et dans une multitude d'églises de l'Italie, de la France et de l'Espagne.

Saint Luc possède une neuvième tête dans l'église de Saint-Pierre de Rome. Une de ses côtes guérit de la fièvre à Toulon; on montre une bouteille pleine de son sang à Rome, dans l'église de Saint-Thomas in parione; et l'on garde à sainte Marie *in viâ latâ*, le manuscrit de ses *Actes des Apôtres*.

On sait que saint Luc écrivit un évangile, qu'il rédigea les actes des apôtres, qu'il fut peintre, médecin, sculpteur, qu'on lui doit une multitude de portraits et d'images de Marie et de Jésus, et qu'il est le patron des beaux-arts, principalement en peinture.

LUCE, — pape du troisième siècle. Son corps était à Rome et à Bologne; il avait une troisième tête à Roschild en Danemarck. Il reste peu de chose de ses reliques.

LUCE, ou LUCIE, — vierge et martyre de Syracuse, au sixième siècle. On raconte que le juge l'ayant condamnée à être menée dans un lieu de prostitution, pour y perdre sa virginité, elle demeura si immobile, malgré les efforts des bœufs et des hommes qu'on avait attelés pour la tirer, qu'on fut obligé de lui couper la tête.

Cette sainte guérit les maux des yeux, à cause de son nom; et quelques-uns disent qu'elle a, comme saint Laurent, le pouvoir d'éteindre les incendies.

Elle a laissé cinq corps; le premier est à Palerme; le second était à Constantinople avant que le grand turc eût renversé les églises chrétiennes; le troisième est à Venise, couché sur un autel superbe, vêtu d'une robe de velours brodé de perles et de diamans, et coiffé d'une couronne magnifique. Le quatrième corps de sainte Luce est à Rome, dans l'église de Sainte-Marie-la-Neuve. Elle en avait un cinquième à Saint-Vincent de Metz, et une sixième tête dans la cathédrale de Bourges.

On représente quelquefois sainte Luce avec une paire d'yeux dans un plat.

LUCIEN, — apôtre de Beauvais, au troisième siècle. Son corps était à la fois à Beauvais et à Meaux ; mais le corps de Beauvais fut partagé dans la suite à diverses églises. On garde dans cette dernière ville l'aube et les sandales de saint Lucien, qui avait une troisième tête à l'abbaye de Corbie, en Picardie.

Un autre saint Lucien, prêtre de Syrie, souffrit le martyre auprès d'Hélénopolis, en Bithynie. Son corps que l'on avait jeté à la mer fut rapporté sur le rivage par un dauphin, qui mourut aussitôt après avoir rempli ce bon office. Le corps du saint fut donné par Charlemagne à la ville d'Arles. Mais il est fâcheux que l'on ait perdu les reliques du benoît dauphin, elles auraient prouvé à nos naturalistes qu'il y a des dauphins.

LUCIFER, — évêque de Cagliari en Sardaigne, mort en l'an 370. Les papes ne l'ont point canonisé, parce que ce fut un schismatique. Mais le peuple sarde a su se passer du consentement des papes ; et le corps de saint Lucifer est vénéré à Cagliari, où il fait tous les mois des miracles.

LUCINE, — vierge du premier siècle, compagne des apôtres. Son corps fut trouvé dans les catacombes, onze ou douze cents ans après sa mort; on le montre à Rome, dans l'église de Saint-Sébastien, avec les flèches qui servirent à la martyriser, quoiqu'aucun écrivain ne parle de son martyre.

M.

MACAIRE, — solitaire d'Égypte, au quatrième siècle. « Et à propos de bête qui se pourra garder
» de rire, quand il lira que saint Macaire fit sept
» ans pénitence, dans les épines et les buissons,
» pour avoir tué une puce (1) ? »
Mais au moins cette pénitence avait un motif, au lieu que saint Dominique l'encuirassé se donnait par jour quarante-cinq mille coups de fouets, en récitant trois fois le psautier, sans s'être jamais permis de tuer la moindre vermine.

C'est ce même saint Macaire d'Égypte qui prenait la carcasse d'un mort pour s'en faire un oreiller, qui s'entretenait avec des crânes pouris, qui se garrottait les mains et broutait l'herbe à quatre pattes, lorsque le diable l'affligeait de quelque tentation. Le corps de ce saint est dans la cathédrale de Sens.

On montrait à Auch un autre corps de saint

---

(1) Henri Estienne, *Apologie pour Hérodote*, chap. 34.
» Un rien presque suffit pour le scandaliser ;
» Jusque-là qu'il se vint, l'autre jour, accuser
» D'avoir pris une puce en faisant sa prière,
» Et de l'avoir tuée avec trop de colère.
TARTUFE, *acte 1er.*

Macaire ; mais on lui donnait le nom de Macaire d'Alexandrie.

Nous citerons encore saint Macaire d'Antioche, qui vécut au dixième siècle. Son corps était à Gand ; mais il avait un troisième bras à Lille, et une infinité de reliques détachées dans d'autres églises des Pays-Bas.

MACHABÉES. — L'église catholique rend un culte aux sept frères Machabées et à leur mère, qui souffrirent le martyre pour avoir refusé de manger des viandes consacrées aux idoles. On leur donne les noms de Machabée, Aber, Machir, Judas, Achas, Arath, Jacob. On nomme aussi leur mère Salomé ou Salomone ; mais tous ces noms sont supposés, aussi bien que leurs reliques.

On montre les corps complets des sept frères Machabées, à Cologne, dans l'église qui leur est dédiée. On les expose également entiers à Rome, dans l'église de Saint-Pierre-aux-Liens ; ce qui n'empêche pas qu'on vénérait diverses reliques considérables des Machabées, dans l'église des Blancs-Manteaux de Paris, et dans l'église de Mont-Rouge près de cette ville.

MACLOU, MALO, ou MAHOUT, — évêque d'Aleth, en Bretagne, au sixième siècle. C'est lui qui disait la messe en pleine mer sur le dos d'une baleine (1). Son corps était triple. On le montrait

---

(1) Voyez *les trois animaux philosophes de M. Saint-Albin*, ch. IX des *Voyages de l'ours de saint Corbinian*.

à Saint-Malo, au séminaire de Saint-Magloire à Paris, et chez les moines de Gemblours, dans le Brabant.

MADELEINE, ou MARIE-MADELEINE. — On a fait de cette sainte femme une vierge, une veuve, une prostituée. On a confondu, en un seul personnage, la pécheresse qui vint laver les pieds de Jésus et les essuyer avec ses cheveux, la Madeleine qui suivit partout notre Sauveur, et Marie, sœur de Lazare. Baillet prétend qu'il faut bien distinguer ces trois femmes; et il suit l'opinion de ceux qui ont pensé que la Madeleine était morte à Éphèse, où elle s'était réfugiée avec la Sainte-Vierge et saint Jean l'Évangéliste.

Mais la plupart des légendaires et tous les théologiens provençaux soutiennent qu'il n'y a jamais eu qu'une Madeleine, dont les reliques sont en Provence. Nous sommes obligés de donner rapidement son histoire, telle qu'on l'a faite il y a quelques siècles.

LÉGENDE DE LA MADELEINE, TIRÉE DE RIBADÉNEIRA (1).

« Marie était sœur de Lazare et de Marthe. Son père se nommait Sire et sa mère Eucarie. Après la mort de ses parens, elle eut, pour sa part de l'héritage, le château de Madelon en Galilée ; c'est pourquoi elle porta le nom de Madeleine. Comme

---

(1) *Fleurs des vies des Saints*, 22 juillet, édition française de 1740).

elle était jeune, belle, riche, elle abusa de la liberté que lui laissait le trépas de ses père et mère, pour se donner du bon temps avec les mondains. Mais elle s'en donna par trop. Elle avait une conversation si dissolue et menait une vie si libertine, qu'on l'appelait généralement la pécheresse.

» Dieu lui fit voir la saleté de son âme, lui montrant combien elle était embourbée dans l'ordure. Elle reconnut son infection; et un jour que notre Seigneur dînait chez Simon le pharisien, elle prit un vase plein d'un onguent précieux, se coucha derrière Jésus-Christ, lui lava les pieds avec ses larmes, les essuya de ses cheveux, dont elle fit un torchon, les couvrit de baisers, et y répandit son vase de parfums.

» Jésus dit à la Madeleine : beaucoup de péchés vous sont remis parce que vous avez beaucoup aimé; et lui ayant donné indulgence plénière, il la renvoya en paix.

» Depuis lors la Madeleine suivit constamment Jésus-Christ, qui prêchait par les villes et les villages; (elle était embrasée d'un amour si ardent pour Notre-Seigneur, que le père Pierre-de-saint-Louis l'appelle l'amante de Jésus; mais c'était un amour tout spirituel).

» Lorsque Lazare mourut, Madeleine et Marthe étant assurées de toute l'affection que Jésus portait à leur frère, à cause d'elles, le prièrent de le ressusciter. C'est en rendant la vie à Lazare, que mêlant ses pleurs à ceux de Madeleine et de Marthe, il répandit la sainte larme de Vendôme.

« Dans un repas qui suivit la résurrection de Lazare, Madeleine parfuma de nouveau les pieds de Jésus-Christ. Elle lui donna des marques de son amour jusqu'à la fin, elle le suivit au Calvaire ; elle fut la plus empressée à l'aller embaumer au sépulcre ; et avant tous les apôtres, avant la Sainte-Vierge même, ce fut à elle que Jésus apparut d'abord après sa résurrection.

» Mais les juifs qui persécutaient décidément tous les disciples de Jésus-Christ, mirent Lazare, Marthe, Madeleine, Maximin, Marcelle, Célidoine et Joseph d'Arimathie dans un vaisseau sans voiles et sans rames, et les abandonnèrent en pleine mer, où ils comptaient bien qu'ils se noyeraient. Dieu permit que le navire vînt aborder à Marseille, et toute la Provence fut bientôt convertie à la foi de Jésus-Christ. Lazare fut évêque de Marseille ; Maximin, évêque d'Aix ; Joseph d'Arimathie passa en Angleterre, Marthe se retira dans un couvent, et Madeleine, après avoir prêché quelque temps les Provençaux, se réfugia dans le désert de la Sainte-Baume, pour y pleurer ses péchés.

» Elle y demeura trente ans, ne mangeant que des herbes et des racines d'arbres ; et quand ses habits furent usés, Dieu la couvrit de ses cheveux. Les anges l'enlevaient sept fois par jour pour entendre leur musique du ciel.

» Au bout de trente ans, elle fit dire à saint Maximin de se trouver seul de bon matin dans son église. Maximin y vint, vit la Madeleine en extase, la communia ; et peu d'instans après elle rendit l'âme que les anges emportèrent, en chantant et psalmodiant. »

RELIQUES DE LA MADELEINE.

On voit, dans Grégoire de Tours et dans les écrivains qui ont précédé le septième siècle, que le corps de la Madeleine était dans une église d'Éphèse, où ses reliques étaient honorées avec beaucoup de dévotion. Ce saint corps passa à Constantinople sous Léon-le-Sage ; il n'est jamais sorti de cette ville, et les chrétiens grecs le vénéreraient encore, sans la persécution toute récente qu'ils viennent d'essuyer.

Néanmoins la Madeleine a un second corps à Rome, divisé en deux parties, dans les églises de Saint-Jean-de-Latran et de Sainte-Marie-du-Peuple.

Elle en a un troisième à Montserrat, un quatrième à Naples dans l'église de Notre-Dame-de-Constantinople, un cinquième à Vezelay en Bourgogne, et un sixième à Saint-Maximin en Provence.

Celui de Vezelay fut long-temps célèbre. On prétendait qu'il avait été apporté de Jérusalem au neuvième siècle. Mais le plus fameux des six corps de la Madeleine est celui qu'on vénère chez les Provençaux. Ce dernier corps a fait tant de bruit et tant de miracles, qu'il a presque fait oublier les cinq autres.

Ce qu'il y a de singulier, c'est que le roi saint Louis alla faire ses dévotions devant les reliques de Vezelay et devant celles de la Provence, sans paraître étonné d'honorer le même corps en deux lieux différens.

Le corps que l'on montre à Saint-Maximin est enfermé dans une chasse fort riche ; la tête est énorme, et l'on a détaché du corps un bras si long, qu'il faudrait supposer à la sainte une taille de dix pieds.

Cette tête est assez bien conservée. On fait remarquer à côté du front, un endroit où la chair est demeurée incorruptible, parce que c'est là que Notre-Seigneur toucha Madeleine, lorsqu'il lui dit : *Noli me tangere* (1). On conservait à Paris, dans l'église de Sainte-Madeleine en la cité, la peau qui couvrait cette partie du front de la sainte. On avait aussi son menton à Saint-Denis.

On montrait d'elle un bras détaché à Marseille, dans l'église de Notre-Dame-la-Majeure. On vénère à Saint-Maximin, dans une grande fiole, les cheveux avec lesquels elle essuya les pieds de Notre-Seigneur ; ils sont châtains, fort longs et très-frais. On montre encore quelques parties de ces cheveux dans la cathédrale de Chartres, à Sainte-Barbe de Rome, et dans une multitude d'églises.

On voyait enfin à Saint-Maximin, quelques gouttes de sang que la Madeleine avait ramassées

---

(1) D'autres soutiennent au contraire que toute la tête s'est conservée saine et fraîche, excepté la partie touchée par Notre Seigneur, qui resta desséchée. (*Ribadeneira*.)

sous la croix, et qui bouillonnait tous les ans, le vendredi saint, immédiatement après qu'on avait lu la passion.

On garde le doigt *medius* de sainte Madeleine à Tarascon, dans l'église de Sainte-Marthe; à Marseille, dans l'église de Saint-Victor ; à Venise, dans l'église de Saint-Marc, etc. Nous n'avons pas besoin d'ajouter que les pèlerins peuvent visiter dans la terre sainte, la maison de sainte Marie-Madeleine.

Cette sainte a fait d'innombrables miracles en faveur de ceux qui honorèrent ses reliques. Un soldat, qui faisait tous les ans le pèlerinage du corps de la Madeleine, fut tué dans une bataille. Pendant qu'on le portait en terre, ses parens, désolés de le voir mort sans confession (1), supplièrent sainte Madeleine de prendre pitié de lui. Incontinent, le défunt se leva debout, fit appeler un prêtre, reçut les derniers sacremens, et reposa en paix un moment après, à la grande admiration des assistans, qui l'enterrèrent avec plus de plaisir (2).

Nous ne pouvons passer sous silence une petite circonstance que Jacques de Voragine ajoute à l'histoire de notre sainte. Il rapporte que la Madeleine fut mariée fort jeune à saint Jean (depuis apôtre et évangéliste); que, voyant son époux l'abandonner pour suivre Jésus-Christ, elle donna

---

(1) Il paraît que ses parens le suivaient à l'armée.
(2) *Legenda aurea*, *Jacobi de Voragine*. leg. 90.

dans le désordre ; que ce fut saint Jean qui obtint le miracle de sa conversion ; qu'elle se réconcilia alors avec lui, le suivit à Éphèse, et sut regagner toute sa tendresse. Mais les Provençaux ne conviendront de rien de tout cela.

On vénérait, au dernier siècle même, dans l'église métropolitaine d'Aix, une petite chapelle obscure, bâtie par saint Maximin ; on disait que la Madeleine était morte dans cette chapelle, après sa dernière communion ; et l'on assurait qu'une femme qui aurait eu la témérité de vouloir y entrer, ne pouvait manquer de tomber morte en y mettant le pied.

LA SAINTE BAUME.

Les personnes pieuses visitent à deux lieues de Saint-Maximin en Provence, l'affreux désert où se trouve la baume, ou caverne, dans laquelle sainte Marie-Madeleine fit trente ans pénitence. Cette caverne, ou baume, est sur un rocher d'une hauteur prodigieuse.

Elle est taillée dans le roc, de la grandeur d'une belle salle, bien voûtée et uniquement travaillée des mains de la nature. On n'a point orné ce lieu sévère « pour apprendre aux pèlerins qu'on ne fait pas pénitence sur des roses. »

La caverne a trois étages. Dans le premier, qui est le plus étroit, on voit la statue de la Madeleine, représentée dans l'instant où elle exerçait sur son corps les plus grandes austérités de la pénitence.

Le second étage, où la sainte faisait sa demeure

ordinaire, est plus spacieux. On y voit une fontaine d'une eau extrêmement pure, qui ne tarit jamais, quoiqu'elle repose dans un lit d'une sécheresse extraordinaire. « On ne connaît à cette fontaine d'autre source que les larmes abondantes qui furent répandues par la sainte, pendant trente années. »

C'est aussi une merveille que l'eau dégoutte sans cesse de la voûte de cette caverne, excepté un endroit où Madeleine prenait son sommeil. « Il semble que le rocher veuille faire connaître par-là qu'il a possédé le modèle de la pénitence. »

Le troisième étage, qui est très-sombre, était le lieu où la sainte se livrait habituellement à toute l'ardeur de sa pénitence sévère.

A quelque distance de la caverne, on va visiter le saint pilon (ou en français, le saint pilier). On prétend qu'il fut mis par miracle à l'endroit même où la sainte fut enlevée par quatre anges qui l'emportèrent au ciel (1). Tous ces saints lieux sont féconds en miracles.

MADELEINE DE PAZZI. — Carmélite de Florence, morte en 1607. Elle épousa aussi Jésus-Christ, fut stigmatisée, eut des révélations et des extases, et ne parla toute sa vie que de l'amour qu'elle avait pour son époux. Son corps est

---

(1) *Journal d'un Voyage de France et d'Italie par un gentilhomme français*, page 97.

à Florence richement enchâssé. On n'en a détaché qu'un doigt, que le pape Urbain VIII remplaça par un doigt d'or (1).

On conte qu'un jour où l'on exposait son corps à la vénération des fidèles, la sainte détourna la tête, parce qu'il se trouvait devant elle un débauché, et qu'elle ne pouvait soutenir une telle vue, même après sa mort (2). Nous ne savons trop comment il se peut faire qu'un crâne pouri ait besoin de se détourner pour ne pas voir.

MADONES. — Voyez l'article Notre-Dame.

MALACHIE. — Archevêque d'Armagh, en Irlande, contemporain et ami de saint Bernard. Il mourut à Clairvaux, comme il l'avait prédit; car c'était un grand prophète. Son corps est conservé dans une église d'Avignon.

Sa paillasse fit de grands miracles, comme tout ce qui avait touché son corps; et il avait fait lui-même de son vivant des prodiges admirables.

Un pauvre irlandais, accablé d'infirmités et travaillé de maléfices, se coucha un soir dans une chambre où se trouvait la paillasse de saint Malachie. Il entendit des voies infernales qui disaient: « Prenons garde que ce malheureux ne touche la paillasse où l'hypocrite a couché. » Le malade comprit bien vite que l'hypocrite était saint Ma-

---

(1) Baillet, 25 mai.
(2) Le P. Giry, au 25 mai.

lachie, et il reconnut la voix des démons. Il se glissa donc hors du lit, se traîna comme il put jusqu'à la paillasse, s'y roula tout nu, et fut aussitôt guéri, à la grande confusion des diables qui prirent la fuite (1).

Saint Malachie a laissé quelque chose de plus singulier; c'est sa prophétie relative à la chute de la papauté. La plupart des énigmes que renferme cette prophétie se sont passablement vérifiées jusqu'ici; et cette pièce a étonné bien des curieux. Si les prédictions obscures de l'archevêque d'Armagh s'accomplissent jusqu'au bout, nous n'aurons plus que quatorze papes, après quoi Rome sera détruite, la papauté renversée, et le monde près de sa fin (2).

MAMERT, — évêque de Vienne en Dauphiné, au cinquième siècle. Il guérit à cause de son nom les maladies des mamelles. Son corps fut brûlé à Orléans par les huguenots, en l'année 1562; mais on sut en retrouver la plus grande partie; et d'ailleurs, ce corps est honoré tout entier à Bologne.

MAMMÈS, — martyr de Cappadoce, au troisième siècle, patron de Langres. Son corps était autrefois à Césarée, à Jérusalem et à Constanti-

---

(1) *Vie de saint Malachie*, écrite par saint Bernard.
(2) On prépare, dit-on, une réimpression de cette prophétie, au moins curieuse.

nople ; ces trois corps étaient si fameux , qu'au douzième siècle, un gentilhomme ayant fait présent d'un os du cou du grand saint Mammès à l'église de Langres, on se hâta de donner au saint le titre de patron du diocèse. On se procura dans la suite un grand os de la jambe de Mammès ; et comme ces deux reliques ne paraissaient pas suffisantes, on fit au treizième siècle l'acquisition de sa tête, que des soldats français avaient apportée de Constantinople. Ces reliques ont fait à Langres bien des prodiges.

On voit dans la vie de sainte Radegonde, que cette sainte désirant avoir quelque chose des reliques de saint Mammès, que l'on gardait à Jérusalem, y envoya tout exprès un évêque. Le prélat s'approcha en tendant la main , du corps du martyr, et lui dit : « Si Radegonde sert bien Dieu, » montrez que sa requête vous est agréable. » Il n'eut pas plus tôt parlé, qu'un doigt du saint martyr se détacha et lui tomba dans la main, au grand étonnement des assistans qui admirèrent la gracieuseté de Mammès (1). Sainte Radegonde reçut cette relique avec beaucoup de respect; elle doit être toujours à Poitiers, où elle a opéré des guérisons miraculeuses.

MANNE. — Quoiqu'on montre, dans une infinité d'églises, quelque provision de la manne que Dieu fit tomber du ciel pour la nourriture des

---

(1) Ribadéneira, 13 août.

Israëlites dans le désert, nous ne pouvons indiquer précisément que celle qu'on vénère à Bologne, dans l'une des sept églises de Saint Étienne. Cette manne ressemble à de petites pierres blanches taillées en forme de dragées (1). — On sait que pendant quarante ans que la manne tomba du ciel, il fut impossible d'en rien conserver deux jours de suite (2).

MARC, — le deuxième évangéliste. Quoique Eusèbe, saint Jérôme et les pères des premiers siècles ne parlent aucunement de son martyre, on dit pourtant qu'il fut martyrisé par les gentils d'Alexandrie en Egypte, « trop chassieux alors » pour souffrir l'éclat de la lumière évangéli- » que (3). »

Son corps fut brûlé publiquement ; mais un orage qui survint ayant écarté les gentils, laissa aux chrétiens le temps de ramasser quelques débris d'ossemens, qu'ils enterrèrent avec respect. Ils étaient encore dans Alexandrie au huitième siècle; mais vers l'an 815, on prétend qu'ils furent volés et emportés à Venise.

Ces débris devaient être peu considérables ; cependant les Vénitiens se vantent de posséder le corps de saint Marc, dans la magnifique chapelle qui porte le nom du saint; mais ils ne peuvent

---

(1) *Voyage de France et d'Italie*, etc., page 793.
(2) *Exodi*, cap. 16, versic. 20.
(3) Ribadéneira, 25 avril.

dire en quel lieu précis il est enterré ; ce qui est assez affligeant pour les dévots.

Les reliques de saint Marc, causèrent tant de joie dans Venise, qu'on prit ce saint évangéliste pour patron de la république, sans qu'on eût pourtant aucun sujet de plainte contre saint Théodore que l'on déplaça. On conte aussi, que deux cent soixante-dix ans après son arrivée dans Venise, saint Marc fit une visite au doge, à qui il donna un de ses bras, que l'on n'avait pas apporté d'Alexandrie, et que le saint s'était donné la peine d'aller chercher lui-même. Ce bras reçoit un grand culte et fait d'étonnans miracles.

On montre, dans la même chapelle de saint Marc, le pouce que le saint se coupa pour ne pas être prêtre ; ce qui n'empêcha pas saint Pierre de le sacrer évêque d'Alexandrie, attendu que saint Pierre étant pape pouvait lui donner dispense de son imperfection.

On garde encore le soulier qui se creva au pied de saint Marc, lorsqu'il entrait dans Alexandrie, pour l'avertir de n'aller pas plus loin.

On voit avec toutes ces reliques la chaise du saint ; mais la plus précieuse peut-être, est son évangile. Ce manuscrit a été apporté d'Aquilée ; on ne le montre que très-difficilement. C'est un amas de vieilles feuilles de parchemin détachées, et tellement pouries, qu'on ne saurait presque les toucher, sans que les morceaux en demeurent entre les doigts. Tous les caractères en sont effacés par l'humidité et par le temps. On a renfermé cette relique dans une boîte de vermeil qui a la forme d'un livre. Misson qui le vit deux fois (1), n'y put découvrir que le seul mot KATA, écrit comme on le voit ici. Cependant, Baronius prétend que cet évangile est écrit en latin. Mais au fait, rien ne prouve que ce soit un évangile plutôt que tout autre ouvrage (2).

On montre aussi à Padoue, dans l'église de Sainte Justine, la plume de saint Marc, qui n'écrivit point avec une plume, si toutefois il écrivit.

Quant au corps de saint Marc, si l'on ne peut le voir à Venise, on l'expose peut-être encore à Richenaw près de Constance, où il était tout entier, quoiqu'on prétende avoir sa tête à Rome, dans l'église de Saint Paul en la voie d'Ostie. On vénère également à Prague une partie considérable du corps et de l'évangile de saint Marc. On avait son crâne à Soissons, un de ses bras à Limours, un autre bras à Cambray, un autre dans l'abbaye de Liessies en Hainaut, un autre bras à Rouen dans l'église de son nom, une main dans l'église de l'Annonciation de Moscou, beaucoup d'ossemens à Cologne, etc. etc.

On sait que Venise porte dans ses armes un lion qui tient l'évangile, parce que saint Marc est représenté avec un lion, comme saint Luc est représenté avec un bœuf, saint Jean avec un aigle et saint Mathieu avec un homme. Ces quatre bêtes sont des allégories.

---

(1) *Nouveau Voyage d'Italie*, tome I, page 212.
(2) Voyez ce que nous en avons déjà dit à l'article *Livres*.

HISTOIRE DE L'ANNEAU DE SAINT MARC.

Saint Marc voulant donner aux Vénitiens une preuve non équivoque de l'affection qu'il avait pour eux, apparut un jour avec pompe au doge de Venise, l'assura de sa protection, et lui donna solennellement l'anneau d'or qu'il avait porté étant évêque.

On mit beaucoup d'importance à une relique si miraculeusement obtenue. Cependant malgré tous les soins et tout le prix qu'on y attachait, l'anneau de saint Marc fut volé peu de temps après, et il fut impossible de le retrouver.

Mais en l'année 1339, « la mer étant extraordinairement irritée, trois hommes se présentèrent à un gondolier qui se tenait auprès de sa gondole, et tâchait de la garantir de la violence des flots, qui était grande en cet endroit. Ils le contraignirent de les mener à deux milles de là, proche du lieu qu'on appelle le *Lido*. Aussitôt qu'ils y furent, ils trouvèrent un navire chargé de diables, qui faisaient force diableries, et qui excitaient la tempête. Ces trois hommes ayant tancé les démons, l'orage cessa. Alors le premier des trois se fit conduire à l'église de Saint-Nicolas, le second à celle de Saint-Georges, et le troisième à celle de Saint-Marc.

» Ce dernier, au lieu de payer le gondolier, lui donna une bague, avec ordre de la porter au sénat, et avec assurance qu'on ne manquerait pas de le satisfaire. Il déclara en même temps à ce gondolier (quelques-uns ont dit que c'était un pêcheur), que celui qui était descendu à Saint-Nicolas, était le seigneur saint Nicolas lui-même; que le second était saint Georges, et que lui troisième était saint Marc en propre personne. Le gondolier, ravi de tant de merveilles, raconta toute l'affaire au sénat, on le crut, on prit la bague et on le paya généreusement (1). »

MARCEL, — trente-unième pape, mort en l'année 309. Ses reliques sont à Rome, dans l'église qui porte son nom. On conte que cette église fut bâtie à la place d'une étable où le saint fut emprisonné et dont la puanteur le fit mourir (2). Mais il est certain que l'église de Saint Marcel est l'ancien temple d'Isis, dont on n'a fait que changer le nom (3).

Quoi qu'il en soit, le saint pape Marcel avait un second corps à l'abbaye de Cluny et un troisième à Mons.

MARCEL, ou MARCEAU, — évêque de Paris, au cinquième siècle. Il faisait de grands miracles. On conte qu'un jour qu'il se trouvait dans une forge, comme il passait pour un homme fort simple, le maître de la forge le pria de prendre à la main une barre de fer toute rouge et de

---

(1) Misson, tome II, page 115.
(2) *Merveilles de Rome*, etc. page 39.
(3) *Voyage de France et d'Italie*, etc., page 387.

lui dire combien elle pesait. Marcel prit la barre sans en souffrir aucun dommage, et en estima le poids avec autant d'exactitude que si sa main eût été une balance.

Un autre jour (1), il changea l'eau de la Seine en vin rouge, à la grande joie des Parisiens. Un autre jour, il changea l'eau de la Seine en liqueur de baume, à la grande admiration des Parisiennes.

Le corps de saint Marcel était dévotement conservé à Paris, dans l'église de Notre-Dame. On portait encore, dans le dernier siècle, la châsse de ce bon saint en procession, avec celle de sainte Geneviève, toutes les fois qu'on voulait avoir de la pluie ou du beau temps.

LE DRAGON DE SAINT MARCEL.

Pendant que saint Marcel était évêque de Paris, on vit mourir une demoiselle noble qui s'était livrée aux plus infâmes débauches. Parce qu'elle était noble, on la mit en terre sainte. Mais aussitôt un dragon hideux, d'une grandeur prodigieuse, vint au cimetière, se jeta sur le corps de la défunte et fit de grands ravages dans la ville. Saint Marcel se transporta à la caverne du dragon, lui donna deux coups de crosse sur la tête; puis lui ayant passé son étole autour du cou, il le conduisit hors de Paris, et lui ordonna d'aller se jeter à la mer, ce que le dragon fit tout incontinent (2).

---

(1) C'était le 6 de janvier, jour de la fête des rois.
(2) André Duval, *Vie de saint Marcel*, et autres légendaires.

Dans les processions de Notre-Dame de Paris, on traînait souvent, en mémoire de ce miracle, à la suite de la châsse de saint Marcel, un grand dragon recouvert de toile peinte, auquel on faisait faire mille sottises (1).

MARCELLIN, — évêque d'Ambrun au quatrième siècle. Son corps était à Ambrun et sa tête à Digne ; mais il avait un second corps à Rome dans l'église de Saint-Barthélemi.

On dit que ce saint vint des extrémités de l'Afrique en Dauphiné, où il voulait répandre la foi. Il fit construire à Ambrun un baptistère, pour donner le baptême aux chrétiens qu'il venait de faire. Ce baptistère se trouva aussitôt rempli d'une eau miraculeuse, que l'on dit venue du ciel, et qui ne tarit jamais ; car quoiqu'on y puise tous les ans, à Noël, à Pâques, et à la Pentecôte, de quoi remplir un autre baptistère sur lequel on baptise actuellement, le baptistère de saint Marcellin est toujours plein jusqu'aux bords. On ajoute que l'eau qu'il renferme est incorruptible et guérit beaucoup de maux.

Les malades se trouvent également bien de se frotter le corps avec quelques gouttes de l'huile de la lampe qui brûle devant l'autel du saint, et qui ne tarit pas non plus, quoiqu'on ne mette jamais rien dans la lampe. Du moins ces choses étaient ainsi avant la révolution, qui a détruit bien des miracles d'un bon revenu.

---

(1) Sauval, *Antiquités de Paris*, livre XI.

MARCELLIN et PIERRE, — martyrs du quatrième siècle, qui souffrirent auprès de Rome en l'année 304. Leurs corps sont à Mayence, et à Rome dans l'église qui porte leur nom. Mais on montre des parties énormes de leurs reliques, à Tournai, à Cambrai, à Coblentz, à Bologne, à Prague, et dans une multitude d'églises catholiques.

MARCOUL, — abbé de Nanteuil en Normandie, mort en l'an 558. Son corps fut transporté en 950 à Corbigny dans le diocèse de Reims. Les bonnes gens appellent aussi ce saint, *Malcou*; c'est pourquoi on lui attribue le don de guérir les écrouelles. On prétend même que c'est à lui que les rois de France doivent leur privilége antiscrofuleux; et de fait, nos rois, au retour de leur sacre, allaient de Reims à Corbigny en pèlerinage, et y faisaient une neuvaine, par eux-mêmes ou par un de leurs aumôniers, pour remercier le saint de ce qu'il leur permettait de guérir comme lui les écrouelles (1).

Mais saint Marcoul aurait joué de malheur, si on ne lui eût donné que le corps de Corbigny. Il avait à Mantes un second corps, que l'on trouva sur la route de Rouen, avec ceux de saint Domard et de saint Cariulphe, ses disciples. Les reliques de Mantes, quoique moins fameuses, guérissaient aussi les humeurs scrofuleuses.

Marcoul avait encore diverses reliques à Troyes,

---

(1) Baillet, 22 mai. (Voyez aussi l'article Louis IX.)

dans l'église de Saint-Étienne ; à Reims, dans l'abbaye de Saint-Remy ; à Paris, chez les Carmes de la place Maubert ; à Rouen, à Cologne, à Anvers, etc.; et enfin un troisième corps entier à Gissé en Bourgogne, où il guérissait les enfans des humeurs froides, que les habitans appellent le *mal de saint Marcoul*. Celui qui faisait trois pèlerinages aux reliques de Gissé, qui les baisait trois fois avec dévotion, ne manquait pas de s'en retourner guéri.

L'auteur de l'inventaire des messes a osé dire :

Or un maçon peut bâtir sans truelles,
Si saint Marcoul guérit les écrouelles.

On donne aux chats le nom de *Marcou*, par antiphrase, parce que, selon un vieux préjugé populaire, le poil de cet animal donne les écrouelles. Ainsi un Marcou saint guérissait le mal que pouvait faire un marcou chat (1).

MARGUERITE. — Dès les premiers siècles, l'histoire de S^te. Marguerite était regardée comme un ancien roman, par les papes et par les docteurs un peu éclairés. Son nom signifie perle ; et c'est la patrone spéciale des femmes (2). Il y a là dedans une galanterie qui est rare chez les théologiens.

Les légendaires, que rien ne peut arrêter, di-

---

(1) Leduchat, notes au chapitre 38 de l'*Apologie*, d'Henri Estienne, pour *Hérodote*.

(2) Anciennement en Angleterre il était défendu aux femmes de travailler le jour de la fête de sainte Marguerite.

sent que Marguerite naquit à Antioche, de parens païens. Mais on l'éleva dans le christianisme, et bientôt elle désira ardemment de souffrir le martyre pour la foi. Son père, qui était prêtre des faux dieux, la traitait fort mal. Pour comble de désagrément il voulut la marier, elle qui avait fait vœu de virginité, au préfet Olibrius, qui était idolâtre et fort laid.

Olibrius déclara son amour; et se voyant rejeté, il commença par faire déchirer le corps de Marguerite; après quoi il lui demanda encore si elle voulait l'épouser? Comme les tortures n'avaient pas rendu Olibrius plus aimable aux yeux de la jeune fille, elle le repoussa de nouveau; si bien qu'il l'envoya coucher dans un cachot hideux.

C'est là que le diable ayant osé se montrer devant elle, sous la forme d'un dragon monstrueux, elle lui sauta sur le dos, l'étrilla sévèrement et le renvoya assommé (1).

Les gentillesses d'Olibrius recommencèrent le lendemain; et après de longs supplices, Marguerite eut la tête tranchée.

Son corps est dans la cathédrale de Monte-Falcone, sans qu'on sache par quel moyen il y est venu.

On montrait ses jupons et ses cheveux à Saint-Denis. Les jacobins de Poitiers avaient une de ses côtes, qui délivrait les femmes en mal d'enfant; on la vola dans le pieux siècle seizième.

---

(1) C'est à cause de cette aventure qu'on représente sainte Marguerite avec un dragon sous les pieds.

Mais on vénérait encore à Paris, en 1789, dans l'église de Saint-Germain-des-Prés, la ceinture de sainte Marguerite, qui avait la même vertu. Les bénédictins ceignaient les femmes enceintes de cette ceinture, leur promettant un accouchement heureux par la vertu de leur relique, qui était d'un bon rapport, quoiqu'il eût été bien difficile d'en dire l'histoire (1).

Il n'est pas aisé non plus de concevoir pourquoi sainte Marguerite qui fut vierge, fait accoucher les femmes enceintes. — On montrait diverses reliques de cette perle dans sept ou huit cents églises.

MARIE. — Les livres saints nous apprennent très-peu de choses sur la mère de Jésus-Christ; mais les légendaires ont écrit fort longuement l'histoire de sa vie, depuis sa conception jusqu'à son assomption. Nous craindrions d'offenser beaucoup de lecteurs, en transcrivant seulement certaines légendes.

Nous observerons que la sainteté de la vierge Marie était bien moins célèbre dans les premiers siècles qu'à présent. On ne crut pas d'abord qu'elle avait été emportée par des anges; on racontait sa mort comme celle de toute autre sainte.

Baillet dit qu'il est certain que la sainte Vierge est morte; mais d'autres prétendent qu'elle fut emportée vivante dans le ciel; d'autres croient que Dieu la ressuscita quelques jours après sa mort,

---

(1) Thiers, *Traité des Superstitions*, Liv. II, ch. Ier.

et que des anges l'enlevèrent en chair et en os dans la Jérusalem céleste dont elle est reine.

Quoi qu'il en soit, on ne se doutait pas, nous le répétons, du miracle de l'assomption, dans les premiers siècles. On pensait que le corps de Marie était resté dans son tombeau; et l'on voit que l'impératrice Pulchérie fit demander à Juvénal, évêque de Jérusalem au cinquième siècle, le corps de la sainte Vierge, qu'elle voulait exposer à la vénération des fidèles de Constantinople (1).

Cependant, ce que nous savons du concile œcuménique de l'an 415, prouverait que la sainte Vierge est morte à Éphèse, et qu'on y vénérait son tombeau. Son corps était donc à la fois à Éphèse et à Jérusalem?

Grégoire de Tours dit que, de son temps, c'est-à-dire au sixième siècle, on gardait quelques reliques du corps de la sainte Vierge dans une église d'Auvergne (2). On montrait aussi à Luçon quelques ossemens de la mère de Jésus, qui se conservèrent jusqu'à la fin du neuvième siècle ; et sans doute beaucoup d'églises avaient de pareilles reliques.

Mais l'opinion de l'assomption s'étant solidement établie, on fit disparaître tout ce que la sainte Vierge avait été obligée d'emporter dans le ciel;

---

(1) Tillemont, *Mémoires ecclésiastiques*, tome I, p. 492. Citation de Nicephore.

(2) *De gloriâ martyrum*, lib. I, cap. 4 et 9.

et l'on n'honora plus que les choses dont elle avait pu se passer en nous ôtant son corps. C'est de quoi nous allons nous occuper.

CHEVEUX DE LA SAINTE VIERGE.

On ne sait trop où l'on a pu recueillir les cheveux de la sainte Vierge ; cependant on en montre partout et en si grande quantité que cinquante têtes de femmes n'auraient pas suffi pour les produire.

On vénère ces saints cheveux, à Rome, dans l'église de Sainte-Marie-sur-Minerve, dans celle de Saint-Jean-de-Latran, dans celle de Sainte-Suzanne, dans celle de la Sainte-Croix, dans celle de Saint-Sixte, dans celle de Sainte-Marie-in-Campitelli. On les honore à Venise dans l'église de Saint-Marc ; à Bologne dans l'église de Saint-Dominique ; à Padoue dans l'église de Saint-Antoine ; à Oviédo dans l'église de Notre-Dame ; à San-Salvador, à Bruges, à Assise, à Saint-Omer, à Mâcon, à Saint-Flour, à Berre en Provence. On en montrait quelques parties dans l'abbaye de Chelles, chez les moines de Cluny, à Chartres, à Saint-Denis, à Paris, dans le trésor de la Sainte-Chapelle, etc., etc., etc.

On dit généralement que les cheveux de la sainte Vierge étaient roux d'or. Mais on ne peut en juger par ceux qu'elle a laissés dans mille églises chrétiennes, car il y en a de toutes les couleurs.

Nous remarquerons encore que l'on faisait avec quelque solennité, à Oviédo, à Bruges, à Saint-

Omer et ailleurs la fête des cheveux de la Vierge.

ANECDOTE D'UN CHEVEU DE NOTRE-DAME (1).

Un religieux montrait les reliques de son couvent, devant une nombreuse assemblée. La plus rare à son avis était un cheveu de la sainte Vierge, qu'il présentait aux fidèles en écartant les mains. Un paysan ouvrant tous ses yeux, dit en s'approchant : « Mais, mon révérend père, je ne vois pas le saint cheveu. » — « Parbleu, je le crois bien, répondit le moine, il y a vingt ans que je le montre, et moi-même je ne l'ai pas encore vu ».

PEIGNES DE LA SAINTE VIERGE.

Il faut qu'elle en ait eu deux, car on en montre un à Rome, dans l'église de Saint-Martin, au mont Esquilinus, et un autre à Besançon dans l'église de Saint Jean-le-Grand (2).

ONGLES DE LA SAINTE VIERGE.

On conservait à Maillezais en Poitou, les rognures des ongles de la sainte Vierge, dans un petit sac de satin rouge. Ce n'était sans doute pas la seule relique de ce genre (3).

LAIT DE LA SAINTE VIERGE.

« Il n'y a si petite villette, ni si méchant cou-

---

(1) Cette anecdote se trouve dans divers recueils.
(2) Calvin, *Traité des Reliques.*
(3) D'Aubigné, *Confession de Sancy*, chap. 7.

» vent, soit de moines, soit de nonnains, où l'on
» ne montre du lait de la sainte Vierge, les uns
» plus, les autres moins. Tant y a que si la sainte
» Vierge eût été une vache, ou qu'elle eût été
» nourrice toute sa vie, à grande peine en eût-
» elle pu rendre une si grande quantité (1). »

Nous ne citerons que les lieux les plus célèbres où ce saint lait a reçu un culte.

On montrait solennellement à Gênes, une fiole assez considérable de lait de la sainte Vierge (2). Cette relique guérissait les maux de sein, et avait beaucoup d'autres propriétés.

On garde à Rome une fiole de lait de la Vierge dans l'église de Saint-Nicolas *in carcere*. Cette église est l'ancien temple de la piété filiale, bâti à la place d'une prison dans laquelle une femme sut nourrir son père de son lait. On en sait l'histoire.

A Rome encore, on montre une fiole de lait de la Vierge, dans l'église de Sainte-Marie, *in campitelli* ;

Une autre fiole de lait de la Vierge, dans l'église de Sainte-Marie du peuple ;

Une fiole de lait de la Vierge, dans l'église de Saint-Alexis ;

Une fiole de lait de la Vierge, à Venise, dans l'église de Saint-Marc ; elle donne du lait aux nourrices qui en demandent.

---

(1) Calvin, *Traité des Reliques*.
(2) Henri Estienne, *Apologie pour Hérodote*, ch. 38.

Une fiole de lait de la Vierge, chez les Célestins d'Avignon.

Une fiole de lait de la Vierge à Padoue, dans l'église de Saint-Antoine.

Quelque peu du lait de la Vierge, dans la métropole d'Aix en Provence.

Une fiole de lait de la Vierge, dans la cathédrale de Toulon.

On vénérait à Chartres une fiole du lait de la Vierge, recueilli en Judée pendant qu'elle allaitait l'Enfant-Jésus.

Mais on avait dans cette même ville, un autre vase de lait plus miraculeux. On conte que Fulbert, quarante-quatrième évêque de Chartres, ayant dans le palais un feu incurable qui lui brûlait la langue, la sainte Vierge lui apparut, lui commanda d'ouvrir la bouche, et y fit jaillir de ses mamelles qu'elle pressa de ses doigts sacrés *une ondée* de lait excellent, qui éteignit soudain le feu de sa langue et la rendit plus saine que jamais. On ramassa sur les joues de Fulbert plusieurs gouttes de ce lait sacré, que l'on conserva dans une fiole, au trésor de Chartres, et qui fit bien des prodiges de guérison en faveur des femmes qui avaient le sein malade (1). Il est vrai qu'on n'a pas vu ces prodiges.

On honorait encore des fioles pleines du lait de la Vierge, à Berre en Provence, à Chelles, à Paris, dans le trésor de la sainte Chapelle, à Guimaranès en Portugal, etc., etc., etc.

---

(1) *Histoire de l'Église de Chartres*, p. 46, 85, 87, 92.

On gardait à l'abbaye d'Evron, dans le Maine, une fiole qui contenait quelques gouttes de lait, que la Vierge laissa échapper lorsqu'elle fuyait en Égypte la persécution d'Hérode. On avait acquis cette relique au temps des croisades. Elle avait fort bien enrichi le monastère, qui renfermait une douzaine de religieux, et qui possédait plus de quarante mille livres de rentes (1).

On vénérait à Saint-Louis de Naples, une autre fiole de lait de la sainte Vierge, qui devenait liquide à toutes les fêtes de Notre-Dame, et qui était caillé le reste de l'année (2).

L'abbaye de Royaumont avait au contraire une fiole de lait habituellement liquide, qui prenait la consistance du fromage à la pie, aux fêtes de la sainte Vierge. — Nous craindrions de devenir ennuyeux en allongeant cette liste.

GROTTE DU LAIT DE LA VIERGE.

Les pèlerins visitent, à deux cents pas de Bethléem, une grotte où la sainte Vierge se cacha quelques instans, pendant que saint Joseph allait acheter à la ville des provisions pour le voyage en Égypte. On raconte, qu'en attendant son époux, Marie donna à téter à l'enfant Jésus, et que quelques gouttes de son lait tombèrent sur un petit rocher qui s'amollit. Depuis ce temps, les nourrices qui manquent de lait vont à la grotte, raclent

---

(1) *Nouvelles recherches sur la France.* — *Recherches sur la Charnie dans le Maine*, au tome II.
(2) Misson, tome II, page 34.

un peu de poudre du rocher qui est devenu tout blanc, la boivent dans du vin ou dans du bouillon, et sentent aussitôt leurs mamelles se remplir. Les femmes turques mêmes recourent à ce remède miraculeux ; et l'on assure que si un homme avait l'imprudence de boire quelque peu de cette poudre du rocher de la Vierge, il lui pousserait incontinent des tétons pleins de lait.

Nous rapportons toutes ces choses sur le témoignages de trois moines (1).

RELIQUE PLUS SINGULIÈRE.

« Ce qui m'apprit encore à mépriser les reliques » c'est que je vis, en Catalogne, à Jossé en Au- » vergne, et dans d'autres lieux, *un linge sale de* » *la sainte Vierge, ayant ses fleurs*.... (2).

ANNEAU NUPTIAL DE LA VIERGE.

L'anneau que la sainte Vierge reçut de saint Joseph, le jour de son mariage, a été nécessairement conservé mille ou onze cents ans, par quelque bon ange. Un bijoutier de Jérusalem, apporta cet anneau en Italie, au commencement du onzième siècle, et le vendit à un habitant de Chiusi en Toscane, qui le garda dix ans chez lui.

Enfin, le scrupule qu'il avait de priver ainsi

---

(1) *Voyage du P. Nau en Terre-Sainte*, liv. IV, chap. 14. — *Voyage du P. Goujon*, page 276. — *Voyage d'un franciscain*. Paris, 1760. Ire. partie, chap. 33.

(2) D'Aubigné, *Confession catholique du sieur de Sancy*, chap. 7, Iere. partie.

les fidèles d'une chose si sacrée, le porta à remettre l'anneau de la Vierge dans l'église de Sainte-Mustiole. Cette relique n'avait point encore fait de miracles : elle en fit de très-grands, aussitôt qu'elle fut entre les mains des ecclésiastiques.

En l'année 1477, un cordelier allemand, chargé de montrer le saint anneau au peuple de Chiusi, feignit de le remettre dans sa boîte, le détourna adroitement, le fit couler dans sa manche et l'emporta à Pérouse.

Lorsqu'il eut découvert au sénat et au peuple de cette ville le vol qu'il avait fait, on arrêta que ce vol lui serait pardonné et qu'on lui payerait généreusement sa relique.

Cependant les habitans de Chiusi, ayant appris la friponnerie du moine, envoyèrent à Pérouse des députés qui redemandèrent l'anneau de la sainte Vierge. Mais toutes leurs démarches furent inutiles. La clergé de Pérouse fit enfermer l'anneau saint dans un double coffre de fer, chargé de cadenas et de serrures. Dès lors, les peuples de Pérouse et de Chiusi prirent les armes ; et l'anneau de la Vierge devint la cause d'une guerre où s'intéressèrent toutes les provinces de l'Italie.

Le pape Sixte IV, voulant mettre les parties d'accord, fit confisquer le saint anneau qui fut emporté à Rome. Mais Innocent VIII, son successeur le rendit à la ville de Pérouse, où il est conservé dans un reliquaire extrêmement riche.

Cependant l'anneau de Pérouse pourrait bien

n'être pas le véritable anneau de la sainte Vierge. Lorsqu'il parut pour la première fois à Chiusi, il y avait près de deux cents ans que l'on montrait, à Semur en Bourgogne, la bague nuptiale de Notre-Dame. On conserve à Rome, dans l'Église de Ste.-Marie-in-via-lata, un troisième anneau de la sainte Vierge. On en vénérait un quatrième à l'abbaye d'Anchin près de Douai.

Parmi les nombreux miracles que faisait partout l'anneau de la sainte Vierge, il avait surtout la vertu de procurer aux femmes un heureux accouchement (1).

VOILE DE LA SAINTE VIERGE, etc.

Le voile de Marie fut transporté, dit-on, de Jérusalem à Constantinople. On ajoute que quelques empereurs le portèrent à la bataille, et que ce saint étendard leur donna plusieurs fois la victoire.

On se vante de posséder maintenant le voile de la Vierge à Trèves; on dit qu'il y fut apporté de Constantinople en l'année 1207. Mais il était encore dans la ville de Constantin au quinzième siècle.

Le voile de la sainte Vierge est en troisième lieu à Rome dans l'église de Sainte-Marie-du-Peuple. On le montrait également tout entier à Chartres. On en avait un cinquième à Mont-Serrat; un sixième à l'Escurial; on honore le septième dans l'église de l'Annonciation de Moscou.

---

(1) Baillet, 15 août. — Calvin, *Traité des Reliques*.

Un huitième voile de Marie se voit sans doute encore à Marseille, dans l'église de Notre-Dame-la-Majeure, etc.

Les huguenots dissipèrent, à Saint-Front en Périgueux, une des coiffes de la sainte Vierge (1). Mais on en montre une autre, qui pourrait convenir à une femme de huit pieds, dans l'abbaye de Saint-Maximin de Trèves; une troisième qui coifferait à peine une jeune fille de dix ans, dans le trésor des reliques de Raguse; une quatrième qui ne ressemble à rien, dans le monastère de l'Escurial.

Le bandeau que la sainte Vierge portait sur le front se voit à Bologne, à Moscou et à San-Salvador. Celui de Bologne est teint de quelques taches de sang, qui rejaillirent sur la figure de Notre-Dame, lorsqu'on perça le côté de Jésus sur la croix. Nous avons déjà observé que les Juifs ne connaissaient pas le linge.

CHEMISE DE LA SAINTE VIERGE.

Nicéphore, qui compilait au quatorzième siècle, raconte que la sainte Vierge légua en mourant ses deux chemises à deux veuves de ses voisines. Par un heureux concours de circonstances, les deux saintes chemises se trouvèrent rassemblées à Constantinople, vers l'an 810. Elles furent envoyées comme un présent considérable à notre empereur Charlemagne, qui les donna à l'église de Notre-Dame-d'Aix-la-Chapelle.

---

(1) Leduchat, *Remarques sur le chapitre VII de la confession de Sancy.*

Mais dans la suite, Charles-le-Chauve repassa une de ces deux chemises à l'église de Chartres, où elle attira de tous côtés l'affluence des dévots.

L'évêque Nivelon apporta aussi de Constantinople une troisième chemise de la sainte Vierge, qu'il déposa en 1205 dans l'église de Soissons ; et l'on en montre une quatrième à Utrecht.

On faisait voir ensemble, à Aix-la-Chapelle, la chemise de Marie et les chausses de Joseph. La chemise avait plus de six pieds de haut, tandis que les chausses pouvaient à peine convenir à un nain de trois pieds. « Il y a bien peu d'adresse, » dit Calvin, de garder si peu de proportion en-» tre les chausses du mari et la chemise de la » femme. »

HISTOIRE DE LA CHEMISE DE CHARTRES.

On se vante de posséder à Chartres la seule véritable chemise de la sainte Vierge ; et voici comment les Chartrains racontent les aventures de cette relique.

La sainte Vierge ayant donné en mourant sa garde-robe à une bonne veuve, qui la servait depuis la mort de son fils, les divers objets que Marie avait portés pour se vêtir se mirent à faire des miracles, si bien qu'on en prit grand soin. On les plaça dans de belles châsses ; et pendant quelques siècles ils passèrent dans plusieurs mains.

La chemise de la sainte Vierge appartenait à une femme juive, lorsque Candidus et Galbius, patrices de Constantinople, revenant de Jérusalem où ils avaient fait un pèlerinage, s'arrêtèrent dans le pays où cette femme demeurait. Elle les reçut chez elle, et leur offrit avec bienveillance de se reposer quelques jours dans sa maison. Ils remarquèrent que leur hôtesse conservait, dans une châsse, la chemise de Notre-Dame, qu'ils reconnurent parfaitement, quoiqu'ils n'en eussent jamais rien vu. Ils ne perdirent point l'occasion de voler une relique qui leur semblait mal chez une juive; ils s'échappèrent avec la châsse et apportèrent la sainte chemise à Constantinople.

On prétend qu'ils la voulaient garder pour leur maison; mais la relique fit tant de miracles, qu'on la découvrit, et que l'empereur la fit mettre dans une belle église.

Quelque temps après, l'impératrice Irène reçut à sa cour le sultan Haroun-al-Raschid et l'empereur Charlemagne qui revenait de la Terre-Sainte. Elle leur ouvrit ses trésors et leur offrit d'y prendre quelques curiosités. Charlemagne choisit pour sa part la chemise de la sainte Vierge, avec deux ou trois autres reliques qu'il fit apporter à Aix-la-Chapelle.

Charles-le-Chauve donna par la suite la sainte chemise à l'église de Chartres; et en l'année 908, les Normands qui ravageaient la France ayant mis le siége devant Chartres, l'évêque Gousseaume, qui n'avait point de troupes pour se défendre, fit de la chemise de la vierge un étendard, et marcha à la tête de son peuple, au-devant des Normands, qui prirent aussitôt la fuite, comme si

Notre-Dame eût combattu contre eux avec une armée d'anges.

Il est vrai que tous les habitans de Chartres avaient tant de confiance dans leur relique, qu'ils se battaient en déterminés qui se croyaient invulnérables.

Un peu plus tard, dans un incendie qui consuma l'église, la sainte chemise demeura saine et entière. Il faut ajouter qu'on l'avait cachée dans une cave, éloignée du feu; « et par ce moyen la » sainte Vierge conserva sa chemise contre la vio- » lence des flammes. »

Enfin cette chemise n'a pas cessé de faire des miracles, en faveur de ceux qui ont la dévotion de passer par dessous en payant; et ceux qui portent sur eux la figure d'icelle sont à l'abri de tout danger.

Aussi les Chartrains ont-ils montré de tout temps beaucoup d'attachement pour une relique qui attirait tant de pèlerins et d'argent à leur église. On la mit dans une châsse double; la première était d'or pur, et la seconde qui lui servait d'étui était de cèdre couvert de lames d'or; elle était enrichie de diamans et de toutes sortes de pierres précieuses; et l'on y avait joint tant de richesses qu'elle aurait fait la fortune de mille pauvres familles (1). — La révolution ne l'a probablement pas épargnée.

Nous remarquerons ici qu'on montre à Rome,

---

(1) *Histoire de l'église de Chartres*, Chap. XII et XIII.

dans l'église de Saint-Alexis, quelques débris du lit de la sainte Vierge. On le voyait tout entier à Soissons.

CHAUSSURES DE NOTRE-DAME.

On montre un soulier de la sainte Vierge à Saint-Flour, un autre soulier à Soissons, un troisième soulier dans l'église principale de Moscou, un quatrième au bourg de Saint-Jacquême en Savoie; un cinquième à Rhodès, un sixième à Notre-Dame-du-Puy, etc.

On avait une de ses pantoufles à Saint-Nicaise de Reims, une autre à Nantes, une autre à l'Escurial. Toutes ces pièces de chaussures avaient chaussé des pieds de taille différente, si l'on en juge par leur forme. Mais si l'on s'en rapporte à la foi, c'est autre chose.

Les Espagnols devaient à une révélation la mesure du pied de la sainte Vierge, qui paraît à cette mesure avoir été petit et mignon. Le pape Jean XXII accorda de grandes indulgences à ceux qui baiseraient avec dévotion cette mesure du pied de Notre-Dame. Quelques théologiens ont prétendu que Jean XXII n'avait pu accorder des indulgences pour une pratique superstitieuse. Mais il les accorda si bien, que l'inquisition de Rome fut obligée de les supprimer le 23 de juin 1635, sans respect pour l'infaillibilité du saint pape qui établit les taxes des parties casuelles.

VÊTEMENS DE LA SAINTE VIERGE.

Vers le milieu du cinquième siècle, une vieille

juive se vanta de posséder la robe de la Vierge. On la crut, dit-on, avidement; on transporta cette relique en grande pompe à Constantinople. On lui rendit un culte solennel, avec un office particulier; et les Grecs font encore aujourd'hui, le 2 de juillet, la fête de la sainte robe.

Mais ce n'est pas la seule; et si nous devons croire à tout ce qu'on nous montre des vêtemens de la sainte Vierge, elle était bien magnifiquement nippée. Car on garde une autre de ses robes à Rome, dans l'église de Saint-Jean-de-Latran, une troisième dans l'église de Sainte-Marie-sur-Minerve, une quatrième dans l'église de Sainte-Marie-du-Peuple, une cinquième dans l'église de Sainte-Barbe, une sixième dans l'église de Saint-Blaise, une septième dans l'église de Saint-Thomas-in-Parione, une huitième dans l'église de Sainte-Susanne, une neuvième à San-Salvador en Espagne, une dixième à Avignon, une onzième à Marseille, une douzième à Toulon, une treizième à Assise, une quatorzième à Arles, une quinzième à Novogorod, une seizième à l'Escurial. On en montrait une dix-septième à Berre en Provence, une dix-huitième à l'abbaye de Montier-la-Celle en Champagne, une dix-neuvième à la Chartreuse de Montdieu, une vingtième à Bruxelles, etc.

La plupart de ces robes supposent que la personne qui les portait était fort riche. On conserve, dans le trésor des reliques de Munich, un morceau de moire d'or, que l'on fait honorer comme partie d'une robe de la sainte Vierge, et qui justifie ce que nous disons de son opulence. Ces reliques ont toutes, comme les saintes chemises, des vertus très-miraculeuses.

CEINTURE DE LA SAINTE VIERGE.

Nicéphore conte que, quand les anges emportèrent la sainte Vierge, elle laissa tomber sa ceinture, que saint Thomas s'empressa de ramasser. Il ajoute que cette ceinture fut transportée à Constantinople, vers le milieu du quatrième siècle. Les Grecs font toujours le 31 d'auguste *la fête de la ceinture de la mère de Dieu*.

Cette ceinture passa de Constantinople à Soissons, en l'année 1205 ; et elle y reçut bientôt un grand culte. Cependant on la montre aussi à Notre-Dame de Mont-Serrat ; on la conservait à Notre-Dame de Paris, dans un reliquaire de cristal ; on la vénérait à Chartres ; on la voit à Assise ; on l'honore en sixième lieu à Prato en Toscane.

Cette dernière n'est pas la moins célèbre ; outre qu'elle procure des accouchemens heureux, qu'elle délivre de tout péril, et qu'elle accorde beaucoup de grâces, elle a fait divers miracles pour montrer son attachement à l'église de Prato. Toutes les fois que des voleurs ou des moines essayèrent de la dérober, elle s'échappa de leurs mains, et revint seule dans son reliquaire, qu'il est impossible d'emporter du pays.

VAISSELLE DE LA SAINTE VIERGE, etc.

On montre, dans la maison de Lorette, plusieurs pièces de vaisselle qui ont été, dit-on, à l'usage de la sainte famille, et qui consistent en écuelles et en plats de terre, que l'on a recouverts de lames d'or. Misson vit un de ces plats, qui était seulement revêtu d'argent par-dessous. On voulut lui persuader que c'était une terre étrangère (ce qui au fond n'aurait pas été difficile à trouver); mais il n'y vit qu'un plat de faïence ordinaire, dont l'émail avait été si mal écrouté, qu'il en paraissait encore quelque partie (1).

On dit cependant que plusieurs malades ont été guéris, pour avoir bu de l'eau qui avait passé par un de ces plats ou par une de ces écuelles (2).

On se vante de conserver, dans le même lieu, l'armoire où la sainte Vierge mettait sa vaisselle. On garde ailleurs des gants, des fuseaux, et divers petits meubles qui ont appartenu à Notre-Dame, et qu'on a miraculeusement su retrouver.

MAISON DE NOTRE-DAME A NAZARETH, etc.

On visite à Nazareth la maison où Jésus fut conçu dans le sein de Marie. C'est un petit caveau souterrain, qui n'a guère que dix-huit pieds de longueur, et qui est taillé dans le roc. On y remarque deux colonnes, dont l'une, qui est rompue à la base, marque l'endroit où la sainte Vierge était à genoux, lorsque l'ange Gabriel

---

(1) *Nouveau Voyage d'Italie*, tome I, pages 312 et 313.
(2) *Voyage de France et d'Italie par un gentilhomme français*, page 743.

vint lui annoncer le mystère de l'incarnation. Il s'était arrêté à l'endroit où l'on a placé la seconde colonne, et l'on ajoute qu'il trouva Notre-Dame récitant son chapelet.

La colonne qui est rompue à sa base, et qui se soutient presque suspendue à la voûte par une espèce de miracle perpétuel, opère tous les jours de grandes merveilles. On dit que les femmes enceintes qui peuvent s'y aller frotter, accouchent heureusement, et que ceux qui s'y grattent le dos sont délivrés de toutes sortes de douleurs internes. On ajoute que des ceintures qui ont touché cette colonne produisent les mêmes merveilles en différens pays.

Tout respire une extrême pauvreté dans cette maison de la sainte Vierge. On n'ose même plus y allumer de cierges, parce que les Turcs y allaient mettre le feu à leurs pipes (1).

On montre aussi à cinquante pas la boutique de saint Joseph ; et l'on prétend qu'il y avait, devant la cave dont nous venons de parler, une autre petite chambre qui fut emportée par les anges en Italie, comme nous le dirons à l'article de Notre-Dame de Lorette. Mais on verra par la répétition des mêmes détails, que la maison de Lorette est la même que celle de Nazareth, ou plutôt que ni l'une ni l'autre n'a été habitée par la sainte Vierge.

---

(1) *Voyage du père Goujon en Terre-Sainte*, page 66. — *Voyage d'un religieux de saint François*, chap. VI. — Bruzen de la Martinière au mot *Nazareth*.

On voit aussi, dans les environs de Bethléem, de Nazareth, de Jérusalem, et dans d'autres lieux de la Palestine, quelques fontaines qui portent le nom de fontaines de la Vierge, parce qu'elles servirent, dit-on, aux usages de la sainte famille. On possédait à Paris, dans l'église de Saint-Sulpice, une pierre sur laquelle Notre-Dame lavait les drapeaux de l'enfant Jésus (1). On révérait la même pierre à Saint-Martin de Tours, et dans la principale église de Tolède.

On baise à Bethléem, auprès de la sainte crèche, la pierre sur laquelle la Vierge était assise, tenant l'enfant Jésus lorsque les trois rois vinrent l'adorer.

On montre auprès de Jérusalem, derrière la grotte où Notre-Seigneur sua sang et eau, un monument délabré, qu'on appelle le sépulcre de la sainte Vierge, quoiqu'il soit constant par le témoignage des écrivains des premiers siècles que la sainte Vierge a été enterrée à Éphèse; et l'on voit, dans plusieurs historiens cités par Tillemont (2), qu'il faudrait chercher le tombeau de la Vierge à Constantinople, puisque l'impératrice Pulchérie le fit transporter dans cette ville.

On croit enfin avoir conservé le suaire ou linceuil dans lequel la sainte Vierge fut ensevelie. Ce suaire fut apporté à Constantinople au milieu

---

(1) Dulaurens, *les Abus dans les cérémonies et dans les mœurs*, page 100.

(2) *Mémoires ecclésiastiques*, tome I, page 497.

du cinquième siècle. Il passa ensuite à Venise, et il se trouve maintenant dans diverses églises chrétiennes ; mais il n'a pas fait beaucoup de bruit.

Voyez, pour le culte, les images et les portraits peints par saint Luc, l'introduction des Notre-Dame.

MARIES. — Le bourg des trois Maries, au diocèse d'Arles, était autrefois un pèlerinage célèbre, parce qu'on croyait que c'était le lieu où les trois Maries avaient débarqué avec la tête de saint Jacques-le-Mineur. On y gardait les corps de ces trois saintes femmes, qui sont aussi à Constantinople, à Bologne, et dont on voyait à Chartres quelques parties détachées.

Mais il y a eu, entre les théologiens, des disputes assez graves sur les trois Maries, qui étaient, selon l'opinion la plus commune, Marie-Madeleine, Marie de Cléophé et Marie Salomé. D'autres mettent Marie, mère de Jésus, à la place de Marie Salomé ; d'autres placent, dans le nombre des trois Maries, Marie de Béthanie.

Nous avons parlé de la vierge Marie et de Madeleine, nous dirons quelques mots des autres Maries.

Marie de Cléophé était sœur de la sainte Vierge, et mère de saint Jacques-le-Mineur, de saint Jude et de saint Simon. Si son corps fut honoré aux Trois-Maries, à Constantinople et à Bologne, elle en a un quatrième à Véroli, dans la campagne de Rome, un cinquième à Ciudad-Rodrigo en

Portugal, et une sixième tête à Venise, dans l'église des Servites.

Marie Salomé, mère de saint Jacques-le-Majeur et de saint Jean le bien-aimé, a pareillement cinq corps, dans les mêmes lieux où l'on vénère ceux de Marie, femme de Cléophé, ou Alphée, ou Cléophas.

Outre tous les corps que peut avoir sous différens noms, Marie de Béthanie, sœur de Marthe et de Lazare, et qui est selon quelques-uns la même que Marie-Madeleine, elle a sous le nom de Marie de Béthanie un corps à Moscou, un autre corps à l'Escurial, et une tête à Raguse.

Toutes ces saintes sont honorées d'un grand culte ; mais chaque diocèse fait leur histoire à sa manière.

MARIE ÉGYPTIENNE. — Voici comment cette fameuse prostituée du siècle cinquième raconte son histoire, dans la septième lettre cabalistique du marquis d'Argens :

« Il est vrai que pendant quelque temps, j'ai
» été livrée à l'impudicité. Mais quelle rigoureuse
» pénitence n'en ai-je pas faite dans la suite ? Ma
» légende ne dit-elle pas qu'étant allée à Jérusa-
» lem, pour y faire le vilain métier que j'avais
» exercé dans Alexandrie, je me sentis poussée
» par une force inconnue dans une église, où
» j'aperçus une image de la Vierge, et que lui
» ayant demandé ce qu'il fallait que je fisse pour
» plaire à Dieu, l'image m'ordonna d'aller dans

» le désert. J'obéis ; je me retirai dans une soli-
» tude ; j'y vécus quarante-sept ans ; et j'y fus ser-
» vie les trente derniers par les anges. Il est vrai
» qu'ils n'eurent pas beaucoup de peine à faire ma
» cuisine ; car je ne mangeai, dans les dix-sept
» dernières années, que deux pains d'une livre. »

Une autre courtisane lui répond :

« Vous ne dites pas que la légende, qui fait
» mention de vos vertus, nous apprend aussi
» qu'après votre conversion, ayant passé une ri-
» vière dans un bateau, et n'ayant pas de quoi
» payer les bateliers, vous leur offrîtes l'usage de
» votre corps pour les satisfaire (1). — Vous me
» direz peut-être qu'on n'est obligé d'acquitter ses
» dettes qu'avec les espèces qu'on possède. Mais
» je crois qu'il y avait beaucoup plus d'avarice
» que d'indigence dans votre procédé. Vos histo-
» riens assurent que vous aviez plusieurs amans
» excessivement riches, qui vous comblaient de
» présens. Ils ajoutent que quand vous sortîtes de
» l'église où vous aviez eu une conversation avec
» l'image, vous étiez chargée de bijoux. Tout cela
» est incompréhensible. — Retranchez-vous dé-
» sormais à n'être invoquée que par quelques
» vieilles courtisanes surannées. Elles vous pla-
» cent avec plaisir en paradis, parce qu'elles es-
» pèrent qu'après s'être aussi bien diverties que

---

(1) On avait peint à Paris, dans une chapelle de la rue de la Jussienne, sainte Marie d'Égypte troussant sa robe, avec cette inscription : *Comment sainte Marie Égyptienne offrit son corps au batelier.*

» vous dans ce monde, elles auront aussi avec vous
» le même bonheur dans l'autre. »

On sait que les anges qui servaient sainte Marie l'Égyptienne, dans son désert, l'abandonnèrent à sa mort, et qu'elle fut enterrée par deux lions. Ces sortes de prodiges n'étaient pas rares alors.

Le corps de cette sainte doit être à Rome, où il fut transporté au sixième siècle. Mais il est aussi à Crémone. Il était encore à Tournai ; et la bonne pénitente a une troisième ou quatrième tête à Naples.

Lorsque don Alphonse de Portugal, chassé par le roi d'Espagne Philippe II, se vint réfugier en France, il apporta comme un riche trésor, une grande châsse qui contenait les reliques de trente-cinq saints. On avait alors beaucoup de zèle pour sainte Marie d'Égypte ; il donna un premier corps de cette sainte à l'église de Munich ; il en donna un second à la ville d'Anvers ; il donna diverses reliques qui feraient sans doute un troisième corps aux églises de Saint-Merry et de Saint-Martin-des-Champs de Paris, et à diverses maisons religieuses.

MARIE D'OIGNIES, — recluse d'Oignies, à quatre lieues de Namur, grande amie du cardinal Jacques de Vitri, à qui elle laissa sa vieille ceinture et son mouchoir de poche qui n'était qu'un chiffon tout déchiré. Il garda comme des reliques très-précieuses ces deux objets qui enrichirent dans la suite l'église d'Oignies, où l'on vénère aussi le corps de la sainte, son couteau qui sert à peu de chose, et sa chemise de laine qui procure aux femmes d'heureux accouchemens.

MARINE, — vierge travestie, dont l'histoire est extrêmement attendrissante. On croit qu'elle vécut au huitième siècle, dans la Palestine, ou dans l'Égypte, ou dans la Bithynie.

Le corps de cette vierge admirable, dont on ne reconnut le sexe qu'après sa mort, reçoit un culte à Venise dans l'église qui porte son nom. On montre aussi dans cette ville, une robe de soie que l'on dit avoir été portée par elle (1). Mais dans l'état d'anachorète qu'elle avait embrassé, on ne portait pas de robes de soie.

Sainte Marine avait un second corps à Constantinople; et l'on montrait d'elle diverses reliques à Paris, dans une petite église qui lui était dédiée (2). On ne sait d'où sont venues toutes ces choses. On visite aussi dans la Palestine, auprès du Liban, la grotte où mourut, dit-on, sainte Marine.

MARIUS ou MARIS, — martyr du quatrième siècle, originaire de Perse. Il a deux corps dans Rome même, l'un dans l'église des Quatre-Cou-

---

(1) *Voyage de France et d'Italie par un gentilhomme français*, page 854.

(2) C'est dans cette église que l'on mariait les amans qui s'étaient connus de trop près avant le sacrement. On leur mettait au doigt un anneau de paille, comme un emblème de leur fragilité.

ronnés, l'autre dans l'église de Saint-Adrien ; ce qui n'empêche pas qu'on montrait ses reliques à Selgenstad sur le Mein, à Courtrai, à Crémone, à Prumm dans le diocèse de Trèves, à Gemblours en Brabant, etc.

MARTHE, — sœur de Lazare. On prétend qu'elle vint mourir à Tarascon, et qu'elle délivra cette ville d'un dragon affreux qu'on nomme la Tarasque, en le touchant d'une petite croix de bois incorruptible, qui se montre encore dans le trésor des reliques de Tarascon, avec les doigts de la sainte, autrefois ornés de pierres précieuses, son crâne et son corps qui fait de grands miracles, et qui est par double emploi à Tolède.

La vie de sainte Marthe fut écrite, disent les légendaires, par sainte Marcelle sa servante.

Il y a une autre Marthe, femme de saint Marius, dont nous avons parlé. Ses reliques se trouvent dans les mêmes lieux où l'on vénère celles de son mari, avec qui elle souffrit le martyre.

MARTIN, — évêque de Tours, au quatrième siècle. Son culte a été fameux et ses reliques célèbres. Il mourut à Cande, au confluent de la Loire et de la Vienne, vers l'an 397, après avoir prêché la foi dans beaucoup de pays, principalement dans le Poitou et la Touraine.

Aussitôt qu'il fut mort, les Poitevins et les Tourangeaux se disputèrent ses reliques. Comme il était né en Pannonie, et qu'il n'avait guère eu de demeure fixe, tous les chrétiens chez qui il avait fait quelque séjour se croyaient en droit de réclamer son corps. Les Poitevins disaient à ceux de la Touraine, qu'ils devaient se contenter d'avoir eu Martin pour évêque. Les Tourangeaux répondaient : vous avez encore été mieux servis que nous ; car le saint vous a ressuscité deux morts, au lieu qu'il ne nous en a ressuscité qu'un.

Toute la journée se passa dans les querelles. Mais la nuit suivante, le clergé de Tours profita du sommeil des Poitevins pour enlever le corps du saint, qui était déjà loin au lever du soleil. Le peuple de Tours reçut avec pompe le corps de son évêque ; et saint Brice, qui lui succéda, lui fit bâtir une église ; car alors c'était le peuple qui canonisait.

Lorsque les Normands-Danois entrèrent en France, ils ravagèrent l'abbaye de Marmoutier, que Martin avait fondée, tuèrent la plupart des moines ; et comme ils se disposaient à marcher sur Tours, le vénérable Hébern, abbé de Marmoutier, accompagné des vingt-quatre moines qui lui restaient, et de douze chanoines Tourangeaux, transporta le corps du saint à Orléans, et de là Auxerre. Il demeura trente ans dans cette dernière ville et y fit des miracles continuels. Le meilleur, c'est que les vingt-quatre moines de Marmoutier furent tous faits évêques ou abbés de bons monastères.

Quand la France redevint paisible, le clergé de Tours redemanda les reliques de saint Martin, que l'évêque Aumar refusa de rendre. Quelques ossemens célèbres étaient alors une source de richesses. Les Tourangeaux s'adressèrent au roi Charles-le-Gros, qui ne les écouta point, et les laissa vider seuls leur querelle. Cette conduite d'hérétique affligea Ingelger, comte de Gâtinais. Ce seigneur se chargea de la cause du clergé de Tours; il entra dans Auxerre à la tête d'une armée de six mille hommes, assiégea l'église de Saint-Germain, et redemanda le corps de saint Martin, d'un ton qui ne permettait plus de le refuser.

On ordonna aussitôt la translation des saintes reliques. Les évêques de Troyes et d'Autun se rendirent à Auxerre, pour la cérémonie du départ. Après une messe célébrée en grande solennité par l'évêque auxerrois, Ingelger, comte de Gâtinais, et Abnar, comte d'Auxerre, prirent le saint corps sur leurs épaules. La marche fut partout une marche de triomphe. L'archevêque de Tours, l'évêque du Mans, l'évêque d'Angers et plusieurs autres prélats vinrent au devant du saint avec leur clergé et leur peuple. C'étaient là les grandes fêtes de la France d'alors.

Le corps de Martin fut reçu à Tours, le 13 de décembre de l'année 887. Il y resta, dit-on, jusqu'en l'an 1562, (quoiqu'on prétende d'ailleurs qu'il fut transporté à Salzbourg). Mais alors les huguenots le brûlèrent en place publique, et s'enrichirent de la châsse.

Deux ans après, on retrouva le grand os d'un bras avec un morceau du crâne; et ces dernières reliques ne furent dissipées qu'à la révolution. Le clergé de Tours disait que cet os et ce morceau de crâne avaient été retirés des flammes allumées par les huguenots. Mais on voit dans le rapport de l'ouverture de la châsse en 1562, qu'on ne put sauver des flammes un morceau du *crâne*, puisque les huguenots ne trouvèrent dans cette châsse où se conservait, disait-on, tout le corps du glorieux saint Martin, que deux petits ossemens qui ressemblaient assez à des ossemens d'hommes, avec des tenailles, un marteau et quelques clous (1).

Quoi qu'il en soit, les reliques de saint Martin étaient autrefois très-vénérées de nos pères. On n'osait enfreindre un serment fait sur le tombeau du saint. On allait le visiter avant d'aller à la guerre; et c'était sur quelqu'un de ses restes que plusieurs de nos rois juraient les traités.

LA CHAPE DE SAINT MARTIN.

Le manteau ou chape de saint Martin faisait aussi des merveilles. Sulpice-Sévère raconte qu'une femme fut guérie d'un flux de sang pour avoir seulement touché le bord du manteau de Martin. C'est une copie du miracle de l'hémoroïsse.

« Quand les rois de France allaient à la guerre,

---

(1) Théodore de Bèze, dans son *Histoire ecclésiastique*, cité par le Duchat sur le chap. VII de la IIe. partie de la *Confession de Sancy*. — Et pour ce qui est rapporté précédemment, *Histoire de Grégoire de Tours*, liv. Ier., ch. 43, Baillet, 11 novembre, etc.

on portait devant eux la chape de saint Martin, et cet étendard sacré ne manquait pas de leur donner la victoire sur tous leurs ennemis (1). »

On gardait la chape de saint Martin à Tours, comme l'oriflamme à Saint-Denis; et l'on allait la prendre en grande pompe. Ce n'était pourtant qu'un manteau très-grossier; il paraît même qu'il était fait de peaux de brebis (2).

On montrait, dans une chapelle d'Amiens, le morceau de manteau que Martin donna à Jésus déguisé en mendiant. Toutes ces reliques sont perdues.

Théodore de Bèze parle d'un autre rogaton plus singulier. C'étaient deux petits bouts de manches de taffetas violet, tirant sur le changeant, enchâssés dans des cristaux séparés. Les prêtres assuraient que ces deux bouts de manches avaient été apportés du paradis même, et remis par un ange à saint Martin, qui allait lever l'hostie avec les poignets découverts.

Les chanoines de Saint-Martin de Tours et ceux de Saint-Gratien étaient en procès, depuis plus de soixante ans, pour la possession des bouts de manches de saint Martin. Le comte de Laro-

---

(1) *Honorius d'Autun*, sermo de *Mart. in spec. Eccles.*

(2) Le nom de chapelle fut donné à l'oratoire où l'on conservait la chape de saint Martin. Les chapelains étaient des officiers qui portaient la chape et desservaient la chapelle. (*Dictionnaire féodal*, au mot *Chape de saint Martin*.) C'est de cette chape, à ce qu'il paraît, que nous viennent les mots *chapelle* et *chapelain*.

chefoucauld mit les parties d'accord en jetant la relique au feu (1).

On vénéra aussi quelque temps la paillasse de saint Martin. Sulpice-Sévère dit que cette paillasse ayant été pendue au cou d'un possédé, le diable n'eut que le temps de plier bagage (2).

On montre encore, à l'abbaye de Marmoutier, qui n'est plus une abbaye, la grotte de saint Martin. C'est là qu'il se livrait aux austérités de la pénitence. Les possédés et les malades y vont chercher guérison (3).

Le même Sulpice-Sévère raconte que l'huile de la lampe qui brûlait devant le tombeau de saint Martin opérait des merveilles étonnantes: Un médecin qui s'en frotta les yeux cessa d'être aveugle. Un possédé qui s'en oignit le front, eut aussitôt un grand flux de ventre, dans lequel il rejeta son diable. Ces miracles continuèrent fort long-temps.

Saint Grégoire de Tours rapporte comme un grand prodige que saint Martin changea un pot de vin en eau bénite (4). En mémoire de ce miracle, on distribuait pieusement, la veille de la fête du saint, des brocs de vin aux moines et aux pauvres gens. Mais ces mendians et ces moines s'enivraient d'une manière si scandaleuse, jusque dans les égli-

---

(1) *Histoire ecclésiastique* de Bèze, citée par Leduchat, *ubi supra*.
(2) *In vita divi Martini.*
(3) Dussaulx, *Voyage à Barrège*, chap. 1er. et Note donnée par un Tourangeau.
(4) Histoire, liv. V, chap. 21.

ses, qu'on fut obligé de supprimer ces distributions, qui s'appelaient *le vin de saint Martin*.

MARTINE, — vierge et martyre romaine. On ignore le temps où elle vécut. Son corps est à Rome dans l'église qui porte son nom. Il fut trouvé en 1634, dans un grand pot de terre cuite, qui était enseveli sous les ruines de son ancienne église. Sa tête était séparément, dans un bassin de cuivre rongé par l'humidité (1). Rien n'indiquait ce que pouvaient être ces ossemens; mais de doctes prélats reconnurent sans difficulté qu'ils étaient les restes de la jeune vierge Martine. D'ailleurs, ces reliques se mirent à faire de grands miracles.

On en faisait aussi à Plaisance, où sainte Martine possédait un second corps. Elle avait une troisième tête à Rome même, dans l'église d'*Ara-Cœli*.

MARTINIEN et PROCESSE, — martyrs du premier siècle. Ces deux saints ont chacun deux corps à Rome seulement : 1°. dans l'église de Saint-Pierre au Vatican; 2°. dans l'église de Saint-Pierre *in carcere* (2).

MASSE-BLANCHE. — C'est le nom qu'on a donné à une multitude de martyrs qui souffrirent à Saragosse, vers l'an 304. Après qu'ils furent

---

(1) Baillet, 30 janvier.
(2) *Merveilles et antiquités de Rome*, etc. édition de 1730, pages 14 et 55.

morts, on brûla leurs corps avec les cadavres de plusieurs idolâtres exécutés pour de grands crimes, afin de mettre en défaut le zèle des chrétiens qui recherchaient les saintes reliques. Mais que peut l'astuce du diable contre la volonté de Dieu? Les cendres des saints martyrs se séparèrent en boules blanches, que les chrétiens ramassèrent. C'est là l'occasion du nom qu'on donne à la sainte bande de Saragosse.

Toutes les cendres de la sainte masse sont dans cette ville. Mais on montre à Bologne trois corps des saints martyrs qui la composaient. Ces trois corps ont-ils su se doubler et renaître de leurs cendres? On les honore sous les noms d'Optat, d'Urbain et de Cécilien.

Le corps de sainte Encrasse, ou Engraisse, ou Engratie, qui faisait aussi partie de la troupe sacrée, fait avec ses reliques de grands prodiges à Saragosse.

MATHIAS, — l'un des douze apôtres. Ce fut lui qui remplaça Judas Iscariote. On ne sait pas s'il mourut en Judée, ou en Éthiopie, ou ailleurs. Mais on assure que son corps fut apporté à Rome par l'impératrice Hélène. On le vénère toujours à Sainte-Marie-Majeure, et sa tête, qui est séparée, se montre tous les ans en grande pompe au peuple romain.

Il a un second corps à Padoue, un troisième à Trèves; sa quatrième tête fut brûlée par les huguenots à Barbezieux en Saintonge, et diverses églises possèdent sous son nom assez d'ossemens pour compléter cinq ou six autres corps saints.

MATHIEU, — apôtre, puis évangéliste. On croit qu'il mourut en Éthiopie ou chez les Parthes. On voit dans saint Paulin de Nole que les Parthes possédaient au cinquième siècle le corps de saint Mathieu. Mais, dans le siècle suivant, Fortunat de Poitiers compte un second corps du même saint, qu'il place à Naddaver, lieu dont on cherche encore aujourd'hui la situation.

Dans le même siècle, des marchands vendirent à saint Pol, évêque de Léon en Bretagne, un troisième corps de saint Mathieu. Ils l'avaient acheté en Égypte, disaient-ils, à des marchands qui l'apportaient d'Éthiopie. Ce corps est perdu sans doute; mais la tête se montre peut-être encore à Brest, où elle fut transportée par la suite.

Un quatrième corps de saint Mathieu fut apporté en Italie au dixième siècle, et déposé à Salerne, au royaume de Naples; on lui éleva une église magnifique.

Saint Mathieu avait une cinquième tête à Beauvais, une sixième à Chartres, une septième à l'abbaye de Rogevaux au diocèse de Toul. On vénère encore au monastère des Apôtres, en Arménie, une huitième tête et un cinquième corps de saint Mathieu, qui a aussi une onzième jambe à Saint-Marc de Venise, un onzième bras à Rome, dans l'église de Saint-Marcel, un douzième dans l'église de Sainte-Marie-Majeure, etc., etc.

Nous ne parlons pas d'une multitude de reliques peu importantes, comme la côte que l'on voit à Rome dans l'église de Saint-Nicolas *in carcere*, les trois doigts qu'on possède à l'Escurial, etc. « Tout ce qu'on a pu dire des reliques de saint Mathieu, n'empêchera jamais les personnes sincères de reconnaître qu'on ne sait rien au vrai de tout ce qui regarde son corps (1). »

MAUR, — abbé de Glanfeuil, l'un des patrons des bénédictins, mort vers l'an 604, *le dix-huitième jour de devant le premier de février*, comme dit l'inscription qu'on trouva dans son tombeau.

On l'avait enterré, selon l'usage assez commun alors, avec une petite boîte qui contenait quelques reliques de saint Étienne. Son corps, qui reposait dans l'église de Saint-Martin de Glanfeuil en Anjou, fut levé de terre en 845; on dit qu'il fit alors huit miracles.

Les Normands obligèrent ce saint corps à voyager; on l'amena dans le diocèse de Paris, et l'évêque Énée le porta sur ses épaules, dans l'abbaye qu'on appela depuis Saint-Maur-des-Fossés.

En 879, de nouvelles frayeurs firent encore voyager le saint, qui s'arrêta à Sessieu au diocèse de Lyon. On ne sait pas en quel temps il sortit de cette retraite. Mais au dernier siècle, saint Maur avait un premier corps à Saint-Maur-des-

---

(1) Baillet, 21 septembre. — Bruzen de la Martinière, au mot *Arakil-vanc*. — *Voyage de France et d'Italie*, p. 823, 282. — *Merveilles de Rome*, pages 40, 53. Calviu, etc.

Fossés, un second à Sessieu, un troisième à Messine, un quatrième à Gênes, la moitié d'un cinquième à Bavay en Hainaut, l'autre moitié à Prague, un sixième à Suze en Piémont, un septième à Badajoz, un huitième à Huy dans l'évêché de Liége, un neuvième à Montserrat, une dixième tête à Cologne, une onzième à Aquigny en Normandie, et un grand os détaché au Mont-Cassin. Toutes ces reliques chassent parfaitement les démons.

MAURE, — vierge de Troyes, morte vers l'an 850. Il se fit à sa mort beaucoup de prodiges surprenans. L'eau dans laquelle on lava son corps devint odorante et blanche comme du lait. Un jeune homme qui en but fut délivré de la fièvre. Une jeune femme qui s'en frotta le visage fut débarrassée de certaines taches qui déplaisaient à son mari.

On gardait son corps à Sainte-Maure-sur-Seine à quatre lieues de Troyes. Son cilice faisait des merveilles; et le peu qu'on avait conservé de l'eau qui l'avait lavée guérissait tous les malades. Cette sainte liqueur ne diminuait guères, parce qu'on avait soin de remplir le déficit avec de l'eau commune, ce qui ne lui ôtait ni sa couleur ni sa vertu.

MAURE et BRITTE ou BRIGITTE, — vierges du cinquième siècle. Elles avaient chacune deux corps, 1°. à Nogent-les-Vierges en Beauvoisis, 2°. au bourg de Sainte-Maure en Touraine.

MAURICE, — chef de la légion Thébéenne, martyr, avec sa légion au troisième siècle. La plupart des corps de ces martyrs furent jetés dans le Rhône, et les villes voisines en profitèrent.

On montrait une tête de saint Maurice à Vienne en Dauphiné, une seconde tête à Orcamp près de Noyon, un bras à Angers, deux autres bras à Mirepoix, diverses reliques à Paris dans les églises de Saint-Benoît, des Célestins, du Val-de-grâce, de Saint-Martin-des-Champs, etc.; ce qui n'empêche pas que le saint avait un corps complet qui emplissait douze petites châsses dans l'église de saint Maurice de Senlis.

On montrait sous son nom un second corps à Magdebourg et quelques ossemens considérables à Turin. Les restes de ses compagnons se trouvent partout.

MAURILLE. — Le corps de saint Maurille, évêque d'Angers, mort en 437, était à Angers, dans l'église de Saint-Maurice. Le corps de saint Maurille, archevêque de Rouen, mort en 1067, était honoré dans la cathédrale de Rouen. Il paraît que l'un de ces deux saints a un second corps, qui se montre à Ferrare. On a tenté plusieurs fois d'enlever ce saint corps; mais il a toujours su reprendre miraculeusement le chemin de l'église de Saint-Georges, où les Ferrarais le vénèrent sans doute encore (1).

---

(1) *Voyage de France et d'Italie*, 1667, pag. 802.

MAURONT ou **MAURANT**, — abbé de Bruel, au huitième siècle, patron de la ville de Douai. Son corps est à Douai, mais il avait une seconde tête à Saint-Guislein en Hainaut.

Saint Mauront a toujours été un bon patron pour les habitans de Douai. En 1556, Gaspard de Coligny, voulant surprendre cette ville, avait choisi pour l'assaut la nuit de la fête des rois, sachant bien qu'il trouverait les Flamands ensevelis dans la bière et le vin du roi-boit. Saint Mauront, qui tremblait pour sa châsse, et qui s'intéressait à ses fidèles ivrognes, alla trouver le sonneur de la collégiale de Saint-Amé, à qui il ordonna par trois fois de sonner les matines. Le bonhomme qui ronflait son vin, et qui sentait le danger d'éveiller trop tôt les chanoines anéantis dans les fatigues de la soirée, refusa d'abord d'obéir, et ne se leva qu'après un long débat avec le saint.

Mais par miracle, au lieu de sonner en branle, il sonna le tocsin et l'alarme. Ce bruit effrayant éveille le peuple; on court en foule sur les remparts, et l'on trouve saint Mauront vêtu d'un habit de bénédictin, semé de fleurs de lis d'or, qui défendait la porte de la ville. Il n'est pas nécessaire de dire que l'ennemi fut repoussé.

Dans une autre circonstance où l'on voulait encore surprendre Douai, saint Mauront alla sur le rempart, et tira le canon; ce qui fit fuir les assiégeans, en leur montrant qu'ils étaient découverts.

Bien que la protection de saint Mauront n'ait pas empêché sa ville d'être prise plusieurs fois, ces deux miracles ont suffi pour engager les bons Flamands à porter tous les ans sa châsse en procession ; ce qui se faisait le 16 de juin avec une grande pompe (1).

MAXIMIN. — On dit que saint Maximin vint en France avec la Madeleine, et qu'il fut le premier évêque d'Aix. Mais on ne sait ni ce qu'il a fait, ni son pays, ni de qui il tenait sa mission. On ne trouve ce saint que dans les légendes modernes ; et il paraît qu'on l'imagina dans un siècle peu éloigné de nous.

Quoi qu'il en soit, son nom est fameux en Provence, et son corps est en partie à Avignon, en partie à Aix où il est très-vénéré. On visite son tombeau dans la petite ville de Saint-Maximin, à six lieues d'Aix.

MECQUE (LA), — ville de l'Arabie heureuse.

> Si la Mecque est sacrée, en savez-vous la cause ?
> Ibrahim y naquit, et sa cendre y repose ;
> Ibrahim, dont le bras docile à l'Eternel.
> Traîna son fils unique aux marches de l'autel (2).

Avant Mahomet, qui naquit dans cette ville, les Arabes y faisaient un pèlerinage à un temple

---

(1) Dulaurens, *les Abus dans les cérémonies et dans les mœurs*, page 122 de l'édition *in-12*.
(2) Voltaire, *Mahomet*, acte *III*, scène *VI*.

qu'ils disent bâti par Abraham, et qu'ils nomment la maison de Dieu. Cette maison a environ quarante-cinq pieds de long, vingt de haut et trente de large. La porte est d'or massif.

On y baise la fameuse pierre noire, que les mahométans vénèrent, parce qu'ils croient qu'Abraham était monté dessus lorsqu'ils bâtissait ce temple, et qu'elle lui servait d'échafaudage, se haussant et se baissant à sa volonté. Ils ajoutent que cette pierre fut apportée au patriarche par l'ange Gabriel, qui est chez eux un personnage très-important.

On voit auprès de la maison de Dieu le fameux puits de Zemzem, qui, selon les Arabes, est la même fontaine que Dieu fit paraître en faveur d'Agar et d'Ismaël dans le désert.

On vénère aussi à peu de distance de la Mecque la grotte d'Ève, où Mahomet se retirait souvent pour converser avec Dieu (1).

MÉDARD, — évêque de Noyon, au sixième siècle, fondateur de la belle cérémonie de la rosière. Le roi Clotaire I*er*. donna pour l'ensevelir la moitié de sa terre de Crouy ; mais on ne put lever le corps, que quand Clotaire eut donné le domaine de Crouy tout entier.

Le corps de saint Médard était à Soissons où il fut transporté en 841, et à Dijon où l'on se vantait de l'avoir depuis le commencement du dixième siècle.

---

(1) Bruzen de la Martinière, au mot *Mecque*.

« Saint Médard eut une main coupée, Dieu la fit repousser comme une pate d'écrevisse. C'est pour rappeler ce miracle, que dans l'église de Lanmeur dont il est le patron, la statue du bon saint tient une main coupée, qu'elle montre orgueilleusement aux spectateurs (1). »

La fête de la rosière, établie par saint Médard, se célèbre toujours à Salency et dans beaucoup d'autres lieux.

MEIN, — premier abbé de Ghé en Bretagne, mort au sixième siècle. Son corps était tout entier dans l'abbaye de Saint-Mein chez les Bretons. Mais on n'en montrait pas moins des parties considérables à Toulouse, à Morfontaine, à Saint-Maur-des-Fossés, etc. Ses reliques guérissaient les douleurs corporelle et l'épuisement qu'on appelait le mal de saint Mein (2).

Il y avait dans les nombreux pèlerinages qu'on faisait autrefois à ses reliques une particularité assez remarquable ; c'est que les plus riches, comme les plus pauvres pèlerins, étaient obligés, pour ne pas s'attirer le courroux du saint, de mendier au moins le premier jour du voyage (3).

MEINRAD ou MEGINRAD, —ermite suisse,

---

(1) M. Cambry, *Voyage dans le Finistère*, tome I, p. 164.
(2) Le vieux mot *Mehaing* signifie douleurs, tourmens d'un homme épuisé qui n'en peut plus. Saint Mein s'appelle chez les Bretons *Saint Méhen*.
(3) Baillet, 21 de juin.

qui fut assassiné en 863 par deux voleurs. Des corbeaux poursuivirent ces brigands jusqu'à Zurich et les firent découvrir. On publia aussitôt que le corps de saint Meinrad faisait des miracles; les pèlerins y accoururent; et l'on bâtit à la place de son ermitage l'abbaye d'Einsidlen au canton de Switz, laquelle abbaye porte deux corbeaux dans ses armes.

On va particulièrement en pèlerinage à Saint-Meinrad pour retrouver les objets volés.

MÉNEHOU ou MÉNECHILDE, — vierge champenoise du cinquième ou du septième siècle. Elle a donné son nom à l'ancienne ville d'Auxuenne, où ses reliques recevaient un grand culte et faisaient des miracles sans nombre. Toutefois nous ne la plaçons ici qu'à cause de sa célébrité.

MENNE, — martyr de Phrygie ou de Libye au commencement du quatrième siècle. Son corps se trouva à Constantinople, et à l'abbaye d'Orval au diocèse de Trèves, six cents ans après sa mort, sans qu'on pût dire d'où ces reliques étaient venues, non plus que quatre ou cinq autres corps, que l'on vénérait ailleurs sous le nom du même saint.

MERCURE, — soldat cappadocien, qui souffrit le martyre à Césarée vers l'an 250. Quelques-uns en ont fait le ministre de la *terrible mort* de Julien l'apostat. Voici comment cela se fit :

Saint Basile étant allé de nuit visiter le tombeau de saint Mercure, qui reposait dans une église de Césarée, n'y trouva plus les armes de ce vaillant champion de Jésus-Christ; car ce Mercure-là avait été soldat. Basile, pensant qu'on les avait volées, se disposait à sortir, lorsqu'il eut une extase, où il vit la sainte Vierge entourée d'anges. Elle était sur un trône et disait : « Appelez-moi sur-le-champ Mercure, et dites-lui qu'il aille tuer l'empereur Julien. » Saint Mercure partit aussitôt, revêtu de ses armes.

Basile, ayant visité de nouveau le tombeau du saint, n'y vit plus le corps. Mais le lendemain on retrouva les armes où elles avaient habitude d'être, le corps dans le cercueil, la lance du saint tout ensanglantée ; et, peu de jours après, on apprit la mort malheureuse de Julien, tué par un soldat inconnu.

Ce qui doit étonner ici, c'est que saint Basile, qui n'a rien oublié de tout ce qui pouvait noircir l'empereur, ne parle de cette vision dans aucun de ses ouvrages ; et qu'elle n'est rapportée que dans les légendes modernes, qui ne s'accordent même pas ; car les unes font donner l'ordre de mort par la sainte Vierge, d'autres par Jésus-Christ, d'autres par une voix du ciel, et quelques-unes font tuer Julien par le diable.

Ne se pourrait-il pas que le général qui trahissait Julien, ou quelques-uns de ces chrétiens qui désiraient la mort du tyran, eussent adroitement rempli le rôle du diable ou de saint Mercure (1)? On ne sait au reste ce que sont devenues les reliques de ce grand saint; ce qui est assez peu inquiétant.

MICHEL. — Cet archange qui était honoré par les juifs, avant que les chrétiens lui rendissent un culte, remplit chez nous les fonctions du Mercure des anciens, c'est-à-dire, qu'il ouvre aux morts les portes de l'éternité. Il est vrai que Gabriel, qui est chargé des messages du ciel, a quelques droits aussi à remplacer l'ancien Mercure.

Ce qui a contribué encore à faire honorer saint Michel, c'est qu'il s'est montré aux hommes, en diverses apparitions, dont l'église célèbre les trois plus fameuses.

La première apparition eut lieu à Colosses, ville à laquelle saint Paul reproche le culte superstitieux des anges. Il paraît même que Michel se montrait souvent à Constantinople vers le quatrième siècle, et qu'il guérissait les malades, dans une église qu'on lui avait bâtie. Mais ces petites apparitions ne sont pas comptées.

La seconde apparition importante est celle du mont Gargan, aujourd'hui mont Saint-Ange, dans le royaume de Naples. Elle eut lieu à la fin du siècle cinquième. Un seigneur nommé Gargan ayant perdu un taureau, l'aperçut, après l'avoir long-temps cherché, dans une caverne obscure.

---

(1) *Le Diable peint par lui-même*, ch. XIV, après la légende dorée, etc. etc.

L'un des bouviers lui tira une flèche, qui rejaillit sur le bouvier lui-même, et le blessa. On jeûna trois jours, au bout desquels saint Michel apparut, déclarant que le lieu où le taureau s'était réfugié était un lieu saint, et que Dieu voulait que l'on y bâtît une église. Il s'est fait depuis de très-grands miracles dans cette église.

En troisième lieu, saint Michel apparut avec éclat à la Tombe-de-Mer, aujourd'hui le mont Saint-Michel, entre la Normandie et la Bretagne. Ce lieu est devenu un pèlerinage célèbre pour les pécheurs et les malades.

On croit aussi que saint Michel vint sur une meule de moulin bâtir la ville d'Archangel, qui porte ce nom à cause de son fondateur. On garde précieusement cette sainte meule, qui servait de bateau à Michel, comme on gardait à l'abbaye de la Celle, près de Troyes, une partie de la pierre sur laquelle l'archange apparut, lorsqu'il vint bâtir l'église du mont Saint-Michel.

On voit aussi, dans les montagnes du Piémont, un monastère construit par le même ange, qui aime sans doute à faire le métier de maçon.

Ce qu'il y a de plus étonnant, c'est que Michel a laissé des reliques importantes. On vénérait à Saint-Julien de Tours le braquemart de saint Michel, qui était comme un petit poignard, et son bouclier qui avait la taille d'une soucoupe. C'est avec ces armes qu'il vainquit le dragon.

On montrait à Carcassonne diverses reliques du même personnage. On a vu, au mont Saint-

Michel, en 1784, un Suisse qui vendait aux pèlerins des plumes de l'archange, qui a en effet des ailes (1) ; et Henri Estienne parle d'un moine qui se vantait d'avoir honoré, à Jérusalem, une fiole pleine de la sueur qui sortit du corps de saint Michel, lorsqu'il se battit avec le diable (2).

On voyait encore au dernier siècle, dans une église grecque d'Alexandrie en Égypte, une image de l'archange Michel, peinte par saint Luc. Il s'y faisait des pèlerinages et des miracles (3). —Voyez mont Saint-Michel.

MITRE ou MÈTRE, — martyr d'Aix en Provence vers le quatrième siècle. On lui donne le nom de saint Mitre Garde-Vignes, et on l'invoque pour avoir du vin, parce que de son vivant il multiplia les grappes d'un paysan qui lui reprochait d'avoir mangé sans permission quelques grains de sa vigne.

Saint Mitre fut décapité ; et l'on ajoute qu'il porta sa tête l'espace de trois cents pas. Son corps et sa tête recevaient un culte à Aix en Provence.

Grégoire de Tours rapporte (4) un grand miracle qui se fit à son tombeau. Ce miracle, qui eut lieu vers l'an 566, prouve que la féodalité était alors organisée en France.

---

(1) *Essais sur Paris*, pour faire suite à ceux de Sainte-Foix, par M. Aug. Poullain de Sainte-Foix. Paris, 1805. T. I, p. 266.
(2) *Apologie pour Hérodote*, chap. 39.
(3) Manesson-Mallet, *Description de l'univers*.
(4) *De gloriâ confessor.*, cap. 71.

Francon, évêque d'Aix, était seigneur et possesseur d'un village, qui convenait à un courtisan, et que le courtisan prit pour lui. L'affaire fut plaidée devant Sigebert, roi d'Austrasie, qui adjugea le village au courtisan.

L'évêque en colère alla au tombeau de saint Mitre, et lui dit qu'on n'allumerait plus de cierges sur sa tombe et qu'on n'y dirait plus de prières, jusqu'à ce qu'il eût fait rendre le village. En même temps il jeta des immondices sur le tombeau, ferma la porte de la chapelle, et couvrit l'entrée de chardons et d'épines.

Le saint fut sensible à la douleur du prélat. Le lendemain, le ravisseur du village fut attaqué d'une maladie violente ; tout le poil de son corps tomba, il semblait dévoré par un poison lent, mais corrosif.

Au bout d'une année de souffrance, il sentit sa faute, restitua le village, envoya au tombeau du saint une bourse pleine d'or, et mourut une heure après.... Ce miracle terrible augmenta considérablement le culte de saint Mitre.

MOISE. — On montre au mont Sinaï la grotte où Moïse reçut, de la main de Dieu, les Tables de la loi. On fait voir un peu plus bas le rocher qu'il frappa de sa verge, pour en tirer une fontaine (1).

Malheureusement pour la relique de la Terre-Sainte, ce même rocher est à Rome, dans l'église de Saint-Jean-de-Latran.

---

(1) Manesson-Mallet, *Description de l'univers.*

On vénère également, à Saint-Marc de Venise, le rocher que Moïse frappa au désert. « C'est une espèce de marbre grisâtre. Rien n'est plus joli que les quatre petits trous, par où l'on assure que l'eau sortit; ils sont disposés à deux doigts l'un de l'autre; et l'ouverture de chaque trou n'est grande que pour admettre un tuyau de plume d'oie. C'est une chose doublement merveilleuse, qu'il soit sorti en peu de temps, de ces petits canaux, une assez grande abondance d'eau pour désaltérer une armée de six cents mille hommes, avec les femmes, les enfans et tout le bétail (1). »

Ce rocher a été apporté de Constantinople, où sainte Hélène l'avait amené de la Palestine.

Quant à la verge de Moïse, on l'a retrouvée il y a sept ou huit cents ans; elle se voit à Rome, dans l'église de Saint-Jean-de-Latran, à la cathédrale de Florence, à Milan, à l'Escurial; on la vénérait aussi à Sens, à Paris dans la Sainte-Chapelle, et dans beaucoup d'autres lieux.

On sait que les Juifs conservaient le serpent d'airain que Moïse fit élever dans le désert, comme un monument de la puissance du seigneur. Par la suite il devint pour eux une sorte d'idole devant laquelle ils brûlèrent de l'encens. C'est pour cela que le roi Ézéchias fit mettre en pièces le serpent d'airain, comme on le voit dans le chapitre 18 du IVe. livre *des Rois*.

Malgré une pareille autorité, on montre dans

---

(1) Misson, tome I, page 207.

l'église de Saint-Ambroise de Milan, et sans doute ailleurs, le serpent d'airain que Moïse éleva dans le désert. Ce serpent est sur une colonne qui n'a rien de trop juif ; c'est peut-être quelque *ex-voto* d'un dévot à Esculape. Le peuple de Milan l'honore comme une relique puissante.

Nous finirons par une merveille plus singulière. On gardait autrefois à Rome, dans l'église de Saint-Marcel, et on vénère sans doute encore à Gênes, les cornes de Moïse, apportées dans une bouteille par un prêtre qui fit le pèlerinage de la Terre-Sainte (1).

MONIQUE, — Africaine, mère de saint Augustin. On croit qu'elle mourut à Ostie en 387, et qu'elle y fut enterrée. En l'année 1159, un chanoine de l'abbaye d'Arouaise en Artois, s'en alla déguisé à Ostie, découvrit adroitement le tombeau de la sainte, déroba son corps, et le transporta sans obstacle à son abbaye, où il faisait encore des miracles au dernier siècle.

Mais les Romains ne conviennent pas de l'authenticité de ces reliques. Ils prétendent qu'on ne trouva le corps de Monique qu'au quinzième siècle ; et les pieux vénèrent ce saint corps à Rome, dans l'église de Saint-Augustin.

Sainte Monique avait une troisième tête à Douai, un quatrième crâne à Bologne, une moitié de corps

---

(1) Misson, tome II, page 148. Henri Estienne, *Apologie pour Hérodote*, chap. 38.

à Chisoing dans le diocèse de Tournai, beaucoup d'ossemens chez les jésuites de Munster. Et toutes les autres reliques qu'on montre sous son nom dans diverses églises, pourraient composer cinq ou six autres corps raisonnables.

MONTAGNES. — MONT DE PILATE.

Cette montagne, qu'on appelle quelquefois *mons Pileatus*, parce qu'elle est toujours coiffée d'un chapeau de nuages, et que le peuple appelle par corruption *mont de Pilate*, est située dans le canton de Lucerne. Le vulgaire prétend que Ponce-Pilate, désespéré d'avoir fait mourir Jésus-Christ, courut jusque sur le sommet de cette montagne et s'y noya dans un petit lac. — Voyez lacs.

MONT SAINT MICHEL, ET BRETAGNE.

« Sur le point le plus élevé des montagnes d'Arès, en Bretagne, est une chapelle antique consacrée sans doute au soleil dans les temps les plus reculés ; c'est à présent saint Michel qu'on y révère. Dans les belles nuits, on le voit quelquefois déployer ses ailes d'or et d'azur, et disparaître dans les airs.

» Les environs de cette chapelle sont peuplés de lapins ; ces animaux s'y réfugient comme dans un asile respecté. Ils vivent sous les ailes de saint Michel, comme autrefois les pigeons de la Sicile sous la protection de Vénus.

» On croit encore que les démons chassés des

corps qu'ils ont obsédés, sont enchaînés dans un cercle magique, sur le haut du mont Saint-Michel. Ceux qui mettent le pied dans le cercle, courent toute la nuit sans pouvoir s'arrêter (1). »

Il y a plusieurs autres montagnes où saint Michel s'est montré l'épée nue à la main, déployant ses ailes, et demandant un culte (2).

On vit un jour à Milan, un ange dans les nuages, armé d'une longue épée et les ailes étendues. La consternation était grande, lorsqu'un homme plus froid fit remarquer que ce n'était que la représentation qui se faisait dans les nuées, d'un ange de marbre placé au haut du clocher de Saint-Gothard.

On dit que le monastère d'Engelberg en Suisse ne fut fondé que parce que des anges apparaissaient fréquemment sur la montagne.

LA MONTAGNE INACCESSIBLE.

La montagne inaccessible, dans le Dauphiné, était autrefois habitée par des fées ou des vierges, qui s'occupaient à filer du lin ; on y voyait flotter des toiles d'une blancheur éblouissante ; on faisait beaucoup de contes populaires. Depuis qu'on a visité cette montagne, on a trouvé qu'elle était seulement plus escarpée que beaucoup d'autres.

---

(1) M. Cambry, *Voyage dans le Finistère*, tome I, p. 235, 239, 242.

(2) Voyez l'article *Michel*.

MONTAGNE DE JÉSUS-CHRIST.

On vénère au royaume de Naples, près du lac d'Averne, le mont du Christ, qui s'ébranla au tremblement de terre de la Passion, et s'entr'ouvrit profondément. On dit que cette crevasse pénétrait jusqu'aux limbes, et que c'est par-là que Jésus-Christ sortit des sombres demeures, emmenant en triomphe avec lui les âmes des saints de l'ancien Testament, qui attendaient sa venue.

On voit ailleurs beaucoup d'autres montagnes devenues sacrées par des apparitions et des miracles. Nous en avons indiqué quelques-unes dans les articles des saints qui en ont fait la célébrité. Nous parlerons plus tard de la Terre-Sainte.

MOSAÏQUE DE SAINT-MARC. — On vénère dans l'église de Saint-Marc de Venise, deux figures en mosaïque, qui représentent, dit-on, saint Dominique et saint François d'Assise. Ce qui rend cette pièce vraiment précieuse, c'est que les portraits qu'elle offre furent faits long-temps avant la naissance des personnages qu'ils représentent. Le peuple vénitien croit que c'est l'ouvrage d'un ange ou de quelque grand saint.

MURAILLE DU DIABLE. — C'est cette fameuse muraille qui séparait autrefois l'Angleterre de l'Écosse, et dont il subsiste encore diverses parties, que le temps n'a pas même altérées. La force du ciment et la dureté des pierres ont persuadé aux habitans des lieux voisins qu'elle a été bâtie de la main du diable ; et les superstitieux ont grand soin d'en recueillir jusqu'aux moindres débris, qu'ils mêlent dans les fondemens de leurs maisons, pour leur communiquer la même solidité (1).

N.

NABUCHODONOSOR. — On voit dans le cabinet du roi de Danemarck un ongle de Nabuchodonosor (2). Est-ce une relique? Est-ce une curiosité? Est-ce l'ongle de l'homme ou l'ongle du bœuf? Car Nabuchodonosor fut homme et bœuf, comme dit la sainte Bible.

NARCISSE, — évêque de Girone et martyr au quatrième siècle. On montrait à Montmorency, près de Paris, son étole et une partie de sa soutane. Ses deux corps recevaient de grands honneurs à Girone et à Prague.

Ribadéneira dit que quand les Français firent la guerre à Dom Pédre d'Aragon, ils prirent d'assaut la ville de Girone, et pillèrent le tombeau de saint Narcisse. Aussitôt, il en sortit des taons et des guêpes d'une grosseur et d'une forme extraordinaires, qui se ruèrent sur les hommes et les che-

---

(1) *Dictionnaire infernal*, au mot *Muraille du diable*.
(2) *Voyages de Regnard*.

vaux français, et tuèrent quarante mille soldats et vingt-quatre mille chevaux. C'est de là, selon la remarque de Baronius, que saint Narcisse est devenu patron et comme intendant des mouches (1).

Au reste, on conçoit difficilement comment les mouches de saint Narcisse purent tuer, pour le péché de quelques sacrilèges, quarante mille hommes et vingt-quatre mille chevaux, dans une ville qui n'en pouvait pas contenir la quatrième partie.

NAZAIRE ET CELSE, — martyrs de Milan, au premier siècle. Leurs corps étaient autrefois à Milan, à Autun, à Embrun et à Paris. Outre ces quatre corps, ils avaient enrichi beaucoup d'églises de quelques parties de leurs reliques. On raconte à Embrun, où l'on se vantait d'avoir les vrais corps, que les deux Saints étaient enterrés sans honneur dans un champ; qu'il poussa sur leur tombe ignorée un poirier dont les fruits excellens guérissaient toute espèce de maladie; et que ce miracle décela le trésor dont on se hâta de profiter. Mais les actes des deux saints les enterrent à Milan; et certains critiques pensent qu'ils n'ont été enterrés ni à Milan ni à Embrun. C'est très-embarrassant.

NERLIN ou ROBERT. — C'est le nom d'un saint qui est totalement inconnu, et qui recevait un grand culte au prieuré de la Tour-du-Lay, dans le diocèse de Beauvais. Son image et sa fontaine

---

(1) Baronius, 1er. mars. — Ribadéneira, 18 mars.

faisaient faire des enfans aux femmes stériles, rendaient la force aux maris impuissans, et opéraient beaucoup d'autres miracles aussi gracieux. Un évêque de Beauvais trouva le culte de saint Nerlin indécent, et défendit, au dernier siècle, de continuer les honneurs qu'on lui rendait. — Voyez Guignolé.

NICAISE, — évêque de Reims et martyr au cinquième siècle. Il a laissé sept moitiés de corps; à Reims, à Noyon, à Tournay, à Meulan, à Rouen, à Orléans, à Condé en Parisis; et quelques petites pièces détachées dans une centaine d'églises.

NICODÈME. — Nous avons dit, à l'article de saint Étienne, comment on découvrit le corps de saint Nicodème. Le prêtre Lucien distingua ces corps avec peine, car il était un peu obtus; et quoique les noms fussent écrits dans les tombeaux, il serait sans doute encore indécis, s'il n'eût trouvé des roses blanches sur le corps de Nicodème, et des roses rouges qui indiquaient précisément le corps du martyr Étienne.

On garde à Pise les corps de saint Nicodème, de saint Abibas son fils, de saint Gamaliel son ami, quoique ces saints corps soient toujours en terre sainte, et en beaucoup d'autres lieux.

NICOLAS, — évêque de Mire en Lycie, vers le quatrième siècle. L'histoire de ce grand saint est à peu près ignorée ; mais voici un petit précis de sa légende.

Il naquit à Patare, de parens nobles, comme de droit, et jeûna au maillot, car le mercredi et le vendredi il ne prenait qu'une fois le jour la mamelle de sa nourrice, sans qu'il fût possible de lui faire avaler autre chose : c'est pour cela qu'il est le patron des petits enfans.

Il était encore adolescent lorsqu'on le fit évêque. C'est pour cela qu'il est le patron des écoliers.

Il était très-charitable, et l'on remarque qu'il dota trois demoiselles nobles, qui se trouvaient ruinées, et qui « pour entretenir leur noblesse étaient sur le point de vendre leur chasteté (1). » C'est pour cela que les jeunes filles vont en pèlerinage aux chapelles solitaires de saint Nicolas pour lui demander des maris.

Il fit plusieurs voyages sur mer, apaisa des tempêtes, et sembla gouverner les élémens. Il ressuscita aussi plusieurs noyés. C'est pour cela qu'il est le patron des marins, et qu'on le prie quand on fait un voyage par eau. Dans les campagnes, lorsqu'on recherche un malheureux qu'on soupçonne noyé, on jette le pain de saint Nicolas. C'est une miche percée qui suit les courans et qui, dit-on, s'arrête en tournant trois fois sur l'endroit du fleuve où est le corps du défunt.

Les miracles de saint Nicolas eurent tant d'éclat,

---

(1) Ribadéneira, 6 décembre.

qu'aussitôt qu'il fut mort, il reçut un culte extraordinaire. On accourait de toutes parts à son tombeau. Dès le cinquième siècle, il avait quatre églises à Constantinople. Son corps, qui était toujours à Mire, suait des flots d'huile par la tête, et jetait une eau très-salutaire par les pieds. Il avait une puissance si étendue, que son tombeau était continuellement entouré de pèlerins. C'est toujours chez les Grecs l'un des principaux saints; c'est le premier chez les Russes.

On conte que, dans le huitième siècle, des barbares qui avaient tenté de détruire la tombe du saint, s'embarquèrent le lendemain, et périrent le second jour dans un naufrage.

Trois cents ans plus tard, comme tous les peuples chrétiens désiraient ardemment de posséder les reliques d'un si grand saint, quarante marchands de Bari, au royaume de Naples, firent le projet de les enlever. Ils firent part de leur dessein à quelques Vénitiens, qu'ils rencontrèrent à Alexandrie, en Égypte; ceux-ci leur ayant répondu qu'ils avaient formé la même résolution, les marchands de Bari se hâtèrent de se remettre en mer, pour n'être pas prévenus. Ils s'arrêtèrent à la rade de Lycie, et, sachant par leurs espions que le monastère où reposait le corps de saint Nicolas n'était alors gardé que par trois moines, parce que les Sarrazins jetaient l'épouvante dans le pays, ils entrèrent la bourse à la main, annoncèrent qu'ils étaient envoyés par le Pape, pour garantir les reliques de saint Nicolas des fureurs de l'ennemi, en leur procurant un asyle en Italie, et donnèrent cent écus d'or à chacun des trois moines. Cet argument leva toutes les difficultés. Ils rompirent le tombeau, y trouvèrent le corps du Saint, avec une urne pleine de l'huile, qui sortait, disait-on, de sa tête, et qui opérait des guérisons surprenantes en transpirant à travers le marbre. Après qu'ils eurent rassemblé toutes les reliques, ils se remirent en mer. La navigation fut aussi heureuse qu'on pouvait l'espérer, sous la protection du patron de la mer, qui approuva à ce qu'il paraît la pieuse fraude. Ils débarquèrent à Bari le 8 de mai 1087. Le trésor qu'ils apportaient fut reçu avec une pompe extraordinaire ; et il n'y a pas long-temps que les miracles ont cessé. L'huile coulait encore de la tête du saint, au dix-septième siècle.

Une circonstance surprendra sans doute ici ; c'est que les marchands vénitiens, qui avaient formé comme ceux de Bari, le projet de voler le corps de saint Nicolas, allèrent à Myre quelque temps après, et y trouvèrent encore les reliques du saint, qu'ils apportèrent à Venise.

On prétend même qu'outre ces deux corps, on en vénérait toujours un autre dans la Lycie ; et nous ne saurions dire ce qu'il est devenu. Mais les deux corps de Bari et de Venise sont dans leurs chasses. Il y en a un troisième à Moscou.

On avait à Worms, dans le Palatinat, une fiole pleine de l'huile de saint Nicolas. Cette huile faisait des prodiges, qui cessèrent quand les protestans s'établirent dans le pays, à cause de leur incrédulité (1). Mais on vénère toujours la fiole, quoiqu'elle ne soit plus bonne à rien. C'est ainsi qu'on honore à Rome une main de saint Nicolas, dans l'église Saint-Nicolas *in carcere*, un doigt index de la main droite à Saint-Paul en la voie d'Ostie, un autre doigt index de la même main au bourg de Vintimille; et mille ossemens détachés, dans diverses églises.

On avait à Heisterbach, au diocèse de Cologne, une dent de saint Nicolas. Des moines qui la portaient dans les villages pour attraper l'argent des fidèles, se moquaient ensuite de leurs dupes. La sainte dent fut sensible à ces profanations; et, par un grand miracle, le cristal qui contenait la relique se laissa tomber et se cassa; de sorte qu'on n'osa plus promener la dent du saint pour le trafic (2).

MIRACLE DU TOMBEAU DE SAINT NICOLAS.

« Croirait-on que le jugement de Sancho, dans l'île de Barataria, est tiré presque mot à mot d'un recueil de légendes écrites en latin par un Espagnol du douzième siècle, et dont la bibliothèque du roi conserve le manuscrit? Dans la vie de saint Nicolas, folio 196, on raconte qu'un Juif redemandant à un chrétien une somme d'argent qu'il lui avait prêtée sur sa parole, le chrétien

---

(1) Baillet, 6 décembre.
(2) Cæsarii miracula, Lib. 8, cap. 68.

soutint qu'il l'avait rendue. Outré de cette mauvaise foi, le Juif cita son débiteur devant les juges, qui ordonnèrent que le chrétien se purgerait par serment sur le tombeau de saint Nicolas. Les deux parties s'y rendirent, accompagnées de témoins. Le chrétien avait fait faire un gros bâton creux dans lequel était renfermée la somme qu'il devait. Chemin faisant, il pria le Juif de porter son bâton jusqu'à l'église, et avant de le reprendre, il jura sur le tombeau du saint qu'il avait remis cette somme entre les mains de son créancier. Un moment après, il sentit une envie de dormir, se coucha sur le grand chemin et mit à côté de lui le bâton où était l'argent. Un chariot qui vint à passer rompit le bâton, l'argent en sortit, les juges ouvrirent les yeux et adjugèrent la somme au Juif, en bénissant saint Nicolas (1).

L'auteur de la Légende Dorée, qui rapporte la même histoire, ajoute que le chrétien fut tué par le chariot qui rompit son bâton. Le Juif, qui était sans doute bon homme, s'écria : «Si saint Nicolas veut ressusciter ce malheureux, je croirai en lui et je me ferai chrétien.» Aussitôt le débiteur infidèle se leva sur ses pieds, et le Juif reçut le baptême.

HISTOIRE D'UNE IMAGE DE SAINT NICOLAS.

Saint Nicolas était si bien renommé pour ses miracles et sa grande puissance, qu'un Juif fit

---

(1) Cité par Sainte Foix. *Essais sur Paris*, tome II, p. 408.

faire son image et la mit dans sa maison pour la protéger et pour la garder. Un jour qu'il partait pour un petit voyage, il dit à l'image du saint : « Vous voyez, Nicolas, que je vous laisse la garde de tous mes biens. Veillez-y soigneusement, ou vous serez étrillé à mon retour. »

Or les voleurs arrivèrent, pillèrent la maison, et n'y laissèrent que les murailles et l'image.

Quand le Juif revint, et qu'il se vit ruiné : « Seigneur Nicolas, dit-il, ne vous avais-je pas chargé de garder la maison ? puisque vous avez laissé tout voler, vous allez payer pour les voleurs. » En achevant ces mots, le Juif souffleta la sainte image et la frappa long-temps de grands coups de bâton.

Chose admirable ! tous les coups que le Juif frappait sur l'image retombaient sur le dos de saint Nicolas, qui était alors dans le ciel.

Il se hâta de courir après les voleurs, qui se partageaient leur butin, et leur parla ainsi, dit l'historien : « Coquins, c'est pour vous que je suis rossé sans miséricorde ! Voyez mes bosses, et mon sang qui va couler ! Reportez bien vite tout ce que vous avez pris, ou vous allez tous être pendus. »

Les voleurs lui demandèrent qui il était. « Je suis saint Nicolas, répondit-il, et je pâtis cruellement pour votre brigandage. » Aussitôt les voleurs effrayés rapportent au Juif tout ce qu'ils lui ont pris ; ils se convertissent ; le Juif se fait chrétien, et saint Nicolas retourne dans le ciel à moitié assommé (1).

Cette image de saint Nicolas avait été peinte, selon Césaire de Cîteaux, par un certain saint Grégoire, fils d'un roi grec ; elle ne représentait que la partie supérieure du corps, et n'avait qu'une coudée de haut. On la conservait dans un monastère du diocèse d'Aix-la-Chapelle (2).

NICOLAS DE TOLENTINO, — ermite de saint Augustin, mort en 1310. Son corps est à Tolentino, dans l'église qui lui est dédiée. On dit même que ceux qui mettent leur tête dans un trou qu'on a pratiqué exprès dans une muraille du chœur, peuvent entendre le bruit sourd que fait continuellement le saint, en psalmodiant dans son tombeau.

On conserve, dans un grand coffre de fer, dont le premier magistrat de la ville garde la clef, le cilice de fer que portait le saint, le bâton dont il fut frappé par le diable, et un de ses bras qu'un religieux avait coupé secrètement pour le porter en Allemagne ; mais à mesure qu'il faisait un pas avec son fardeau, il se sentait repoussé par une force miraculeuse qui le faisait reculer vers Tolentino ; si bien qu'il fut obligé de restituer le saint bras.

On montre dans le couvent où le saint vivait, un

---

(1) Legenda aurea Jacobi de Voragine, Leg. 3.
(2) Cæsarii miracula, Lib. VIII, cap. 76.

puits profond qui était à sec. Nicolas le frappa de son bâton et y fit jaillir une source abondante, qui ne s'est pas tarie depuis et qui guérit les dévots.

Un jour que Nicolas était malade, il envoya emprunter du pain chez sa voisine, qui était malade aussi, et lui rendit le lendemain une miche, qui a fait un millier de miracles. La voisine en trempa un petit morceau dans un verre d'eau, et se leva entièrement guérie. Les plus petits fragmens de ce pain préservent de tout danger ceux qui les gardent avec foi. Un Savoyard, qui portait un crouton de ce pain, fut attaqué par des voleurs; mais la pointe de leur poignard ayant touché le saint crouton, se replia sur elle-même, et le Savoyard ne reçut aucun mal. On affirme aussi qu'une bribe de ce pain miraculeux, jetée dans les flammes, arrêta un incendie qui allait réduire en cendres l'église de Saint-Marc de Venise.

On a peint tous ces miracles dans l'église de Tolentino. Les pèlerins s'arrêtent surtout devant un tableau fameux, qui représente Nicolas à table, un samedi, dans une petite auberge. On lui sert des perdrix, il s'en indigne; il ordonne aux perdrix toutes rôties de s'envoler, et les perdrix s'envolent un peu étonnées. — Ce sont là de ces miracles qu'on ne voit plus (1).

---

(1) Ceux qui ont raconté que récemment un saint en voyage changea un chapon en carpe, un jour de carême, n'ont fait que rajeunir un des vieux miracles de notre saint Nicolas de Tolentino. — Voyez *Étoile de saint Nicolas de Tolentino.*

NICAISE, — prêtre qui souffrit le martyre au Vexin français, vers le troisième siècle. Il a laissé deux têtes, une à Rouen, une autre à Meulan avec son corps.

NOTRE - DAMES. — § I. DU CULTE DE LA SAINTE -VIERGE.

Le culte de la Sainte-Vierge ne s'établit qu'assez tard. Nous avons déjà dit qu'au cinquième siècle, l'opinion de son assomption par le ministère des anges n'était pas encore répandue; et l'on voit que Pulchérie, à qui l'on envoya le lait, la quenouille et le fuseau de Marie, demandait aussi son corps, qu'elle voulait faire honorer à Constantinople.

Cependant les peuples chrétiens se vantent à l'envi d'avoir honoré la Sainte-Vierge avant même qu'elle fût morte. Ils ignorent sans doute que, pendant près de quatre cents ans, la Sainte-Vierge ne fut pas regardée, ainsi qu'aujourd'hui, comme une sainte supérieure à toutes les autres.

Les Espagnols prétendent que la première église élevée à la Vierge fut bâtie à Sarragosse, par l'apôtre saint Jacques, pendant que Marie vivait encore. Beaucoup d'églises ont montré une vanité toute semblable, relativement à l'antiquité de leurs Notre-Dames. Dans quelques pays on a été plus loin. A Chartres, à Moutiers-en-Puisaye, à Nogent-sous-Coucy, et dans cent autres lieux, autrefois peuplés de druïdes, on vénère de vieux autels, que l'on ose dire consacrés à Marie avant qu'elle fût née. Ces autels portent la fameuse inscription : *A la Vierge qui doit enfanter*, VIRGINI PARITURÆ. Ils furent élevés, dit-on, par des druïdes qui honoraient la mère de Jésus, lorsqu'ils ne pouvaient encore la connaître, parce que Dieu leur avait révélé d'avance les mystères de la rédemption des hommes, comme il les avait révélés aux mages et aux sibylles.

Mais malgré tout ce qu'on a pu dire à Chartres, à Sarragosse et ailleurs, il est constant que le culte de la Sainte-Vierge a dû commencer à Éphèse, où elle est morte ; et c'est là sans doute qu'on lui éleva sa première église. L'usage des premiers siècles était d'honorer les saints dans les lieux seulement où étaient leurs tombeaux.

Il était naturel, disent quelques théologiens, que Marie fût d'abord révérée à Éphèse, afin que son culte remplaçât celui de la grande Diane, divinité fausse, il est vrai, mais vierge aussi, nourrice de l'univers et honorée pour sa chasteté.

Il ne paraît pas que Marie ait eu d'autre église que celle d'Éphèse, jusqu'au cinquième siècle. Mais après le concile qui se tint à Éphèse, en l'an 431, on dédia quelques autres temples à Marie. On peut croire que Rome vit consacrer l'église de Notre-Dame-des-Neiges ou de Sainte-Marie-Majeure, vers l'an 440. Le conte de la Vierge qui demande l'érection de cette église, comme nous le dirons plus tard, ne fut imaginé que dans le dixième siècle.

Ce ne fut qu'en l'an 610 que l'on destina au culte de Marie l'ancien Panthéon des Romains, qui porta depuis les noms de Notre-Dame-des-Martyrs ou de Notre-Dame-de-la-Rotonde.

Après la mort de Constantin-le-Grand, Rome n'avait pas même une chapelle en l'honneur de la sainte Vierge, qui a maintenant dans Rome plus de soixante églises.

Lorsque Constantinople fut prise par les Turcs, en 1453, il était difficile d'y trouver une rue qui n'eût pas une église ou une chapelle dédiée à Marie. Cependant la première église qu'on y éleva, sous le nom de la mère de Jésus, ne fut commencée qu'au cinquième siècle, par l'impératrice Pulchérie : c'est Notre-Dame du faubourg de Blakerne, qui était, dit-on, le plus beau temple de Constantinople, après celui de Sainte-Sophie.

Quant aux églises françaises consacrées à Marie, il n'y en a sans doute pas de plus ancienne que celle de Paris, qui fut commencée par Childebert Ier., au milieu du sixième siècle. Dès lors le culte de Marie s'étendit rapidement. Mais c'est surtout aux siècles des croisades, lorsqu'on eût inventé les confréries, les rosaires, etc., que ce culte devint si grand, qu'on oublia presque généralement de songer à Dieu, qui n'a point d'église, pour ne s'occuper que de Marie qui en a dix mille (1).

---

(1) Dieu avait pourtant une église. C'est celle que Voltaire fit bâtir à Ferney, avec cette inscription : *Deo devovit Voltaire.* On vient d'ôter, dit-on, cette inscription.

On vit une foule d'ordres religieux prendre la Sainte-Vierge pour protectrice, les moines de Notre-Dame-du-Mont-Carmel, ceux de Notre-Dame-de-la-Mercy, les clercs réguliers de la Mère de Dieu, les servites ou serviteurs de la Sainte-Vierge, les porte-croix de sainte Marie, les filles de la conception, les annonciades, les confrères du rosaire, les sœurs de l'*ave Maria*, les visitandines, les filles de sainte Marie, les religieux de l'ordre de Citeaux, les moines de saint François, etc., tous gens qui n'avaient à la bouche que le nom de la Vierge, et qui ne parlaient jamais du Créateur.

§ II. DU CULTE DES IMAGES DE MARIE, ET DES PORTRAITS PEINTS PAR SAINT LUC.

Lorsque la religion chrétienne eut pris quelque force, on remarqua que le culte des images était le meilleur moyen de convertir les païens, accoutumés à brûler leur encens devant des dieux visibles.

Les propagateurs de la foi profitèrent des dispositions qu'ils purent trouver. On eut des images presque aussitôt que des temples ; car dans les premiers siècles on célébrait les saints mystères dans des lieux profanes.

On vénérait à Constantinople quelques objets qui avaient été à l'usage de la Sainte-Vierge ; on voulut avoir aussi son image ; et Pulchérie plaça dans l'église qu'elle venait de bâtir, un portrait de la Sainte-Vierge que l'on disait peint par saint Luc, et qui par cette circonstance était doublement sacré.

On connaît saint Luc comme historien ; saint Paul dit qu'avant d'être disciple il exerçait la médecine ; mais tous les critiques demandent„ avec Calvin, où l'on a vu que saint Luc ait jamais été peintre ? ce n'est certainement pas dans les écrivains des six premiers siècles.

Quoi qu'il en soit, l'image qui fut mise dans l'église de Blakerne fut tellement vénérée des Grecs, qu'ils la portaient aux combats comme un sûr garant de la victoire, et qu'ils la promenaient en triomphe dans leurs fêtes solennelles.

Et non contens de faire peindre une fois la Vierge, par un saint qui n'a jamais tenu le pinceau, les chrétiens ont montré partout des Notre-Dames de saint Luc ; on lui attribue même des statues sculptées.

L'image de sainte Marie-Majeure est son ouvrage, aussi bien que celle de Notre-Dame-de-la-Garde, près de Bologne, celle de Notre-Dame d'Édesse, celle de saint Augustin de Rome, celle de sainte Marie-la-Neuve, celle de Cambrai. On voit encore à Rome un portrait de Notre-Dame, peint par saint Luc, dans l'église de Saint-Sixte, une autre à Notre-Dame de la rotonde, d'autres dans mille autres églises du monde chrétien. Nous parlerons des plus célèbres.

Ces images et celles qui étaient peintes par d'autres mains, firent des miracles ; on leur donna des noms qui en perpétuèrent le souvenir, et le culte devint plus grand, à mesure que les miracles frappèrent davantage.

On eut soin surtout d'intéresser le vulgaire à honorer les Notre-Dames, à leur offrir de l'argent et des bijoux. Elles donnaient en retour la santé, les biens, les accouchemens heureux, la guérison de tous les maux, le pardon de tous les péchés. Notre-Dame de Montserrat était entourée de richesses qu'on pouvait évaluer à quelques millions. Notre-Dame de Lorette était plus riche encore.

Il est absurde de faire un saint plus grand qu'un autre, de présenter Nicolas comme plus puissant que Nicaise. C'est régler le ciel sur les bassesses de ce monde. C'est établir des privilégiés et des faibles dans un lieu où l'égalité doit régner ; mais c'est le comble du ridicule de faire une image de la vierge plus puissante qu'une autre image de la vierge.

Assurément Notre-Dame du Chou et Notre-Dame des Crottes sont bien moins invoquées que Notre-Dame de Liesse et Notre-Dame du Chêne. C'est pourtant l'image de la même sainte.

Le nombre des Notre-Dames est si grand, qu'il faudrait plusieurs volumes pour en écrire l'histoire. Il serait insipide d'ailleurs de les rassembler toutes, même de la manière la plus concise, parce que les miracles et les circonstances se répètent souvent. Nous ne parlerons ici que des Notre-Dames qui ont eu de la célébrité, c'est-à-dire de toutes celles qui sont connues hors de leur église, des miracles curieux qu'elles ont faits, et des pèlerinages auxquels elles ont donné lieu.

NOTRE-DAME DE CLAREMONT.

Les miracles de Notre-Dame de Claremont ont rendu son culte célèbre. On ajoute à cela que cette puissante image a été peinte par saint Luc, et apportée par un saint évêque aux bons Polonais. Voici un miracle qu'elle fit en l'année 1540.

Un boucher de Lublin en Pologne avait deux fils, l'un âgé de deux ans, l'autre de quatre. Un jour que ces deux enfans étaient seuls dans la maison, l'aîné, qui souvent avait vu son père égorger divers animaux, prit un grand couteau et coupa le cou à son petit frère. Quand il le vit mort et tout inondé de sang, il songea qu'on lui donnerait peut-être le fouet, et il alla se cacher dans un four, derrière quelques fagots disposés exprès, parce qu'on allait cuire le pain.

La mère de ces deux petits malheureux rentra bientôt; et sans trop penser à ses enfans, elle mit le feu aux fagots. Les cris de son fils aîné la frappent; elle le retire étouffé. Elle voit dans son berceau son autre fils égorgé.... Pendant qu'elle se désole, le boucher arrive. Sa tête se trouble; il s'imagine que sa femme a tué ses deux fils; il la tue elle-même...... Jusque-là cette histoire serait digne de figurer dans une tragédie anglaise.

Le boucher, entouré de sa famille inanimée, voit devant lui la justice qui va le saisir, et les supplices qui l'attendent. Il attèle un cheval à sa charrette, y charge les trois cadavres et se dévoue à

Notre-Dame de Claremont. Quoique l'église où l'on vénère cette sainte image soit éloignée de Lublin d'une cinquantaine de lieues, il en entreprend le voyage. Il arriva heureusement; mais les trois cadavres étaient déjà corrompus. Il les porte cependant avec foi devant la bienheureuse image; il prie avec ferveur, il se frappe la poitrine avec beaucoup de larmes : et bientôt il voit son plus jeune fils se lever ; l'aîné en fait autant; leur mère se ranime ensuite; et après avoir offert des cierges et payé bien des messes, il s'en retourne gaiement, avec toute sa famille bien portante. Heureux ceux qui croient (1).

NOTRE-DAME DE LA PAIX.

On raconte de Gaspar Becera, sculpteur, né à Baeza en Andalousie, qu'il avait déjà fait deux statues de Notre-Dame de la Soledad, sans les terminer, parce qu'il n'en était pas content; et qu'avant de commencer la troisième, qui lui avait été ordonnée par la reine d'Espagne, Élisabeth de Valois (dite de la paix), il rêva qu'un fantôme dont il ne distinguait précisément aucun trait, lui adressait la parole. Il entendit que ce fantôme lui disait : « Lève-toi, et de ce tronc informe qui » brûle dans ton foyer, ébauche ton idée ; tu rem- » pliras ton intention et satisferas ton génie sur » la statue que tu veux faire. »

---

(1) Abraham Bzovius, de Mirandis Deiparæ, etc. § 7.

Il se leva, retira le morceau de bois du brasier, l'éteignit bien vite, et en fit la statue de Notre-Dame de la Paix. Il la présenta à la reine qui, à la première vue, ne put s'empêcher de se récrier sur l'air divin qui régnait dans cette figure, et sur l'expression de beauté, de douceur, de tendresse, d'affection et de constance qui s'y remarquait. Elle fixe encore l'attention des curieux (1), et attire les dévots par ses miracles.

On vénère à Rome dans l'église de Sainte-Marie de la Paix, une Notre-Dame qui porte le même nom que celle de Becera, et qui fut peinte par saint Luc. On l'appelle Notre-Dame de la Paix, parce qu'elle prédit au seizième siècle la paix qui allait se faire entre l'Espagne et la France, en disant un matin devant quelques moines : *Et in terrâ pax*, car cette image-là sait le latin. Elle versa du sang comme beaucoup d'autres, ayant été frappée par un insolent. Ses miracles sont nombreux, mais elle a surtout le talent de chasser les diables. (2).

NOTRE-DAME DE L'ANNEAU.

On conte à Rome que l'église de Sainte-Marie *in viâ latâ* est bâtie sur le lieu même où saint Luc écrivit les actes des apôtres, dont on se vante de posséder le manuscrit original. On révère dans cette église une image de Notre-Dame que saint

---

(1) *Aménités littéraires*, tome II.
(2) Misson, tome III, page 267. *Voyage de France et d'Italie*, page 452.

Luc peignit, dit-on, au même endroit où elle a toujours été placée. On ajoute qu'il fit ce portrait par révélation, le jour même du mariage de la sainte Vierge, qu'il n'avait jamais vue. C'est pour cela que Notre-Dame est peinte avec un anneau au doigt.

Quoiqu'il soit à peu près constant que saint Luc n'était pas né le jour que la Vierge se maria, Notre-Dame de l'Anneau a fait des miracles et des guérisons sans nombre (1).

NOTRE-DAME DES ARDILLIERS DE SAUMUR.

On vénérait à Saumur en Anjou une image qui représentait la sainte Vierge tenant Jésus-Christ mort entre ses bras. La puissance de cette image avait une si grande renommée, que, dans l'infâme fourberie des diables de Loudun, le démon Isacaron déclare « qu'on ne pourra le faire sortir du corps de la religieuse qu'il occupe, que dans la chapelle de Notre-Dame des Ardilliers de Saumur. » Les diables chassés, les boiteux redressés, les malades guéris, mille miracles fameux ont fait de cette sainte image, le but d'un pèlerinage célèbre (2).

NOTRE-DAME DE LAGHETTE.

C'est un pèlerinage assez fréquenté, à deux lieues de Nice en Savoie. Elle tire son nom d'un petit lac qui occupait autrefois la place de l'église

---

(1) *Merveilles de Rome*, page 40, et divers Voyages.
(2) *Histoire des Diables de Loudun*. Baillet, 15 août.

actuelle. C'est sur ce lac que la sainte image apparut miraculeusement et fut recueillie par un bon prêtre. Aussitôt le lac se combla d'une manière prodigieuse, et l'on y trouva les fondemens d'une église, que l'on n'eut que la peine d'achever. Elle fait beaucoup de miracles, et l'on raconte qu'une mère étant venue faire une neuvaine pour demander à Notre-Dame de Laghette le retour de son fils, captif chez les infidèles, elle le trouva à son retour bien portant dans sa maison (1).

NOTRE-DAME MÈRE DE GRACE.

La sainte image de Notre-Dame Mère de grâce a été donnée à la ville de Cambrai, dont elle est la patrone, par l'illustre saint Gery qui lui éleva une belle église. Les miracles de cette vierge sont innombrables. En l'année 1326, un bon homme qui passait sur un pont laissa tomber son enfant dans la rivière. Il s'y précipita aussitôt lui-même, en se recommandant à Notre-Dame Mère de grâce. La benoite image eut pitié de ce pauvre père ; elle fit sortir du fond des eaux un petit batelet qui conduisit l'enfant à bord ; et en même temps un cavalier inconnu, monté sur un cheval blanc, traversa la rivière, prit le bon homme qui se noyait par le collet de son habit, le porta à côté de son enfant, et disparut.

Deux siècles plus tard, une dame de Cambrai accoucha d'un fils qui mourut en naissant. On ne lui apprit cette nouvelle que quand l'enfant

---

(1) *Voyage d'un gentilhomme français en Italie et en France*, page 136, etc.

fut enterré. Elle s'en désola, parce qu'elle avait été long-temps stérile, et se recommanda avec un torrent de larmes à Notre-Dame Mère de grâce. Incontinent le ventre de cette femme s'enfle; elle sent de nouveau les symptômes d'un accouchement prochain, et au bout d'une heure elle met au monde un second enfant qui se porte bien, que l'on offre à l'église en grande pompe, et qui n'a pour père que Notre-Dame (1).

NOTRE-DAME DE BOURGES.

Un petit juif de Bourges s'avisa de communier le jour de Pâques, sans savoir ce qu'il faisait. Il suivait les chrétiens, ses petits camarades. A son retour, il conta à son père ce qu'il avait fait; et le vieux juif furieux le jeta dans un four allumé. Incontinent, la sainte image de Notre-Dame de Bourges, qu'il avait saluée comme ses petits amis en passant devant son autel, vint le voir dans son four et le garantit de l'ardeur du feu. Ce miracle fit du bruit; les chrétiens accoururent; ils retirèrent l'enfant et jetèrent le père dans les flammes qui l'eurent bientôt consumé (2).

On voit que ce conte est une imitation de l'histoire édifiante du verrier de Constantinople, que nous avons rapportée à l'article des hosties (3).

---

(1) *Histoire de Notre-Dame Mère de grâce. R. de Haultport, mir. cap.* 16 et 20.

(2) Legenda aurea Jacobi de Voragine ancta à Claudio à Rota, 1546. Leg. 114, fol. 77, à col. 1.

(3) Voyez le tome I, page 407.

Mais Notre-Dame de Bourges n'a jamais rien fait de neuf.

NOTRE-DAME DU CHOU, PRÈS DE BOURGES.

On vénérait près des murs de Bourges la célèbre Notre-Dame du Chou, ainsi nommée parce qu'elle fut trouvée miraculeusement sous un chou énorme.

Un pigeon blessé par un chasseur vint se poser sur la tête de Notre-Dame du Chou. Quelques gouttes de sang coulèrent sur sa face, et une heure après, le pigeon étant parti, les fidèles qui vinrent à la messe crièrent miracle. On sonna les cloches : « Voyez, disait-on, comme le monde est méchant, Notre-Dame pleure sang et eau. C'est présage de guerre et de déluge. » Mais le lieutenant de roi ayant fait visiter la tête de l'image, on y trouva quelques plumes du pigeon qui était allé mourir à deux pas ; et le miracle fut perdu (1).

D'autres images de la Vierge pleurèrent visiblement, ayant des éponges pleine d'eau dans la tête (2).

NOTRE-DAME DE SAINT-AUGUSTIN DE LUCQUES.

« Je ne puis m'empêcher de vous faire l'histoire de la Notre-Dame de St.-Augustin (de Lucques); peut-être n'avez-vous jamais entendu parler d'un plus joli tour d'image.

---

(1) Henri Estienne, ch. 39, *Histoire de l'Église de Bourges*.
(2) Voyez aussi l'article *Images*, tome I, p. 425 et 426.

» On dit que cette Notre-Dame étant autrefois contre la muraille d'un corps-de-garde, un soldat qui jouait aux dés et qui perdait, s'en prit insolemment à elle, lui dit mille injures, et lui jeta une pierre pour achever son insulte. La pierre, dit l'histoire, visait droit à la tête de l'enfant Jésus ; ce que la Notre-Dame ayant aperçu, elle fut plus prompte que le coup, et fit si heureusement passer l'enfant du bras droit au bras gauche, qu'il ne fut pas blessé.

» En mémoire de cet événement, le petit Jésus s'appesantit sur ce même bras pour y demeurer, quand sa mère le voulut remettre sur le bras droit : et il y a toujours été depuis, ce qui prouve la vérité du fait, plus clair que le jour, aux dévots pèlerins qui viennent visiter l'image.

» Il faut savoir encore que la terre s'ouvrit sur-le-champ, et qu'elle engloutit le soldat. Le trou est là ; et on avertit les curieux de n'en pas approcher, parce qu'il descend tout droit en enfer : on devrait bien l'environner de quelques garde-fous (1). »

NOTRE-DAME DE SAINT-AUGUSTIN DE ROME.

On vénère beaucoup, à Rome, dans l'église de Saint-Augustin, une image de Notre-Dame que l'on dit la principale et la plus belle de celles que peignit saint Luc. Il fit ce portrait, la dernière fois qu'il vit l'original, et il l'aimait tant, qu'après

---

(1) Misson, tome II, page 324.

l'avoir porté dans tous ses voyages, il ordonna qu'on l'enterrât avec lui dans son sépulcre.

On le retrouva avec le corps du saint, quoique l'histoire des reliques de saint Luc ne fasse aucune mention de cette circonstance.

Du temps du pape Innocent VIII, il survint dit-on une grande peste dans Rome. Le pape porta en procession la sainte image depuis l'église de Saint-Augustin jusqu'au Vatican, et la peste cessa incontinent. Elle a fait une foule d'autres miracles (1).

On a compté, dans le grand nombre des églises chrétiennes, plus de six cents portraits de la Vierge, de la main de saint Luc. Ce qu'ils offrent de plus curieux, c'est qu'il n'y en a pas deux qui se ressemblent.

NOTRE-DAME DES PORTES.

« Notre-Dame des Portes, dans le Finistère, est une chapelle entourée de vieux arbres consacrés par la piété de nos pères. Cette vierge fut trouvée dans le cœur d'un chêne énorme. J'ai vu la niche qu'elle occupait : son image d'argent a disparu.

» Un bois sacré descend jusqu'au rivage par une pente de cinq à six cents pieds, sur laquelle on a pratiqué des allées. C'est là que, dans les nuits, on voit errer Notre-Dame des Portes en robe blanche, éblouissante de lumière. Le frottement

---

(1) Calvin, *Traité des Reliques. Merveilles de Rome*, p. 47. *Voyage de France et d'Italie*, page 306.

de sa robe de soie se fait entendre au loin dans la campagne : cette apparition annonce de beaux jours, d'amples récoltes et des succès à ses fidèles adorateurs. On n'ose pas alors approcher de l'enceinte ; on s'agenouille, on s'humilie ; on chante une hymne en l'honneur de la vierge ; on se retire enfin à reculons, et sans tourner le dos à la déesse. Ainsi nos bons aïeux sortaient jadis des forêts druïdiques.

» On ne peut voir un chêne plus auguste, de plus nerveuses rugosités, des branchages plus étendus, un tronc plus vénérable, que celui qui renferma l'image de la vierge des Portes.

» Les prêtres catholiques n'ont pu détruire l'ancien respect de nos ancêtres pour cet arbre religieux : il était l'emblème de la force, de la durée, de l'Être-Suprême. La massue d'Ogmius était faite d'une de ses branches ; il couronnait celui qui protégeait la vie d'un citoyen. La plus sévère punition que pût subir un gentilhomme Breton, quand il s'était déshonoré par une lâcheté, par une bassesse, était il y a peu de temps encore, la destruction de la longue allée de chênes qui conduisait à son château. Le désespoir alors frappait toute sa famille : on le fuyait comme un proscrit, comme une victime dévouée aux enfers, comme ces criminels auxquels la sévère religion de nos ancêtres défendait d'accorder le feu et l'eau (1). »

---

(1) M. Cambry, *Voyage dans le Finistère en* 1794, t. I, page 259.

NOTRE-DAME D'ARRAS.

On vénérait à Arras, une Notre-Dame miraculeuse. C'était, selon les pieux, cette Notre-Dame qui, dans l'an 1105, avait apporté la sainte chandelle pour la guérison des fidèles affligés du mal des ardens. — Voyez l'article, *Chandelle d'Arras*.

NOTRE-DAME DE HÉAS.

« A quelque distance de Barrège, on va sans doute encore en pèlerinage à la fameuse chapelle de Notre-Dame de Héas. Sa situation pittoresque dans les Pyrénées est très-propre à entretenir la superstition. On y vénère plusieurs images de Marie. Au-dessus du principal autel est le tableau de la Notre-Dame, en capulet rouge, comme une franche montagnarde. C'est ainsi que la Vierge, noire chez les nègres (1), blanche chez nous, affublée de rubans et de dentelles dans la plupart de nos provinces, change de couleur et de costumes selon les différens pays.

» Une foule de cierges allumés sur le maître-autel éclaire deux statues de Notre-Dame. L'une de demi-nature et très-parée est au-dessus du tabernacle, hors de la portée des assistans. L'autre, de dix-huit pouces environ, livrée à la ferveur publique, repose sur le retable de l'autel. Les

---

(1) Elle est souvent noire aussi chez les blancs, parce qu'on a converti beaucoup de vieilles statues d'Isis, etc. en Notre-Dames.

dévots, après de grandes génuflexions et révérences, embrassent la petite statue, la baisent sur les deux joues, lui passent la main sur toutes les formes, de la tête aux talons. Les dévotes plus tendres l'enlèvent de l'autel, lui font des caresses comme à leur enfant nouveau-né, la pressent dans leurs bras. Les confrères viennent devant cette patronne des montagnes, portant au bout d'un bâton des chapelets de bois et des anneaux de cuivre, qu'ils font passer et repasser mystérieusement sur la statue supérieure, qui a trois pieds de haut.

» *Le caillou de la Raillé* reçoit aussi auprès de la chapelle une espèce de culte. Ce fut sur ce caillou, ou plutôt sur ce bloc énorme de granit, que la petite Notre-Dame apparut subitement dans ce canton, en descendant du ciel ; elle se reposa sur le caillou, et s'y reposa jusqu'à ce qu'on l'eût logée dans son petit sanctuaire. Tous les montagnards emportent avec respect des fragmens de ce caillou, qu'ils regardent comme de précieuses amulettes.

» On dit, comme une chose certaine, que la chapelle de Héas fût bâtie par trois maçons, dont l'atelier était visité chaque jour par trois chèvres qui, suivies de leurs chevreaux, venaient nourrir de leur lait ces trois ouvriers (1). »

NOTRE-DAME DE TOUTES BEAUTÉS.

« Il me souvient de ce que j'ai lu au livre de

---

(1) Dusaulx, *Voyage à Barrège*, chap. 15.

Jean Ménard, que Notre-Dame de Toutes Beautés, à Tours, eut ce nom parce qu'on avait usé pour la peindre du même moyen qu'employa un ancien peintre pour peindre la déesse Vénus. On rassembla toutes les plus belles filles et jeunes femmes de Tours ; de l'une on prit le large front, de l'autre les beaux yeux, de l'autre la petite bouche riante, de l'autre le nez gracieux, de l'autre le joli menton, des autres le reste du visage et du corps. Je laisse à prononcer si la vue d'une Notre-Dame si belle enflamme mieux la dévotion (1). »

Notre-Dame de Toutes Beautés fit plusieurs miracles, en faveur des amans que des parens barbares refusaient d'unir. Elle faisait faire aussi des enfans.

NOTRE-DAME DE FERRIÈRES.

L'abbaye de Ferrières près de Montargis, exposait à la vénération des fidèles, une Notre-Dame, qu'on disait apportée de Bethléem par un pieux croisé. Le jour de son installation dans l'abbaye de Ferrières, toutes les cloches des environs sonnèrent d'elles-mêmes ; et de vieux arbres qui ne portaient plus rien, se chargèrent en quelques heures de fleurs et de fruits.

On assure aussi que la ville de Montargis ne fut délivrée de la peste, en 1625, que par la bienveillance de Notre-Dame de Ferrières. C'est en mé-

---

(1) Henri Estienne, *Apologie pour Hérodote*, chap. 38.

moire de ce miracle qu'on faisait tous les ans une procession solennelle, de Montargis à Ferrières, le lundi de la Pentecôte. On établit aussi, sous la protection de cette Notre-Dame, une confrérie dans laquelle les moines surent enrôler Louis XIII et sa famille.

NOTRE-DAME DE BOLOGNE.

On vénérait à Bologne, une Notre-Dame miraculeuse qui délivra autrefois la ville d'une grande peste. On dit, qu'un scélérat qui ne croyait pas aux prodiges opérés par cette sainte image, s'avisa un jour de la frapper d'un coup de couteau. Aussitôt la Notre-Dame répandit quelques gouttes de sang que l'on a conservées. Le scélérat fut pendu, et l'image plus révérée que jamais (1).

NOTRE-DAME DE BONNES-NOUVELLES.

Notre-Dame de Bonnes-Nouvelles, à Lyon, est célèbre aussi par ses miracles. On l'honorait dans l'église des Célestins. Un jour que les Français devaient livrer une grande bataille, on vit la sainte image qui souriait d'un air satisfait. On s'écria : « Bonne nouvelle ! Notre-Dame a ri. » Les Français avaient en effet remporté une victoire. C'est à cette circonstance patriotique que l'image des Célestins dut son nom.

Il y avait une Notre-Dame de Bonnes-Nouvel-

---

(1) Misson, tome II, p. 349, *Voyage de France et d'Italie*. page 793.

les à Abbeville, une autre à Orléans, d'autres ailleurs.

NOTRE-DAME DE CHARTRES.

Les Chartrains prétendent, comme nous l'avons dit, que leurs anciens druides élevèrent des autels à la Vierge, avant qu'elle fut née, et que leur fameuse Notre-Dame-Noire est plus ancienne que le christianisme.

« Les druides dédièrent par révélation un autel à la Vierge qui devait enfanter, comme dit l'historien de l'église de Chartres. S'ils avaient été soigneux d'écrire les miracles que fit cette Notre-Dame avant l'ère chrétienne, ils nous en auraient laissé un bon nombre, car il s'en fit beaucoup. Mais nous ne connaissons que celui-ci :

» Le fils de Geoffroi, roi de Montlheri, du temps des druides, tomba dans un puits. Son père éploré alla prier Notre-Dame de faire en sa faveur un de ces miracles qui lui étaient si faciles, et la sainte image ressuscita le prince. « Geoffroi, comme on le pense bien, fit de magnifiques présens. C'était cependant un païen que les catholiques doivent damner.

Priscus, roi de Chartres, qui n'avait pas d'enfans, fut touché aussi du prodige et laissa son royaume en héritage à la sainte image de Marie, qui devait bientôt naître. La Vierge fut sensible à ce legs ; car, en plusieurs apparitions, elle se qualifia du titre de dame suzeraine de Chartres ; et Jean le marchand conte que jusqu'au onzième siècle, toutes les fois que Notre-Dame venait visiter avec quelque pompe son église chartraine, elle s'entourait de tonnerres et d'éclairs lumineux, pour redoubler la piété des âmes dévotes.

» *Vers le même temps*, un nommé Benoit servait un laboureur qui le fit travailler le jour de sainte-Agathe, *fête chômable pour lors*. A l'heure de midi, le feu prit à son râteau, et il eut la main toute rôtie. On le porta à l'église de son village, et, pendant la nuit qui suivit, il fut visité par deux grandes princesses, dont l'une était Notre-Dame de Chartres, et l'autre sainte Agathe, qui demandait grâce pour lui. Il se fit conduire devant la sainte image, où l'on vit en un instant sa main guérie comme si elle n'eût jamais été brûlée. »

— Un jeune garçon nommé Guillot servait un gentilhomme du Perche, qui lui coupa la langue pour une petite faute. Guillot s'en vint à Notre-Dame de Chartres qui lui rendit sa langue.

— Ces miracles attirèrent tant de pèlerins qu'on ne suffisait pas à recevoir l'argent que les riches et les pauvres apportaient de tous pays. En moins de trois ans Notre-Dame de Chartres ressuscita six morts.

— Une villageoise de Berchères, à deux lieues de Chartres, avait chargé sa fille aînée de garder son autre fille qui était encore au berceau. Un grand homme noir, d'un aspect hideux, entra un moment après. Il avait sur le front une grosse touffe de cheveux hérissés. Cette mine effroyable fit peur à la fille qui gardait la maison. Elle courut chercher sa mère. Hélas ! s'écria la bonne femme, c'est sans doute le diable. O sainte dame de Chartres, conservez-moi ma fille. Elle entra dans sa maison en disant ces mots; le grand homme noir s'échappait par la cheminée; la chambre était pleine d'une fumée épaisse ; le berceau de la petite fille à demi brûlé, mais l'enfant n'avait rien souffert : en mémoire de quoi cette villageoise offrit à l'église de Chartres le berceau que le diable avait brûlé à moitié. On le voyait encore, il y a cinquante ans.

—Les habitans de Pithiviers, en Gâtinais, amenaient des charrettes de froment pour les ouvriers qui rebâtissaient l'église de Notre-Dame de Chartres. En arrivant à Puiset, les bonnes gens de ce bourg les invitèrent à boire un coup. Les pieux charretiers vidèrent le muids ; et, chose admirable ! comme on se disposait à le remporter vide, la sainte Vierge le remplit de nouveau d'un vin cent fois meilleur que le premier, et d'une odeur cent fois plus agréable ; de sorte que tout le monde se remit à boire encore.

—Du temps des guerres du quatorzième siècle, un marchand d'Aquitaine apportait sur son cheval un baril plein d'huile, pour l'entretien des lampes de la vierge de Chartres. Il fut pris par des soldats anglais ; et, comme il ne pouvait payer sa rançon, il invoqua Notre-Dame, qui lui dit de se présenter hardiment avec les autres prisonniers. Il le fit; et la vierge l'ayant rendu invisible, il passa sans être vu du geôlier, retrouva son baril d'huile, et l'apporta à Chartres.

— En 1206, un paysan nommé Guillaume eut l'impiété de faucher son champ le jour de saint-Germain-d'Auxerre. Mais, sur le soir, il se sentit brûlé d'un feu violent ; sa faucille demeura collée à sa main droite, sa dernière brassée de blé se fixa sur son bras gauche, sans qu'il fût possible de l'en arracher. Il ne se délivra de cet état misérable, qu'en se vouant à Notre-Dame de Chartres, et en promettant de ne plus travailler les jours de fêtes (1).

— En 1665, quelqu'un dit à un homme muet des environs d'Étampes d'aller visiter Notre-Dame de Chartres. Oui da, j'irai, répondit le muet ; il y alla, et la sainte image lui rendit la parole.

— Un habitant d'Évreux, se sentant mourir, chargea un de ses voisins d'aller à Chartres, et d'y faire dire une messe pour lui sur l'autel de Notre-Dame. Il lui donna de l'argent pour les frais du pèlerinage et de la messe. Le voisin vint à Chartres ; mais au lieu de faire dire la messe pour le défunt, il but l'argent au cabaret. La nuit suivante, le mort parut dans l'auberge, tira le voisin par les pieds, et fit un vacarme si épouvantable, qu'on alla chercher un prêtre. Que voulez-vous, dit-il au mort ? Je veux qu'on fasse dire ma messe, répondit le revenant, et je ferai tapage jusqu'à ce qu'elle soit dite. Le bon prêtre s'engagea à dire le

---

(1) Vous voyez qu'en tout cela les saints sont plus redoutables que Dieu ; car il n'a guère puni ceux qui ont travaillé le dimanche. Aussi sont-ils mieux servis.

lendemain la messe en question ; et le mort ne revint plus (1).

Notre-Dame de Chartres sauvait aussi les noyés, chassait la peste, faisait retrouver les objets volés et opérait des miracles de toutes les sortes en faveur de ceux qui la priaient. Nous ne pensons pas que la révolution l'ait ôtée aux Chartrains; mais s'ils l'ont encore, elle ne fait plus rien.

NOTRE-DAME DE LA COLONNE.

Il y avait dans la principale église de Chartres une grosse colonne d'une pierre extrèmement dure, sur laquelle un pieux chanoine avait placé une petite image de Notre-Dame, entourée d'une balustrade de cuivre. Elle délivrait les possédés, guérissait les rhumatismes, et donnait le gros lot à ceux qui jouaient à la loterie. La ferveur des dévots était si ardente pour cette sainte image, que leurs baisers avaient usé les trois quarts de l'épaisseur de la colonne. (2)

NOTRE-DAME DE LA BRÈCHE.

Les Chartrains vénéraient une autre image de Notre-Dame, dont voici l'histoire. Au mois de février de l'année 1568, le prince de Condé vint avec ses huguenots mettre le siège devant Chartres; il donna l'assaut du côté de la porte de Dreux.

---

(1) *Histoire de l'auguste et vénérable église de Notre-Dame de Chartres*, chap. 16 et 17.

(2) Notes prises sur les lieux, et *Histoire de l'église de Chartres*, chap. 4.

Cette porte était ornée, comme à présent, d'une image de la Vierge tenant son fils dans ses bras.

Les huguenots tirèrent plusieurs coups de canon contre la sainte sculpture, sans pouvoir jamais la frapper, quoiqu'à quelques pieds, de chaque côté, les murailles fussent brisées par les boulets.

Comme la fureur des huguenots était insensible à ce prodige, Notre-Dame les frappa d'une soudaine terreur qui leur fit prendre la fuite. On éleva près de la porte une chapelle où l'on plaça avec honneur la miraculeuse image, qu'on nomme Notre-Dame de la Brèche; et tous les ans à Chartres, le 15 de mars, on fêtait, par une procession solennelle, la mémoire de la victoire que Notre-Dame avait donnée aux Chartrains (1).

NOTRE-DAME DES CROTTES, A CHARTRES.

Notre-Dame des Crottes se nomme ainsi, non pas qu'elle soit crottée, mais parce qu'elle est dans un creux ou dans une cave (2). On la vénérait dans l'église souterraine de Chartres, sur un autel érigé par les druides à la Vierge qui devait enfanter. La chapelle fut consacrée, dit-on, par saint Potentien; et l'image a été faite par les druides. Elle est assise sur un trône, tenant son fils entre ses bras. Elle est représentée d'une couleur noire mauresque, comme presque toutes les Notre-Dames de Chartres; et l'on croit que les druides

---

(1) *Histoire de l'église de Chartres*, chap. 17.
(2) Henri Estienne, *Apologie pour Hérodote*, ch. 38.

l'ont dépeinte ainsi, à cause qu'elle était d'un pays plus exposé au soleil que le nôtre.

On ne sait pas bien au vrai quelle était la couleur de la sainte Vierge. On peut conjecturer pourtant, par les paroles prophétiques de Salomon (1), qu'elle était brune, et qu'elle ne laissait pas d'être belle. Nicephore dit cependant qu'elle était de la couleur du froment, qui est rouge; à moins qu'il ne veuille parler du blé de turquie, lequel tire sur la couleur de châtaigne (2).

NOTRE-DAME AUX TROIS MAINS.

« Les Russes racontent que la Vierge Marie apparut à un peintre qui faisait son portrait dans le Cazan; pour peu que vous paraissiez en douter, ils vous accuseront d'abord d'athéisme. Voici cette histoire en abrégé.

« Le peintre avait représenté la Vierge Marie, avec notre Sauveur sur ses bras, et avait disposé le portrait de manière que les deux mains paraissaient; mais lorsqu'il revint, pour le finir, dans la chambre où il l'avait laissé, il trouva trois mains disposées régulièrement autour de l'enfant. Sur quoi, s'imaginant que quelqu'autre personne du métier était venue la nuit lui jouer ce tour, il prit son pinceau, effaça comme en colère la troisième main; et après avoir achevé son portrait, il

---

(1) « Je suis noire, mais je suis belle — comme les peaux de Salomon. » *Cantique des cantiques*, chap. 1er. verset 4.
(2) *Histoire de l'église de Chartres*, chap. 7.

ferma la porte de sa chambre et mit la clef dans sa poche.

» Il fut fort surpris en y rentrant le lendemain de retrouver une troisième main dans son tableau, et fit le signe de la croix. Après s'être un peu remis de son étonnement, il se persuada de nouveau qu'il fallait que quelqu'un lui eût fait cette pièce ; c'est pourquoi il effaça encore la nouvelle main, et finit son portrait comme auparavant ; ensuite il sortit et ferma toutes les fenêtres et les portes avec plus de précaution que la veille.

« Mais le troisième matin qu'il y retourna, il fut plus stupéfait qu'il ne l'avait encore été, de retrouver une troisième main peinte pour la troisième fois. Comme il était sur le point de l'effacer, la Vierge Marie lui apparut, et lui défendit de le faire, disant qu'elle voulait être peinte de cette manière, qui est aussi celle dont les Moscovites la représentent toujours en peinture. Cette image est vénérée au monastère de Jérusalem, à vingt lieues de Moscou. Toutes les fois qu'on va l'honorer, il faut faire le signe de la croix, se mettre à genoux et baiser la terre (1). »

NOTRE-DAME DES SEPT DOULEURS.

Au commencement de l'été de 1817, un chêne énorme fut frappé de la foudre, dans un bois qui tient au village de Bruai, à quelque distance de Valenciennes.

---

(1) Jean Perry, *État présent de la Russie*, page 213.

Peu de jours après, trois paysans, qui sortaient d'une mine à charbon, passèrent près de cet arbre, et, en examinant le tronc et les branches fracassées, ils aperçurent à l'extrémité une espèce de petite figure en bois. Un impie n'eût vu là qu'un simple jeu de la nature. Les trois charbonniers, qui avaient de la foi, y distinguèrent une Vierge. Ils coururent au village, en criant miracle ! C'est *Notre-Dame des sept Douleurs*, qui est descendue sur cet arbre avec un coup de tonnerre : telle fut la clameur générale.

Tout le pays se mit en route, le chapelet à la main ; on voulait voir et adorer cette sainte Vierge. Les trois charbonniers racontent qu'avant la révolution, il y avait déjà une Notre-Dame dans ce bois ; mais elle a été dépouillée et brûlée par des brigands ; c'est la même qui revient aujourd'hui : ils la reconnaissent.

Le précieux arbre est bientôt orné par les mains des fidèles ; chacun veut y suspendre ses offrandes : les charbonniers y placent un tronc pour recueillir les aumônes ; une échelle est dressée contre le chêne, pour ceux qui voudront contempler la vierge de plus près, et lui baiser les pieds, moyennant une honnête rétribution. L'affluence augmente tous les jours, et tous les jours le tronc s'emplit. On attache à l'arbre quelques vieilles béquilles, témoins infaillibles des guérisons miraculeuses que Notre-Dame opère à chaque instant.

Le bruit de ces merveilles va porter l'espérance dans la chaumière d'un vieillard nommé Philippe, qui, depuis plusieurs années, a perdu l'usage de ses jambes. Il arrive comme il peut, soutenu par deux voisins, au pied du chêne sacré. Mais il s'efforce vainement de monter l'échelle. Il faut cependant qu'il touche la Vierge, s'il veut être guéri ; et il le veut.

On apporte des cordes, on garrotte fortement le vieillard ; et, toutes les précautions prises, on l'enlève comme une pierre de taille, on le monte péniblement vers Notre-Dame des sept Douleurs. Miracle ! s'écrie-t-il, aussitôt qu'il eut touché la Vierge. Miracle ! répètent en chœur tous les assistans. Je n'éprouve plus aucun mal, ajoute Philippe, suspendu et secoué dans tous les sens ; descendez-moi, je n'ai plus besoin de soutien, je vais courir.

On le descend, il veut faire un pas et fait une lourde chute ; on le relève, il tombe une seconde fois. Après quelques essais aussi malheureux : Cependant je suis guéri, s'écrie-t-il ! — Peut-être imparfaitement, lui dit une pieuse femme, vous avez sans doute omis quelque chose dans vos prières ? — Ah ! c'est probable. — Eh bien ! Il faut recommencer.... Mais les cinq ou six chutes de ce pauvre homme avaient tellement aggravé ses maux, qu'on fut obligé de le reporter à sa cabane, et de remettre à une autre fois sa complète guérison.

Cependant la foule des dévots à Notre-Dame des sept Douleurs augmentant tous les jours, la sainte image était devenue l'objet d'un culte presque universel, lorsque l'administration des forêts fut instruite que les pèlerins causaient de grands dégâts dans les bois, en venant visiter le chêne merveilleux. Pour couper court au désordre et trancher toutes les difficultés, le chêne fut abattu par le pied, ce qui ne se fit pas sans scandale.

Les trois charbonniers emportèrent leur tronc, en gémissant sur la perversité du siècle. Les âmes pieuses déplorèrent le mal que causait à la religion le progrès des lumières. On sentit bien qu'après un pareil outrage à la sainte Vierge, la commune était menacée des plus grands malheurs. Aussi, depuis que le chêne est abattu, lorsqu'il meurt quelque bétail ou qu'il arrive quelque accident fâcheux à Bruai, les anciens du pays disent, dans leur sage expérience, qu'il faut attribuer cela au ressentiment de Notre-Dame des sept Douleurs (1).

NOTRE-DAME DE ALMUDENA.

On découvrit, il y a sept ou huit siècles, dans une vieille tour de Madrid, une image de la sainte Vierge, qui fit des miracles aussitôt qu'on l'eut portée dans une église. On publia que cette image avait été faite par les anges et apportée de Jérusalem à Madrid par saint Jacques le majeur. On la plaça sur un autel d'argent, et bientôt elle ne cessa d'opérer des merveilles étonnantes.

---

(1) *Anecdotes du dix-neuvième siècle*, tome II, page 41.

On raconte, entre autres prodiges, qu'anciennement les habitans de Madrid étant assiégés par les Maures, et réduits à la famine, Notre-Dame de Almudena leur envoya une grande quantité de blé, que l'on découvrit dans les greniers des moines : ce qui mit les Espagnols en état de soutenir le siége avec honneur.

On a peint dans l'église de Notre-Dame de Almudena ce miracle de bienfaisance. Mais la sainte image n'en fait plus de tels (1).

NOTRE-DAME DES ANGES OU DE LA PORTIONCULE.

Un crucifix ayant dit à saint François d'Assise : Allez, François ; réparez ma maison qui tombe en ruines ; ce grand Saint entendit tout à travers et fit rebâtir trois églises, dont la plus célèbre est celle de Notre-Dame de la Portioncule, auprès d'Assise. Elle s'appelait Notre-Dame de la Portioncule parce qu'elle était située dans une très-petite propriété qui appartenait à de riches Bénédictins. Mais on lui donnait plus généralement le nom de Notre-Dame des Anges, parce qu'on y vénérait une image de Notre-Dame, autour de laquelle les anges apparaissaient souvent, chantant des psaumes et s'accompagnant d'une musique céleste.

Un jour que François était en oraison devant cette Notre-Dame, il vit au-dessus de l'autel,

---

(1) Bruzen de la Martinière, à l'article *Madrid*. Manesson-Mallet, *Description de l'univers*.

Notre-Seigneur et la Sainte-Vierge accompagnés d'une multitude d'esprits bienheureux « qui lui donnèrent mille témoignages d'amitié. » Notre-Seigneur lui permit de demander quelque grâce : Eh bien! mon doux Jésus, répondit François, accordez-moi que tous les pécheurs qui viendront visiter cette église, s'en retournent avec indulgence plénière de tous leurs péchés. Notre-Dame joignit ses prières à celles de François ; et Jésus répondit qu'il accordait l'indulgence, après que le pape y aurait donné son consentement.

François sollicita et obtint d'Honorius III le maintien de la grâce que Jésus-Christ avait faite ; et cette fameuse indulgence de la Portioncule attire à Notre-Dame des Anges, plus de pèlerins encore que les miracles de l'image (1).

NOTRE-DAME-DU-FOU-DU-BOIS.

La célèbre Notre-Dame-du-Fou-du-Bois est exposée à la vénération des fidèles, dans une église voisine de Lesneven en Bretagne. On raconte qu'un écolier ne put apprendre dans ses études que ces seules paroles : « O Dame vierge Marie. » On le chassa. Il vint en répétant sans cesse ces mots chéris se réfugier sous la protection de Notre-Dame. Il vivait des aumônes de Lesneven, et se couchait dans un grand arbre. S'il faisait froid, il se plongeait dans la fontaine, jusqu'au cou, en prononçant toujours le doux nom de sa protectrice.

---

(1) *Annales des frères mineurs*, le P. Giry au 2 août, etc.

Il meurt. Un lis s'élève de sa bouche, quelque temps après son enterrement. Ce miracle fait grand bruit ; le duc et la noblesse de Bretagne font élever une chapelle à la Vierge, sur la tombe de son ami. Il se fait des miracles sans nombre. Anne de Bretagne, François Ier., se rendirent en pélerinage à cette chapelle, qui n'a perdu son influence miraculeuse que depuis la révolution (1).

NOTRE-DAME DE NEUBOURG.

Le capucin Marc d'Aviano, fameux par ses miracles, passa par Neubourg en 1682. Comme il entrait dans l'église de Saint-Pierre, il aperçut dans un coin une vieille Notre-Dame de bois, qui était toute estropiée et toute chargée de poussière. Le zèle le saisit, en même temps que la douleur de voir cette Notre-Dame en si mauvais état. Il se prosterna tout de son long devant elle ; il se mit à frapper sa poitrine et à se répandre en lamentations.

Comme il était au milieu de ces gémissemens, il cria tout d'un coup miracle ! et protesta que la bonne Notre-Dame avait remué les yeux, et l'avait regardé. Il y avait alors plusieurs vieilles femmes dans l'église, qui accoururent aux cris du capucin ; et qui embrassèrent avec joie l'occasion de pouvoir dire qu'elles avaient été témoins d'un miracle. Elles s'écrièrent avec le capucin, que la Notre-Dame l'avait regardé.

---

(1) M. Cambry, *Voyage dans le Finistère*, tome II, p. 39.

Il sortit incontinent avec elles, et remplit toute la ville du prétendu miracle. Il fut appuyé des puissances ; et après certains préalables, qu'il n'est pas nécessaire de raconter, on alla à Saint-Pierre en procession ; on débarbouilla la statue, on ôta le sacrement de dessus le grand autel, qui lui était dédié : on habilla splendidement la Notre-Dame, et on la mit sur cet autel, « où elle fait des miracles par millions. Les princes et les peuples l'accablent de présens, et on y vient de toutes parts en pèlerinage (1). »

LA MADONE DOULOUREUSE DE TOLÈDE.

« Le général Lasalle étant à Tolède, alla visiter le palais de l'Inquisition ; car en Espagne l'humilité des inquisiteurs est comme celle des autres moines ; elle porte des étoffes de bure et habite des palais de marbre.

» A la vue des instrumens de torture, on vit frémir ce général et tous les guerriers qui l'accompagnaient : cette vue était plus affreuse que celle du plus horrible champ de bataille. Au nombre de ces instrumens, il y en avait un surtout qui, par l'espèce de sacrilége dont il donnait l'idée, fixa plus particulièrement l'attention des militaires français.

Au fond d'un cachot souterrain, près d'une pièce où se tenait l'inquisiteur chargé d'interroger les malheureux, accusés d'hérésie, se trouvait

---

(1) Misson, tome I, page 96.

dans sa niche la statue de la Vierge. Une gloire dorée lui environnait la tête ; une draperie d'étoffe de soie descendait de ses épaules jusqu'à ses pieds, et l'on distinguait à travers les plis de son manteau une espèce de cuirasse. Cette statue semblait être une imitation de la Jeanne d'Arc que l'on voit à Orléans.

En y regardant de plus près, on s'aperçut que la cuirasse était garnie de lames de couteau et de pointes de clous très-affilés. Les bras de la statue étaient mobiles ; une manivelle placée derrière la cloison les mettait en mouvement. Le général donna à l'un des familiers de l'inquisition l'ordre de faire jouer cette machine : le sac d'un grenadier polonais tint lieu d'hérétique ; la statue l'enlaça dans ses bras et l'étreignit fortement. Lorsqu'on le lui eut fait lâcher, on reconnut que le sac était criblé de trous ; les pointes et les lames y avaient pénétré à plusieurs lignes de profondeur.

Ainsi la secourable Marie, la reine des anges, était dans les mains des inquisiteurs le ministre sanglant des fureurs du fanatisme ; et pour que rien ne manquât à cette odieuse profanation, ils avaient par une espèce de jeu de mots, donné à cette affreuse statue le nom de *madre dolorosa* (1).

LA MADONE DE VALLADOLID.

Il y avait également à Valladolid une madone

---

(1) *Lettres normandes*, 96e. livraison.

plaquée d'or pur qui tenait de chaque main un poignard, et qui déchirait en l'embrassant l'hérétique ou le juif qu'on voulait *châtier*. Quand la sainte image remuait les bras par le moyen d'une mécanique, le peuple était obligé de crier miracle, de peur d'être soupçonné d'hérésie (1).

NOTRE-DAME DU CHÊNE.

Il n'y a point de personne dévote qui n'ait fait, au moins une fois dans sa vie, le pèlerinage de Notre-Dame du Chêne. Sa chapelle qui est en grande dévotion dans tout le pays, a été bâtie avec assez d'élégance à l'entrée d'une forêt, à un quart de lieue de Bar-sur-Seine. On y va honorer une image miraculeuse de la Sainte-Vierge, qui est fort petite, grossièrement faite, mal sculptée, et qui ne laisse pas de faire bien des miracles.

Elle est fort ancienne. On l'appelle Notre-Dame du Chêne parce qu'elle fut apportée du ciel par les anges, et trouvée dans un chêne par des bergers. Le maître-autel de la chapelle est encore appuyé contre le tronc d'un vieux chêne, dont les pèlerins ont grand soin de détacher quelques petits morceaux qu'ils conservent pieusement, comme des préservatifs infaillibles contre toutes sortes d'accidens.

Aux fêtes de la Sainte-Vierge, le concours du peuple est immense à Notre-Dame du Chêne. Dans

---

(1) Note donnée par un militaire qui a fait la guerre d'Espagne.

les calamités publiques, on va en procession chercher cette image ; on l'expose pendant plusieurs jours dans l'église paroissiale de Bar-sur-Seine ; et quand les calamités sont passées, on la reporte en pompe dans sa chapelle.

Il est inutile d'énumérer les miracles de Notre-Dame du Chêne. C'est toujours un paralytique qui marche, un boiteux qui ne cloche plus, un aveugle qui voit, un possédé que le diable abandonne. Observons seulement que l'image miraculeuse, perdue dans la révolution, a reparu après le danger, qu'on a repris les pèlerinages, et que depuis quelques années on y a fait cinq ou six guérisons merveilleuses, sans parler d'une pauvre fille dont trois démons s'étaient emparés, et qui fut délivrée de ces hôtes incommodes, après avoir gambadé une demi-journée devant la sainte image (1).

NOTRE-DAME D'ATOCHA (2).

La magnifique église de Notre-Dame d'Atocha, à un quart de lieue de Madrid, appartenait à un riche couvent de Dominicains, dont elle augmentait toutes les années le revenu, par les nombreux pèlerinages dont elle était le but. On y révère une Notre-Dame noire qui tient l'enfant Jésus entre ses bras, et qui fut apportée d'Antioche par

---

(1) *Anecdotes du dix-neuvième siècle*, tome II, page 44.
(2) Notre-Dame d'Atocha par corruption. Elle devrait s'appeler Notre-Dame d'Antioche.

un saint personnage à qui un ange l'avait remise.

C'est devant cette image que les rois d'Espagne font chanter le *Te Deum*, dans les événemens heureux. Elle était entourée de cent grosses lampes d'or et d'argent qui brûlaient nuit et jour. On avait soin aux grandes fêtes de la couvrir de pierreries et de vêtemens superbes. Elle avait la tête couronnée d'un soleil de diamans d'une richesse incalculable.

Notre-Dame d'Atocha arrête les incendies, chasse la peste, pleure dans les malheurs publics, et rend la santé aux princes (1).

NOTRE-DAME DE LA SIBYLLE OU D'AUGUSTE.

On montre à Saint-Jean-de-Latran une vieille image de Notre-Dame, que l'on dit la plus ancienne de toutes celles qui furent peintes par saint Luc. On ajoute que c'est cette image qu'une sibylle montra à l'empereur Auguste, en lui disant d'adorer l'enfant qu'elle tient dans ses bras.

Mais saint Luc ne vivait pas du temps d'Auguste; il ne donnait point de tableaux aux sibylles parce qu'il n'en faisait point et qu'il n'y avait plus de sibylles; et le conte de la sorcière qui fit voir Notre-Dame à Auguste, dit précisément qu'elle lui montra vers le soleil couchant une apparition lumineuse, qui représentait la Sainte-Vierge. Ce n'est pas cette apparition qu'on a conservée à Saint-Jean-de-Latran.

---

(1) *Délices de l'Espagne*, tome I. *Voyage de Jouvin de Rochefort*, etc.

NOTRE-DAME DE MONTSERRAT.

Le premier comte de Barcelonne avait une fille d'une beauté si merveilleuse, qu'on ne pouvait la voir sans en devenir amoureux. Elle était dans tout l'éclat de ses charmes, lorsqu'elle se trouva possédée du diable.

Les exorcistes ordinaires ne pouvant la délivrer, son père la conduisit à un ermite, nommé Jean Guérin, et surnommé *le saint homme*, qui avait déjà chassé plusieurs démons avec le plus grand bonheur. Jean Guérin fit une certaine prière; et incontinent l'ange de ténèbres, qui s'était emparé de la jeune fille, sortit en hurlant.

Mais de peur qu'il ne rentrât dans ce beau corps, le comte (sans doute par un conseil intérieur du démon qu'on venait de chasser) laissa sa fille avec *le saint homme*, qui conçut bientôt pour elle l'amour le plus effréné, la viola et l'égorgea... (1).

Après qu'il eut commis ces deux forfaits exécrables, Guérin courut à Rome, pour en obtenir le pardon. Il se confessa au pape, qui frémit

---

(1) Louis Montegut, dans son histoire de Notre-Dame de Montserrat, met tout le crime sur le compte du diable. C'est assez naturel. Le diable, dit-il, prit la figure et l'habit d'un ermite, et s'alla loger dans une caverne qu'on appelle encore aujourd'hui *la Grotte du diable*, au-dessus de celle où logeait Jean Guérin. Il l'alla voir, gagna sa confiance; et lorsque Guérin vint lui dire qu'il était tenté du crime, en voyant auprès de lui la belle princesse, l'ermite infernal lui reprocha sa lâcheté, l'engagea à braver le péril. Guérin le brava, mais il tua la jeune fille, après l'avoir violée, et l'enterra sous une roche. (*Histoire*, page 56.)

d'horreur, et qui lui ordonna, pour pénitence, de s'en retourner à quatre pates à Montserrat, et de vivre solitaire, de ne point parler, de ne point se lever sur ses pieds, jusqu'à ce qu'un enfant de trois mois lui annonçât le pardon de son double crime.

Guérin obéit; et pendant sept ans, il vécut au milieu des bois, avec les bêtes sauvages, marchant et se nourrissant comme elles.

Un jour que le comte de Barcelonne chassait sur la montagne de Montserrat, les gens de sa suite trouvèrent, dans une caverne, un homme velu comme un ours, et se traînant à quatre pates. Ils le prirent vivant, l'emmenèrent à Barcelonne, et l'enchaînèrent dans une écurie du château.

A quelques jours de là, le comte fit un festin solennel, à l'occasion d'un fils qui lui était né. Les conviés, entendant parler de l'homme velu, demandèrent à le voir. On l'amena dans la salle du banquet, où l'enfant dont on célébrait la naissance, et qui avait à peine trois mois, arriva en même temps, porté par sa nourrice. Il n'eut pas plus tôt jeté les yeux sur l'homme velu, qu'il lui dit d'une voix haute et distincte : *Lève-toi, frère Jean Guérin; car Dieu t'a pardonné tes péchés.*

L'étonnement que causa ce discours, dans une bouche de trois mois, fit bientôt place à la curiosité. On pria Jean Guérin de raconter son histoire. Il le fit en gémissant. — Puisque Dieu t'a pardonné, dit le comte, je te pardonne aussi de bon cœur ; mais je désire savoir où tu as enterré ma fille, afin que je la fasse apporter à Barcelonne, et qu'elle soit ensevelie dans le tombeau de ses pères.

Guérin montra le lieu où il l'avait mise ; on y ouvrit la terre ; et, au grand étonnement des spectateurs, on y trouva la fille du comte pleine de vie et belle à ravir.

On lui voyait seulement une espèce de collier de fil d'écarlate, à l'endroit où le saint homme lui avait coupé la gorge. Elle raconta à son père que la Sainte-Vierge, à qui elle se recommandait tous les jours, l'avait ainsi miraculeusement conservée vivante au sein de la terre.

En reconnaissance d'un si grand et si long miracle, on fit bâtir en ce même lieu un couvent de nonnes, dont la fille du comte devint l'abbesse ; et frère Jean Guérin en fut fait le confesseur et le directeur (1).

Vers le même temps, des bergers aperçurent plusieurs nuits de suite quelques anges qui chantaient au milieu d'une lumière éclatante, sur le sommet d'un rocher où la jeune fille avait été trouvée vivante. On y fouilla, et on y trouva une image rayonnante, qui parfumait les airs d'une odeur très-suave. On essaya de l'emporter à Barcelonne, mais elle se rendit si pesante qu'il fut impossible de la soulever (2).

On comprit par ce prodige qu'elle voulait

---

(1) On conserve au trésor de Montserrat les reliques de saint Jean Guérin, *Histoire de Notre-Dame du Monts.*, page 37.
(2) La tradition du pays veut que cette sainte image ait été

rester dans le lieu où la fille du comte avait été enterrée, et on la déposa solennellement dans la chapelle du monastère de Montserrat, qu'on fit élever en cet endroit.

Les miracles continuels que cette fameuse image ne cessa dès lors d'opérer, y attirèrent une foule de pèlerins, et en firent un des plus riches couvens de l'Espagne. Ce fut devant cette image qu'Ignace de Loyola fit la veille des armes, lorsqu'il voulut être armé *chevalier de la Vierge*. C'est auprès de cette image qu'il avait résolu de tuer un musulman, qui ne croyait pas à la virginité de la mère de Jésus (1).

Orlandin assure que la sainte image regarda tendrement Ignace, lui présenta son fils, et l'engagea fort à établir la compagnie de Jésus (2).

On fonda à Notre-Dame de Montserrat une confrérie célèbre ; et le pape Paul V daigna accorder aux confrères de très-grandes indulgences. C'est aussi un pèlerinage fameux (3).

---

apportée en Espagne au premier siècle. On l'honorait, dit-on, à Barcelonne, du temps de la domination des Romains ; et on l'appelait l'*Image du triomphe*, parce que la victoire était toujours du côté de ceux qui en étaient dépositaires. Après l'irruption des Maures, on la cacha dans les rochers du Montserrat où elle ne fut retrouvée que comme on vient de le lire (vers l'an 888.) *Histoire citée*, page 48, etc.

(1) *Histoire de don Inigo de Guipuscoa*, tome I, p. 19, 20 et 21 ; *Histoire des miracles faits par l'intercession de Notre-Dame de Montserrat*, etc. Voyez *Ignace*.

(2) Histor. soc. Jesu. Lib. I, num. XII.

(3) Louis XIV fit dire mille messes pour l'âme de sa mère, à l'abbaye de Montserrat.

Nous ne rapporterons ici que quelques-uns des mille et un miracles de Notre-Dame de Montserrat.

Une grande dame de Valence avait tant d'affection pour cette Notre-Dame, qu'elle donnait la moitié de ses biens à son monastère, et qu'elle ne passait pas de mois sans envoyer quelque ornement à son image. Or le feu prit un jour à sa maison, avec tant de rapidité et de violence, qu'elle n'eut pas le temps de fuir. Elle se rappela heureusement l'image miraleuse, de laquelle elle avait droit d'attendre quelque protection. Elle prit ses quatre enfans, l'un après l'autre, et les jeta par les fenêtres, du troisième étage sur le pavé, en disant à chacun : *Mon fils, je te recommande à Dieu et à Notre-Dame de Montserrat.* Elle se précipita ensuite, en se recommandant elle-même; et, chose admirable! ni la mère ni les enfans ne reçurent la moindre contusion, parce que l'image de Montserrat était venue, et les avait soutenus dans leur chute.

Une femme, qui avait fait trois fausses couches, promit à Notre-Dame de Montserrat que, si elle avait un enfant, elle le dévouerait au service de la Vierge. Peu de jours après, elle fut enceinte pour la quatrième fois ; elle accoucha d'un enfant qui mourut, et qui fut enterré. Lorsque les douleurs de l'enfantement furent apaisées, et qu'elle eut repris ses sens, cette mère demanda à voir son fils. On lui dit qu'il était mort. — Qu'on me l'apporte cependant, répliqua-t-elle ; je veux le voir. Elle fit tant d'instances, qu'on exhuma le petit enfant, et qu'on le lui mit entre les mains. Elle pleura, elle reprocha à la sainte Vierge de n'avoir pas protégé un enfant destiné au service des autels ; et à l'instant, ô prodige ! l'enfant se ranima, cria, et se mit à téter.

Un petit garçon s'était jeté dans un puits, en jouant à la balle. Ses parens, ne le retrouvant plus tombèrent dans un grand désespoir. On ne le repêcha qu'au bout de trois jours, et l'on se disposait à l'enterrer, quand, aux prières et aux sanglots de la mère, qui faisait tous les ans le pèlerinage de Notre-Dame de Montserrat, la bienheureuse image rendit la vie à l'enfant, qui se mit à courir par la chambre, au grand étonnement des voisins et de la famille rassemblés pour l'enterrement.

Une paysanne avait laissé seul dans son berceau un enfant de quelques mois. La porte de la chambre était ouverte ; un cochon entra, qui mangea le nez, les lèvres, les doigts et les pieds du petit innocent. La mère accourut à ses cris, chassa l'animal horrible, et pleura amèrement son imprudence ; mais comment la réparer ? Par bonheur elle avait une grande dévotion à Notre-Dame de Montserrat ; elle la supplia de venir à son aide. Son oraison était à peine achevée, que par la toute-puissance de la Vierge, on vit repousser en un instant toutes les pièces que le cochon avait mangées (1).

---

(1) *Histoire des miracles faits par l'intercession de Notre-Dame de Montserrat*, et Ph. Berlaymont, *Paradisus Pueror.*

Mais ce n'est pas seulement à Montserrat que cette sainte image fait des miracles. Elle avait en France un procureur général, qui quêtait pour la confrérie, et qui guérissait ceux qui se vouaient à Notre-Dame. Un bon homme de Bordeaux avait une petite fille de quinze mois, qui depuis huit jours ne voulait plus téter. Il la mit dans la confrérie de Notre-Dame de Montserrat; et incontinent la petite fille se jeta sur la mamelle de sa mère.

Au-dessus du cloître de l'abbaye de Montserrat, on voit un rocher penchant, où la sainte Vierge s'est montrée quelquefois. On y a planté trois croix, auprès desquelles on dit tous les jours la messe, pour que Notre-Dame ne permette pas que ce rocher tombe sur son église ni sur le couvent; ce qui n'empêche pas que vers le milieu du seizième siècle, il s'en détacha un gros quartier, qui tomba sur l'infirmerie, et y tua plusieurs moines malades (1).

NOTRE DAME DE CLÉRY.

Notre-Dame de Cléry, dans l'Orléanais, est célèbre par quelques miracles, mais surtout par la dévotion et les pèlerinages de Louis XI, qui l'appelait sa bonne amie. On sait qu'en faveur de l'amitié qu'il portait à cette Notre-Dame, Louis XI donna à la Vierge le comté de Boulogne.

---

(1) On s'étonnera peut-être que les moines de Notre-Dame de Montserrat soient malades, ayant à leur disposition la sainte image qui guérit tous les maux des pèlerins. Mais....

Son bonnet était garni de petites Notre-Dames de plomb, qu'il honorait du culte le plus superstitieux. On assure qu'il en avait une à laquelle il demandait pardon d'avance des crimes qu'il voulait commettre. Il ôtait son bonnet, regardait sa Notre-Dame et lui disait : « Encore ce péché-là, petite bonne Vierge. »

NOTRE-DAME DE SAINT-DOMINIQUE.

On vénère à Rome, dans l'église des religieuses de Saint-Dominique, un portrait de la sainte Vierge commencé par saint Luc et terminé de la main des anges. Un jour que saint Dominique portait cette image en procession, pour détourner la peste qui affligeait Rome, la Notre-Dame lia conversation avec le saint, lui promit de faire cesser la peste, et lui annonça qu'on lui gardait une place dans le ciel. Elle a fait bien d'autres miracles (1).

NOTRE-DAME DE LIESSE.

Parmi les chevaliers qui se distinguèrent en Palestine, au douzième siècle, on remarquait trois frères de la maison d'Eppe en Picardie, très-illustres par leur piété et leurs belles actions. Or, dans un petit combat que livrèrent les chrétiens aux habitans de l'ancienne ville d'Ascalon, les trois frères picards furent pris et conduits dans les prisons du soudan d'Égypte.

Ce prince ayant voulu les voir, fut si charmé de

---

(1) *Voyage de France et d'Italie*, page 448.

leur bonne mine et de leur taille imposante, qu'il leur proposa de se faire musulmans, promettant de leur donner de bons emplois dans ses armées. Les trois frères rejetèrent ces propositions, et furent mis au cachot avec de l'eau et du pain.

Ces traitemens et les insultes qu'on y ajouta ne détournèrent pas les trois frères de la bonne voie. Le soudan y perdit son éloquence ; il les fit prêcher par ses docteurs, qui n'y gagnèrent pas davantage ; il les tenta par les plus belles promesses, sans réussir d'aucune façon.

A la fin, il avisa un moyen plus sûr ; ce fut d'envoyer aux chevaliers sa fille même, la princesse Ismérie. Elle était jeune, belle, charmante ; elle avait une touchante douceur, des regards expressifs, un esprit agréable, et parlait avec une grâce qui entraînait tous les cœurs.

Elle pénétra dans la prison, séduisante et parée, et dit aux trois frères qu'ils devaient sa visite à leur renommée ; qu'elle avait été curieuse de les voir, et qu'elle serait désolée que des chevaliers si braves fussent empalés. Elle leur insinua doucement qu'ils pouvaient retrouver la liberté, la vie, les honneurs, en abandonnant une religion malheureuse, pour le culte du grand prophète.

Les charmes du sexe sont bien puissans et bien funestes à la religion. Mais la foi de nos chevaliers était grande : au lieu de se laisser séduire par les discours de la belle Ismérie, ils lui expliquèrent si bien le mystère de l'incarnation, la trinité et les autres mystères de notre religion, qu'ils la convertirent elle-même dans la même séance, et que la princesse conçut le plus vif désir de voir la sainte Vierge.

Écoutez, dit l'un des chevaliers, je ne suis ni sculpteur ni peintre; néanmoins si vous voulez m'envoyer du bois et des instrumens, je vous en ferai une figure qui vous en donnera quelque idée..... La princesse sortit, envoya ce qu'on lui demandait, et retourna vers son père, qui l'attendait avec impatience : elle se garda bien de lui dire qu'elle était convertie; elle dissimula, et lui fit espérer au contraire qu'elle convertirait bientôt les trois frères picards.

Cependant les trois chevaliers étaient bien embarrassés de faire leur image ou statue : après y avoir travaillé plusieurs jours, ils prièrent le ciel de les aider, et s'endormirent là-dessus. De beaux songes les enchantèrent pendant leur sommeil; mais quel fut leur ravissement, lorsqu'à leur réveil ils virent devant eux une image de la sainte Vierge, envoyée d'en haut, ravissante de beauté, et presque lumineuse !

Ils attendirent impatiemment la princesse, pour lui faire part de ce miracle. Isméric ne les fit pas languir long-temps. Le matin de cette favorable nuit, elle arriva à la prison. On se figure aisément son agréable surprise, à la vue de la miraculeuse image, que les chevaliers d'Eppe lui présentèrent comme une insigne faveur du ciel. Ses yeux furent éblouis de la beauté de la statue; son esprit pénétré des vives lumières de l'Esprit saint; son cœur si fortement touché de la grâce, qu'elle fut dès lors tout-à-fait bonne chrétienne. Elle adora et baisa la précieuse image, qu'on appela *Notre-Dame de Liesse*, à cause de la joie qu'elle apportait dans cette prison.

Bref, la princesse, ayant fait ses réflexions, proposa aux chevaliers de les délivrer, à condition qu'ils l'emmèneraient avec eux dans un pays où elle pût faire son salut. Les trois frères picards se jetèrent à genoux, rendant grâces à Dieu, à la sainte Vierge et à la princesse.

Au commencement de la nuit, la sainte Vierge apparut, au milieu d'une splendeur céleste, à la bonne Ismérie, l'engagea à passer en France, et lui promit qu'après avoir mené une vie chaste et sainte, elle recevrait dans le ciel la couronne de gloire. Ismérie n'hésita plus; elle fit retirer ses filles, se chargea de ses pierreries, de la céleste image, de tout ce qu'elle avait de précieux, délivra les prisonniers et sortit avec eux de la ville, dont les portes s'ouvrirent miraculeusement devant l'image sainte.

Arrivés au bord du Nil, un jeune homme se présenta pour les passer à l'autre bord dans sa barque; et quand le fleuve fut traversé, le jeune homme et la barque disparurent.

La princesse et les chevaliers, frappés de ces miracles, marchent par le premier chemin qu'ils trouvent, en s'entretenant des miséricordes de Dieu. Après avoir marché quelque temps, *le ciel permit* que la princesse (dont la complexion était délicate et qui avait déjà passé deux nuits sans dormir), se trouvât fatiguée et hors d'état de continuer la route. Cela les obligea de s'arrêter; et ils s'endormirent au pied d'un arbre.

Ils eurent un nouvel étonnement à leur réveil; ce fut de se trouver dans un autre pays et sous un autre climat. Les chevaliers reconnurent, à quelques pas, une fontaine de la Picardie, et un peu plus loin leur château, avec les tours et les ponts-levis. En un mot, la princesse et les trois frères de la maison d'Eppe s'aperçurent qu'un ange les avait transportés, pendant leur sommeil, d'Égypte en Picardie.

Les chevaliers ravis dirent donc à la princesse qu'elle pouvait être tranquille : Nos libertés et nos vies sont en sûreté, continuèrent-ils, nous sommes en France, et qui plus est en Picardie, et sur les terres de notre maison, et le château qui est devant nous est à nous......

La princesse cherchait la miraculeuse image; mais la miraculeuse image avait aussi voyagé, et s'était arrêtée auprès de la fontaine qu'ils avaient distinguée d'abord. On jugea prudemment que la sainte image voulait rester là, d'autant plus qu'il fut impossible de l'en ôter : c'est pourquoi on y bâtit une chapelle, où la princesse Ismérie fut baptisée sous le nom de Marie, et où il se fit depuis tant de miracles, que le nombre en est innombrable.

Telle est l'histoire miraculeuse de la céleste image de Notre-Dame de Liesse, qui est arrivée en Picardie, l'an de Notre-Seigneur 1134. La chapelle et le bourg de Liesse s'élevèrent la même année (1); il s'y fit un pèlerinage perpétuel qui est encore célèbre aujourd'hui, et qui est grandement encouragé par les miracles de l'image.

La fameuse possédée de Vervins ne fut délivrée des démons qui la tourmentaient que dans la chapelle de Liesse, où Belzébuth avoua que la Notre-Dame venait de lui ôter vingt-six de ses compagnons, et qu'il était obligé de partir.

On voit aussi Claude Leloup, du pays Chartrain, guéri en 1665 d'une maladie qui le menaçait de perdre l'esprit, si toutefois il avait de l'esprit à perdre. Il offrit à la sainte image un cœur d'argent.

Avant la révolution, l'église de Liesse était pleine d'*ex-voto* semblables, d'enfans d'argent, de navires d'argent, de tétons d'argent, de bras, de pieds, de têtes d'argent, etc. On y comptait, tant en argent qu'en or, quinze calices, vingt-six images de la Vierge, quatre-vingt-quatre lampes, cinquante-quatre statues d'enfans, trente-cinq cœurs, seize couronnes, etc., etc., etc.

Charles VI, Charles VII, Louis XI, François Ier., Henri II, firent le pèlerinage de Notre-Dame de Liesse. Charles IX y allait souvent faire

---

(1) *Histoire de l'image miraculeuse de Notre-Dame de Liesse*, par M. Villette, 1728. — *Annales de Malte*, etc., etc. Ce morceau a déjà été publié dans l'appendice aux *Mémoires d'un vilain du quatorzième siècle*.

ses dévotions. Marie de Médicis et Anne d'Autriche en firent aussi le voyage, et donnèrent divers objets précieux.

En 1675, la reine de Pologne, qui avait déjà présenté à l'image de Liesse un enfant d'argent représentant Alexandre Sobieski son fils, avec une chaîne d'or enrichie de diamans, envoya une mamelle d'or, pour remercier Notre-Dame de ce qu'elle se trouvait délivrée d'un grand mal de sein.

Ce qui augmenta beaucoup la dévotion au pèlerinage de Liesse, c'est qu'entre autres faveurs la Notre-Dame qu'on y vénère accorde surtout des enfans aux femmes stériles. Beaucoup de princesses ont cru devoir leur grossesse au vœu qu'elles avaient fait de visiter Notre-Dame de Liesse ; et Henri Estienne raconte que (de son temps du moins) les femmes qui n'avaient pu faire d'enfans et voulaient en avoir, allaient tirer avec leurs dents les cordes des cloches de l'église de Liesse (1), et boire ensuite avec dévotion l'eau de la fontaine miraculeuse, auprès de laquelle l'image s'était arrêtée.

Notre-Dame de Liesse est une statue noire ; elle est assise, et tient sur ses genoux l'enfant Jésus qui a sous la main gauche une boule surmontée d'une croix. Elle était élevée au-dessus d'un autel, sur lequel on avait placé une autre image de la Vierge en vermeil, à la portée des dévots, qui

---

(1) *Apologie pour Hérodote*, chap. 38.

veulent toujours baiser quelque chose. Cette statue de vermeil a été détruite en 1793.

Nous pourrions citer une multitude d'enfans que Notre-Dame de Liesse a fait naître ou qu'elle a ressuscités. Mais ces miracles ne sont pas assez variés.

On sait que le 23 mai 1821, son altesse royale madame la duchesse de Berri visita Notre-Dame de Liesse, pour rendre grâces à la Vierge de la naissance heureuse de monseigneur le duc de Bordeaux, et pour remplir le vœu qu'avait fait à Liesse M. de Bombelles, au nom de la princesse (1).

NOTRE-DAME DE SAINT-GRÉGOIRE.

La Notre-Dame de saint Grégoire est bien célèbre à Rome ; on la vénère dans l'église de Saint-Cosme et de Saint-Damien ; et c'est encore une image peinte par saint Luc. Elle eut autrefois un long entretien avec saint Grégoire, qui avait discontinué de la saluer en passant devant elle. Cet entretien a été mis en vers latins, dont voici la traduction. On les attribue à l'abbé Joachim ou au vénérable Bède :

L'image de Notre-Dame.—Parle, hé ! l'homme aux clefs (2) ! Où vas-tu, étourdi ? Veux-tu donc t'arrêter quand on t'appelle !

---

(1) Voyez la *Relation du voyage de S. A. R. Madame la duchesse de Berri et de son pèlerinage à Notre-Dame de Liesse*, par M. Brayer. 1821.

(2) Saint Grégoire était pape : *claviger*.

Saint Grégoire. — Qu'est-ce que j'entends? Quelle impudente voix me frappe les oreilles? Quel impie scélérat ose parler ainsi à un vice-Dieu?

L'image. — Arrête-toi, téméraire, et rends le respect à qui tu le dois.

Saint Grégoire. — O ciel! est-il possible? O prodige! ô miracle! je pense que c'est une image qui crie après moi! Mais non, je rêve sans doute; c'est une illusion, c'est un songe. M'appelez-vous, sainte image? En vérité, je vois ses lèvres qui remuent et sa tête qui branle. Que demandez-vous, merveilleuse image? Qui êtes-vous, par votre permission?

L'image. — Quoi! Grégoire, insensé Grégoire, quoi! tu ne connais pas la mère de ton seigneur, celle qui est tout ensemble mère et pucelle, la fille et la tour de David, la rose mystique, l'arche d'alliance, la reine du ciel, le palais d'or, l'épouse de Dieu, le miroir et le bouclier de justice, la porte du paradis?...

Saint Grégoire. — Je vous demande pardon, ô vénérable image. Je n'avais jamais vu la Vierge Marie; je ne vous avais non plus jamais entendue parler; et qui est-ce qui a vu des choses semblables?

L'image. — Passe pour le premier coup; va, je te le pardonne. Mais une autre fois, ne sois pas si fou, je te prie, que de manquer à ton devoir. Où t'en allais-tu donc si vite?

Saint Grégoire. — Messire Jean vient de dire

une messe sur un de vos autels privilégiés, et il a délivré une âme du purgatoire. La pauvre créature est demi-cuite à la porte, où elle m'attend avec impatience : je m'en allais lui ouvrir.

L'image. — Eh bien, va ; fais promptement ton affaire. *Perge Gregori* (1).

On ajoute que, depuis ce colloque, saint Grégoire ne manqua plus de saluer la sainte image. Il accorda aussi le privilége de délivrer une âme du purgatoire, à tout prêtre qui dirait une messe sur l'autel de la Notre-Dame qui lui avait parlé si long-temps (2).

LA MADONE LIBÉRATRICE.

Les Romains révèrent, au Campo Vaccino, sous le nom Madone libératrice, une image de Notre-Dame, que saint Grégoire trouva dans ce lieu même, au milieu de quelques décombres. On assure qu'elle délivra Rome d'une grande peste ; et c'est ce qui lui fit donner le nom qu'elle porte. Son église remplace le temple de Vénus génératrice (3).

NOTRE-DAME DES GUIDES.

Lorsque l'impératrice Pulchérie vit qu'elle ne pouvait se procurer le corps de la sainte Vierge,

---

(1) On a employé la traduction que Misson donne de cette pièce, dans son *Voyage d'Italie*, tome II, page 146.

(2) *Voyage de France et d'Italie par un gentilhomme français*, page 346. — Voyez *Notre-Dame des Neiges*.

(3) Même voyage, pages 380 et 381.

elle chercha à s'en consoler, en rassemblant tout ce qu'elle put découvrir des objets qui avaient été à l'usage de la mère de Jésus. Elle acheta surtout à grands frais une image miraculeuse de Marie, peinte comme tant d'autres par saint Luc, et comme tant d'autres la première qu'il eût peinte. On appelait cette image *Notre-Dame des Guides*, sans que nous sachions trop pourquoi. Nicéphore dit qu'elle avait demeuré d'abord dans Antioche où elle avait fait de grands miracles.

Les Grecs avaient tant de vénération pour elle, qu'ils la portaient à la tête des armées, dans les processions, dans les marches triomphales. On est même forcé d'avouer qu'ils lui rendaient un culte exagéré. Ils avaient fait de Notre-Dame des Guides un nouveau Palladium, et l'adoraient à peu près comme les Troyens adoraient l'image de Pallas, à laquelle ils attachaient la conservation de leur ville.

Cependant Notre-Dame des Guides n'empêcha pas Constantinople d'être prise plusieurs fois, et en dernier lieu par le sultan Mahomet II.

On raconte que les Turcs, maîtres de la ville des Constantins, pillèrent l'église de Notre-Dame des Guides, dépouillèrent la sainte image des diamans et des bijoux qui la bordaient, la traînèrent ensuite par les rues, la foulèrent aux pieds et finirent par la mettre en pièces. Mais il y a des écrivains qui disent les choses différemment.

Les uns prétendent qu'à la prise de Constantinople par les Français, Notre-Dame des Guides fut envoyée à Venise, où elle est toujours vénérée depuis.

D'autres soutiennent qu'à la vérité elle resta dans Constantinople, jusqu'au pillage de 1453; mais qu'au moment où les soldats turcs voulurent la mettre en pièces, elle s'envola de leurs mains et vint s'arrêter dans l'église de Sainte-Justine de Padoue, qui la possède encore.

Quelques-uns assurent que Notre-Dame des Guides est à Rome; et que c'est elle qui parla à saint Grégoire. Quelques autres enfin soutiennent qu'elle est toujours à Constantinople. On la montre aussi à Cracovie, où l'on dit qu'elle fut apportée au quatorzième siècle par un seigneur russe qui l'avait volée aux Grecs.

Toutes ces choses sont très-embarrassantes. Mais malheureusement on s'en occupe peu aujourd'hui.

Mathieu Tympius parle d'un prince qui voulait tuer son grand-père, et qui devint meilleur sujet par un miracle de Notre-Dame des Guides.

Il ajoute, après Nicéphore et Nicétas, que plusieurs empereurs remportèrent des victoires éclatantes, parce que la benoite image combattait à leurs côtés. On ne voit pas trop avec quoi une image peut se battre. Mais après la bataille qu'Emmanuel Comnène gagna sur les Hongrois, il en fit honneur à Notre-Dame des Guides, qui fut reconduite en triomphe, sur un chariot couvert de lames d'or et d'argent, et attelé de quatre chevaux d'une blancheur éclatante (1).

On serait bien surpris chez nous de voir un vieux portrait sur toile dans une calèche découverte.

NOTRE-DAME D'ÉDESSE.

Celle-là est aussi une des plus célèbres images de la sainte Vierge, par l'antiquité qu'on lui donne. On prétend qu'elle fut peinte de la main de Dieu même, et qu'on l'honorait à Édesse en Mésopotamie, du vivant de Notre-Dame.

Elle fut apportée à Constantinople par Constantin-le-Grand ou par Constantin Porphyrogénète; ce qui est un peu différent, puisque l'un vivait au quatrième siècle et l'autre au dixième. Mais il y a peu de choses précises dans les matières de foi.

On raconte que saint Alexis alla en pèlerinage à Édesse, qu'on lui refusa l'entrée de l'église à cause des haillons dont il était couvert; que l'image dit au sacristain de faire entrer le pèlerin qui était à la porte, parce que c'était un saint, et qu'elle eut ensuite avec lui un entretien assez long.

Notre-Dame d'Édesse est à Rome dans l'église de Saint-Alexis au mont Aventin; elle a fait beaucoup de miracles (2). C'est le refrain ordinaire.

---

(1) *Matthæi Tympii præmia virtutum*, pages 200 et 243.
(2) *Voyage de France et d'Italie*, page 366. *Merveilles de Rome*, page 69, etc.

NOTRE-DAME-DU-PILIER, DE SARAGOSSE.

Lorsque les apôtres sortirent de Jérusalem, pour aller prêcher la foi aux gentils, ils prirent tous congé de la sainte Vierge, et reçurent sa bénédiction, comme dit l'histoire. Saint Jacques partait pour l'Espagne. Notre-Dame lui dit : « Va, » mon fils, étends la loi de ton maître ; mais je » te prie de me dédier une église dans celle des » villes de l'Espagne où tu feras le plus de chré- » tiens. Je te ferai savoir ma volonté en temps et » lieu. »

Saint Jacques visita Oviédo, Padron, et plusieurs autres villes où il toucha peu de personnes. Mais étant arrivé à Sarragosse, il y convertit huit citoyens, avec qui il s'entretenait tous les soirs du royaume de Dieu, dans un endroit où l'on jetait les immondices de la ville.

Un soir, vers l'heure de minuit, pendant que saint Jacques et ses fidèles étaient en contemplation, ils entendirent la voix des anges qui chantaient en latin : *Ave, Maria, gratiâ plena*. Ils virent en même temps, au milieu d'un chœur d'esprits célestes, la figure de Notre-Dame sur un pilier de marbre.

Saint Jacques se prosterna ; l'image lui dit : « Regarde, mon fils, c'est ici que tu bâtiras une » église par ton industrie. Considère le pilier » sur lequel je suis assise ; mon fils, ton maître » me l'a envoyé par le ministère des anges du ciel. » Ce pilier demeurera en ce lieu jusqu'à la fin du

» monde ; et par les prières des fidèles et pour la
» révérence qu'ils me porteront, la vertu du Très-
» Haut fera ici des miracles, en faveur de ceux
» qui dans leurs nécessités imploreront mon assis-
» tance. »

Sur quoi les anges disparurent ; et saint Jacques commença aussitôt de bâtir l'église de Notre-Dame-du-Pilier, où il ordonna pour prêtre le plus pieux des chrétiens nouveau-convertis.

Cette sainte image a opéré depuis des miracles sans nombre ; et souvent on l'a vue entourée d'anges, qui venaient chanter matines à Sarragosse.

Notre-Dame-du-Pilier est représentée debout sur un pilier, qui fut renversé, dit-on, dans les dernières guerres, quoique la fin du monde ne soit pas encore venue. Elle porte sur son bras gauche le petit Jésus, qui tient à la main un pigeon. On l'a entourée de lampes et ornée de bijoux précieux.

Voici un miracle assez récent : Michel Pellicer, paysan du royaume de Valence, tomba du haut d'un chariot chargé de blé, et se cassa la jambe. Comme il faisait très-chaud, et qu'il ne fut pas possible de soigner d'abord la blessure, il fallut quelques jours après couper la jambe malade. Michel, appuyé sur deux béquilles, s'en alla en mendiant visiter la sainte image de Notre-Dame-du-Pilier, frotta sa jambe coupée de l'huile des lampes qui brûlaient dans la chapelle, et demanda l'aumône pendant deux ans, avec les autres pauvres, à la porte de l'église de Notre-Dame de Sarragosse.

Au bout de ce temps, il s'en retourna dans son pays, monté sur une petite ânesse; et le 29 de mars de l'an 1640, ses parens voyant dans son lit quelqu'un qui avait deux pieds, l'éveillèrent avec surprise. Michel leur annonça qu'il avait vu en songe Notre-Dame-du-Pilier, qui lui faisait remettre sa jambe par deux anges, en récompense de la confiance qu'il avait toujours eue au pouvoir de cette sainte image.

On le conduisit à l'église. Le curé le fit communier, et s'aperçut que sa jambe était remise de travers, parce que les anges, qui sans doute sont maladroits en chirurgie, avaient placé le mollet en avant, les doigts en arrière, et le talon à la place du bout du pied.

Il fit sur Michel une oraison, laquelle étant achevée, la nouvelle jambe se retourna et s'arrangea si bien, qu'il ne paraissait plus que Michel eût marché avec des béquilles.

Il s'en alla bien joyeux à Saragosse, dans la résolution de se consacrer au service de Notre-Dame-du-Pilier; et quoique la bonne image ait fait une grande quantité de miracles étonnans, celui-là parut si beau, que six écrivains espagnols furent chargés d'en publier l'histoire, qui est, comme on voit, bien édifiante.

On vénérait à Nivelle en Brabant une copie de l'image de Notre-Dame de Saragosse. Cette copie attirait aussi beaucoup de pèlerins (1).

---

(1) L'histoire de Notre-Dame-du-Pilier de Saragosse, et l'ad-

NOTRE-DAME-DE-L'ÉPINE.

C'est un des plus célèbres pèlerinages de la France, à quelque distance de Châlons-sur-Marne.

En l'année 1400, vers la fête de l'annonciation de la sainte Vierge, des bergers qui gardaient leurs troupeaux pendant la nuit, aperçurent auprès d'une petite chapelle qui était dédiée à la Vierge, un buisson qui s'enflamma. Ils y coururent pour éteindre le feu; mais en approchant du buisson, ils se sentirent repoussés par une force surnaturelle. Ils comprirent bien vite qu'il y avait là du miracle; car les bergers de village ont toujours eu beaucoup d'esprit.

Ils ôtèrent leurs souliers, dans l'opinion qu'ils foulaient un terrain sacré, et ils se mirent à genoux, pensant que Dieu renouvelait pour eux le miracle du buisson ardent de Moïse.

Le buisson brûla vingt-quatre heures, après quoi la flamme disparut avec un éclat de tonnerre. Ce prodige avait attiré beaucoup de dévots. La chapelle appartenait aux religieux de Saint-Jean de Laon, qui avaient une maison tout auprès. Un moine ou un prêtre visita le saint buisson,

---

mirable miracle fait en 1640 en la personne de Michel Pellicer, lui ayant rendu la jambe qui avait été coupée deux ans auparavant. Bruxelles, 1657. Par Emmanuel de Palomar-Conçalès. Avec approbation de Hierosme Britz, de George Colvenere, de Pierre de Roeck, théologiens et censeurs des livres.

qui avait brûlé un jour et une nuit, et qui se trouva aussi vert que jamais. On y trouva une petite image de la Vierge, tenant son fils dans ses bras. On la nomma Notre-Dame-de-l'Épine.

Elle fit sur-le-champ des miracles, elle ne cessa plus d'en faire. Les pèlerins accoururent; les dévotions abondèrent; on bâtit une superbe église; le petit hameau devint un gros bourg; et Louis XI, qui y vint en pèlerinage vers l'année 1472, donna aux moines de Notre-Dame-de-l'Épine douze mille écus d'or, à condition qu'ils prieraient leur sainte image de le faire vivre le plus long-temps possible.

Dans les guerres de la ligue, les seigneurs du lieu défendirent si bien Notre-Dame-de-l'Épine, que les huguenots ne purent lui mal faire; c'est pour cela que tous les ans le curé présentait à son seigneur deux épées bénites, achetées aux frais de l'église; et le seigneur les donnait aux deux jeunes gens du village qui avaient gagné le prix de la course (1).

NOTRE-DAME-DE-LA-FONTAINE.

Au printemps de l'année 1820, vers le temps de Pâques, un berger étant entré dans une petite grotte qui se trouve à l'entrée d'un bois distant de trois lieues de la ville de Turin, pour se désaltérer à la fontaine, fut témoin privilégié d'un

---

(1) Bruzen de la Martinière, au mot *Notre-Dame-de-l'Épine*; et notes données sur les lieux.

miracle qui en promettait d'autres. Au moment où il allait boire, comme il était dévot de son naturel, il fit le signe de la croix. Incontinent l'eau s'agita ; il lui semblait qu'il voyait une lumière céleste briller sur la fontaine. Il s'imagina d'abord que c'était l'effet des rayons du soleil, mais cette idée se dissipa, lorsqu'il crut entendre un bruit de musique très-harmonieux et doux.

En même temps une sorte de nuage s'éleva de la surface de l'eau, et il en vit sortir un grand cadre d'or, dans lequel se plaça merveilleusement une riche draperie de drap d'azur. Sur ce drap parut, un instant après, la figure d'une belle femme vêtue de blanc, laquelle tenait en ses bras un jeune enfant couronné de rayons. La dame avait à ses pieds un serpent et sur sa tête des étoiles.

Le pâtre, reconnaissant la sainte Vierge et Notre-Seigneur, se prosterna et pria, rendant grâces au ciel d'être témoin d'un si grand miracle, lui faible et chétif chrétien.

Alors la sainte Vierge, ouvrant la bouche dans le cadre, lui dit : « Mathéo, tu es bien heureux, » parce que tu es soumis à la sainte église catho- » lique, apostolique et romaine. De ce moment, » ta femme qui était paralytique est complétement » guérie, et tu trouveras sous ton coffre soixante » amédées d'or pour t'aider à élever ta famille. » Va à Turin. Dis au clergé de venir m'honorer. »

Le pâtre, ayant remercié la sainte Vierge en fondant en larmes, courut vite à sa maison pour voir s'il n'était point déçu par les prestiges du malin. Mais ayant trouvé sa femme debout et toute joyeuse, et soixante amédées d'or pur et bon sous son coffre, il courut à la ville, racontant à tous son aventure, et alla prévenir les prêtres du Seigneur.

Le clergé de la ville de Turin se rendit donc incontinent en procession, et chantant des psaumes, à la grotte de la fontaine. Un saint prêtre ôta ses souliers, prit la bienheureuse image, et on l'emporta en triomphe à la ville, où elle a déjà fait plusieurs grands miracles, guérissant les boiteux, rendant l'ouïe aux sourds, et délivrant les possédés.

Les chrétiens pieux y font des pèlerinages et des neuvaines; et ceux qui porteront sur eux ce récit avec foi auront indulgence de vingt jours de purgatoire (1).

NOTRE-DAME DE LORETTE, ET LA SANTA CASA, OU LA MAISON DE LA VIERGE.

Qui n'a entendu parler de Notre-Dame de Lorette dans la marche d'Ancône, et de la maison de la sainte Vierge? Cette maison sainte que les Italiens appellent *la Santa Casa*, la chambre de gloire, le sanctuaire de Dieu, le tabernacle de l'alliance, etc., est, dit-on, la même dans laquelle la Vierge-Marie reçut le jour. C'est là qu'elle fut

---

(1) *Anecdotes du dix-neuvième siècle*, tome II, page 39.

élevée, et qu'elle épousa Joseph ; c'est dans cette chambre que l'ange Gabriel lui annonça le mystère de l'incarnation, qu'elle conçut le fils de Dieu (1), et qu'elle passa la plus grande partie de sa vie.

Il n'y a point de lieu sous le ciel, disent les historiens de Notre-Dame de Lorette, qui soit comparable à cette maison sacro-sainte.

La Santa Casa était toujours à Nazareth, où les Turcs et le temps l'avaient sans doute respectée, lorsque les anges l'enlevèrent, le 9 de mai 1291, et la déposèrent le lendemain, vers l'heure de minuit, dans la Dalmatie, sur la petite montagne de Tersatto, où elle reçut des honneurs extraordinaires, pendant trois ans et sept mois.

Mais apparemment que ce culte lui sembla insuffisant, car le 8 de décembre 1294, elle disparut, et s'alla reposer en Esclavonie. Les peuples de ce pays furent si vainement fiers de posséder la maison de la sainte Vierge, que Notre-Dame, mécontente de leur orgueil, les quitta le lendemain, et vint se fixer dans une forêt de la Marche d'Ancône, au territoire de Récanati.

La douce mélodie qui l'accompagnait réveilla les bûcherons du voisinage, qui accoururent de tous côtés à la lumière céleste dont la maison-

---

(1) C'est là, dit un gentilhomme qui fit le voyage, c'est là que *le verbe s'est raccourci*, et que le fils de Dieu s'est incarné. *Voyage de France et d'Italie*, page 740.

nette était environnée. Ils virent toute la nature tressaillir de joie, et les arbres s'incliner pour saluer le prodige.

Mais la forêt s'étant bientôt peuplée de brigands qui détroussaient les pèlerins, et qui se réfugiaient dans la *Santa Casa* même, comme dans une retraite, les anges, après huit mois de séjour, enlevèrent de nouveau la maison de la Vierge, et la placèrent sur un coteau, à un mille de là.

Le coteau appartenait à deux frères qui se mirent à disputer vivement pour la possession de la maison sainte. Le bâtiment sacré ne souffrit que quatre mois ces querelles qui ne finissaient point; les anges l'emportèrent encore et la placèrent au milieu du grand chemin, d'où elle n'a jamais bougé depuis. On vend à Lorette une carte géographique des voyages de la *Casa Santa*.

Un voyageur observe que la maison de la sainte Vierge voulut se fixer en Italie, comme dans le pays le plus célèbre pour sa dévotion. Mais on conviendra qu'elle eut bien de la peine à s'y placer.

Tout cela se passait sous Boniface VIII, ce pape, dont on a dit qu'il entra au pontificat comme un renard, qu'il vécut comme un lion, et qu'il mourut comme un chien. Il avait donné des preuves de son adresse, en supposant des anges qui effrayèrent le bon pape Célestin V son prédécesseur, et l'obligèrent de quitter la tiare pour reprendre l'habit de moine. Comme il vit que la procession de l'âne de Vérone attirait beaucoup d'étrangers, il pensa que la maison de la Vierge-

Marie en attirerait davantage ; et il ne se trompa point. Si le peuple croyait que l'âne de Jésus-Christ avait marché sur la mer, de Jérusalem jusqu'à Vérone (1), il pouvait bien croire que la maison de Marie avait été transportée par les anges, de Nazareth dans la Marche d'Ancône (2).

Il est donc vraisemblable qu'il employa pour l'expédition de Lorette les mêmes anges qui avaient apparu à Célestin V ; et sans doute il ne fut pas plus difficile de bâtir cette maisonnette en une nuit, que de construire un moulin entier, comme les jésuites sont convaincus de l'avoir fait à Sainte-Foi près de Grenade (3).

Quoi qu'il en soit, on songea bientôt qu'il fallait garantir la sainte maison des inconvéniens auxquels l'exposaient sa situation ; et l'on voulut prévenir le malheur d'un nouveau transport. On éleva une magnifique église, au milieu de laquelle elle se trouva à l'abri de toute sorte d'insulte et de toute tentation de voyager désormais. Et pour la conserver plus précieusement encore, on construisit quatre murailles, qui l'environnent et la renferment comme dans une boîte, sans toutefois la toucher, parce que les pierres reculaient avec violence et blessaient les ouvriers, lorsqu'ils les voulaient joindre au bâtiment sacré ; de sorte

---

(1) Voyez dans l'article *Animaux*, l'âne de Vérone.

(2) Voltaire, *Essai sur les mœurs et l'esprit des nations*, chap. 82.

(3) Arnaud, tome 1er., *de la Morale pratique des jésuites*.

qu'ils furent contraints de laisser quelque espace entre le mur juif et le mur chrétien.

Les plus fameux artistes du quinzième et du seizième siècle employèrent toutes les ressources de la sculpture et de l'architecture à l'ornement de ces quatre murailles, qui sont de marbre blanc de Carare. C'est un ordre corinthien avec des bas-reliefs extrêmement précieux, où sont représentés les voyages de la sainte maison et toute l'histoire de la Vierge. Il y a aussi, dans vingt niches entre les doubles colonnes, les statues de dix prophètes et de dix sibylles.

Cette superbe enceinte enveloppe toute la maisonnette, qui ne consiste qu'en une seule chambre, longue d'environ trente pieds, large de douze et haute de seize. On veut persuader aux pèlerins qu'elle est bâtie de pierres inconnues. Mais il est aisé de voir qu'on n'y a employé que des briques et des pierres communes, assez mal choisies, et si grossièrement assemblées, qu'elles prouvent que tout a été maçonné à la hâte. On ne peut en juger que par le dedans, puisque le dehors est recouvert comme nous l'avons dit.

Les murailles sont presque toutes gâtées. Il reste pourtant encore quelques fragmens d'enduit couvert de peintures, qui représentent cinq ou six fois la Vierge tenant l'enfant Jésus, et quelques autres sujets, comme saint Louis, sainte Catherine, etc. Le pavé est composé de carreaux de marbre, blanc et rouge. Ce n'est pas l'ancien pavé, que les anges ont laissé à Nazareth avec les fondemens de la maison (1).

On croit prouver fortement la translation de la *Santa Casa*, sur ce qu'en effet elle ne paraît point assise sur des fondemens, mais posée sur terre comme étant tombée du ciel.

Il est permis d'en lécher les murailles. Mais il est défendu sous peine d'excommunication, d'emporter même la poussière de ce bâtiment sacré. On assure qu'il est arrivé des choses terribles à ceux qui ont eu l'audace d'en enlever la moindre partie. On montre une pierre qu'un voleur avait prise, et qui vint toute seule se remettre à sa place, après avoir sévèrement châtié le voleur. Un évêque de Portugal, qui était venu au concile de Trente, obtint un bref du pape qui lui permettait de prendre une brique de la muraille sainte, pour en orner une église qu'il voulait faire bâtir sous le nom de Notre-Dame-de-Lorette. Le chapelain qui emportait la brique versa à toutes les postes, fit des chutes terribles, et l'évêque fut si dangereusement malade, qu'il fut obligé de renvoyer ce qu'il avait pris.

La sainte brique, que les fidèles ne manquent pas de baiser, fut reçue par une procession solennelle ; et les chevaux qui la rapportaient marchè-

---

(1) On a vu, à l'article *Marie*, que cette maison est aussi à Nazareth, avec toutes les circonstances des mystères de la vierge qu'on vénère à Lorette, comme la place et la fenêtre de l'annonciation, etc.

rent avec une vitesse prodigieuse ; il est vrai qu'ils n'étaient pas très-chargés.

La chambre de la sainte Vierge était couverte autrefois d'un toit de bois azuré, et parsemé d'étoiles dorées. On ne sait trop ce que ce toit est devenu, non plus que le petit clocher qu'on remarque dans les anciennes peintures de la *Santa Casa*. La voûte qu'on y voit aujourd'hui est de nouvelle fabrique.

Quant aux anciennes petites cloches, on les a conservées ; et il ne faut que les sonner pour apaiser toute sorte de tempête ; mais on ne les sonne pas, de peur de les user.

On voit à un bout la petite cheminée où la Vierge faisait sa cuisine, et au-dessus, dans une niche, la grande et très-sainte image de Notre-Dame-de-Lorette, qui vint par les airs, comme tout le reste, avec la maison. Cette Notre-Dame est noire, ainsi que mille autres ; elle a environ quatre pieds de haut. On dit qu'elle est de bois de cèdre du Liban ; et l'on sait par mille révélations que c'est un ouvrage de saint Luc, que l'on fait sculpteur aussi-bien que peintre ; à moins qu'on ne suive le sentiment de quelques doctes qui prétendent que cette sacrée statue a été taillée par Jésus-Christ même.

Elle est chargée d'ornemens d'un prix infini ; et plusieurs armoires sont remplies des nombreuses pièces de sa garde-robe ; elle a par exemple sept habits de deuil pour la semaine sainte ; et on ne l'habille qu'avec de grandes cérémonies.

On montre à travers une vitre, dans une châsse d'argent, la robe sainte dont elle était vêtue, sans doute de la main des anges, lorsqu'elle arriva à Lorette.

Elle avait jusqu'au dernier siècle la tête chargée d'une triple couronne (comme la tiare du pape), qui était un présent de Louis XIII. Mais les immenses richesses de Lorette furent un peu diminuées dans les guerres de 1796 et 1797. On sait que Bonaparte envoya alors la Notre-Dame au directoire, et qu'il enrichit ses soldats des trésors de la sainte image. On apporta, dit-on, la madone noire sur la table de Barras qui donnait un grand dîner. « Vous seriez bien étonnés, messieurs, dit Masséna, si la madone allait s'enlever tout à coup pour retourner à Lorette (1)... » Mais le temps des grands miracles était passé ; la Notre-Dame ne regagna Lorette que lorsqu'on l'y renvoya ; et les pèlerinages y redevinrent bientôt fréquens.

Dans une armoire opposée à la niche de l'image, on garde quelque vaisselle qui fut, dit-on, à l'usage de la sainte famille. On prétend que c'est dans cette armoire que la Vierge mettait ses écritures, si toutefois elle en faisait.

On montre la fenêtre par laquelle l'ange entra pour annoncer à Marie qu'elle serait mère de Dieu. Cette même fenêtre, qui est aussi à Nazareth, est encore à Rome, au-dessus de l'escalier

---

(1) *Histoire des trois derniers mois de la vie de Napoléon*. par S***, page 11.

saint (*Scala Santa*) qu'on vénère auprès de Saint-Jean-de-Latran. La fenêtre de Lorette a environ trois pieds de haut et de large ; on l'a revêtue d'une grille de fer. On voit dans la *Santa Casa*, comme à Nazareth, le lieu où la sainte Vierge était à genoux, lorsqu'elle reçut la visite de Gabriel.

Il y a encore quelques reliques qui ont été apportées en même temps que la maison ; l'autel, que l'on dit fait de la main des apôtres ; la pierre sacrée, sur laquelle saint Pierre célébra sa première messe ; un crucifix de bois incorruptible que les apôtres avaient mis sur l'autel, et que les Italiens ont placé au-dessus de la fenêtre, où il s'est trouvé si bien qu'il n'a plus été possible de l'en ôter, &c.

Autour de la sainte maison, il se forma bientôt une ville qui est toujours florissante. Elle devint si riche qu'on la fortifia, et que Sixte-Quint l'érigea en évêché. On conte que, sous Mahomet II, les Turcs firent une descente dans la Marche d'Ancône, avec le dessein de piller les trésors de Lorette. Mais la madone les aveugla tous comme ils étaient prêts d'entrer dans l'église : ce qui donna moyen de les désarmer.

On montre aussi, sur la mer voisine, à ceux qui ont des yeux pour tout voir avec foi, une trace blanche, qui marque le passage de la sainte maison.

On assure que ceux qui osent entrer dans la chambre de la sainte Vierge sans avoir communié, tremblent jusqu'à la moelle des os et sont en danger de mort subite. Mais on a tant de fois éprouvé le contraire, qu'on peut y entrer en sûreté sans confession, et que les contes des moines n'effraient plus personne, excepté les sots.

Ce qui paraît encore assez curieux, c'est la procession des pèlerins qui font à genoux le tour de la *Santa Casa*. Les uns tournent cinq fois, les autres sept, les autres douze. Qu'on se représente une file d'hommes, de femmes, d'enfans trottant sur leurs genoux, en tournant d'un côté, et une autre file qui les rencontre en allant de l'autre. Chacun tient son chapelet et songe à côtoyer la muraille, ce qui cause quelquefois bien de l'embarras.

Ces petites processions ne se font que lorsqu'il y a peu de monde. La grande affluence des pèlerins est à Pâques, au 8 de septembre, jour de la nativité de la sainte Vierge et aux autres fêtes de Notre-Dame. On y a vu quelquefois deux cent mille pèlerins.

On se vante de posséder à Lorette la vieille serrure de la principale porte de la *Santa Casa*. La clef de cette serrure juive est chez les dominicains de Farfa, à douze lieues de Rome. Mais on sait trop que les juifs ne connaissaient ni les clefs ni les serrures. Ils fermaient leur porte avec une cheville de bois.

Il serait trop long d'énumérer les richesses du trésor de Lorette. La Notre-Dame en est éblouissante. On y voyait avant les guerres douze chandeliers d'or massif, qui pesaient chacun plus de trente livres, vingt-huit candelabres de vermeil, une multitude infinie de statues, de bustes, de lampes d'or et de divers objets qui remplissaient dix-sept grandes armoires à deux battans. L'argenterie était entassée confusément dans des chambres écartées.

Joignez à cela des domaines immenses, de grosses rentes, des palais. Toutes ces richesses sont le fruit de la libéralité des dévots. Anne d'Autriche donna deux couronnes d'or massif, et un ange d'argent qui tenait un dauphin d'or, pour remercier Notre-Dame-de-Lorette de la naissance de Louis XIV ; car cette Notre-Dame fait faire aussi des enfans.

Une autre princesse fit présent d'une grosse perle en forme de gondole, sur laquelle était représentée l'image en petit de la Vierge de Lorette. Les moines prétendaient que cette représentation était un ouvrage de la nature, et qu'on avait trouvé cette perle telle qu'on la montrait aux dévots (mais aux dévots privilégiés).

L'ex-voto qui fit le plus de bruit à la fin du dix-septième siècle était un ange d'or massif, qui tenait un cœur plus gros qu'un œuf, et qui était tout couvert de diamans de grand prix. La reine d'Angleterre, femme de ce malheureux Jacques II, qui fut chassé d'Angleterre en 1668, avait offert son ange, l'année précédente, pour avoir un enfant. L'ange fut présenté, dit-on, à cinq heures cinquante-huit minutes du matin, et l'on ajoute qu'au même instant la reine conçut Jacques III, qui ne régna qu'en peinture.

Un jésuite écrivit l'entretien de l'ange de la reine avec la madone. Voici la traduction qu'en donne Misson :

L'ange d'or de la reine d'Angleterre. — Bien vous soit, puissante madone. Vous voyez un ange du ciel qui vient vous présenter une très-humble requête. Marie, reine d'Angleterre, est dans une affliction inconcevable de n'avoir point d'enfans. Elle vous salue en toute humilité, et vous supplie d'agréer le présent qu'elle vous adresse. O pitoyable Vierge! faites en sorte que ses entrailles un peu négligées puissent être fécondément arrosées, afin qu'elle conçoive et qu'elle enfante bientôt selon son souhait. Cela est nécessaire, non-seulement pour sa consolation, mais aussi pour le bien des états dont elle est reine, et pour l'affermissement de la religion catholique, qui est présentement chancelante dans ce pays-là.

La madone de Lorette. — Oui-dà, cher ange, j'accepte volontiers le présent de la reine d'Angleterre et j'exauce ses vœux. Elle aura des enfans, je te le promets; au moment que je te parle, la chose se fait : Jacques embrasse Marie, Marie embrasse Jacques, et Marie conçoit.

L'ange. — Mais, ô bénigne madone, c'est un fils que la reine demande à votre majesté; car il y a déjà deux filles du roi qui sont capables d'hériter. Accordez donc un fils aux vœux de Marie.

La madone. — Oui, mon enfant, la reine aura

un fils. Crois-moi, l'affaire est déjà faite. Cet heureux héritier sera l'honneur et l'appui de la couronne et de la religion.....

L'ange. — O joie inexprimable! La reine Marie exauce la reine Marie. Alleluia! ô félicité! alleluia! alleluia! alleluia!

Notre-Dame-de-Lorette a fait vingt volumes de merveilles semblables. Deux pères capucins qui avaient fait le pélerinage de la *Santa Casa*, s'en retournaient par mer dans un vaisseau qui fit naufrage. Par une grâce de la Vierge, la mer se durcit tellement sous les pieds des deux moines, qu'ils gagnèrent le rivage à pied sec.

Nous pourrions citer mille autres miracles, qui à la vérité ne sont pas tous aussi remarquables. Mais nous finirions par ennuyer (1).

NOTRE-DAME-DU-FEU (DEL FUOCO).

On revère Notre-Dame-du-feu, à Forli dans la Romagne. C'est une image peinte qui représente la sainte Vierge tenant l'enfant Jésus. On avait coiffé les deux têtes de cette peinture de deux couronnes de pierres précieuses.

On conte que dans un incendie qui réduisit

---

(1) L'article est tiré de Misson, *Voyage d'Italie*, tome 1, pages 307 et suiv. de la 4ᵉ. édition. — Horatii tursellini Historia divæ virg. Lauretanæ. — *Voyage de France et d'Italie par un gentilhomme français*, 1667, pages 740 et suivantes. — *Merveilles de Rome*, etc. pages 4, 242 et suivantes. — Baillet, 15 août. — Dans Voltaire *les Entretiens de Fr. Rigolet avec l'empereur de la Chine*, etc.

en cendres la maison où l'on gardait la sainte image, on trouva Notre-Dame-du-feu miraculeusement conservée et aussi entière que si les flammes n'eussent pas approché d'elle.

Cette Notre-Dame attire beaucoup de pèlerins; elle a la réputation de garantir des incendies ceux qui lui sont dévots. On dit qu'un jour elle parla à un jeune homme qui hésitait dans le choix d'un état, et qu'elle l'engagea à se faire moine (1).

NOTRE-DAME DE TROADE.

On montre à Rome, dans l'église de Sainte-Marie-la-Neuve, une sainte image de la sainte Vierge, qui fut retrouvée pareillement intacte après l'incendie de cette église, du tems du pape Honorius III. On dit que cette Notre-Dame fut peinte par saint Luc, dans la Troade; et comme quelques-uns ont écrit qu'elle fut transportée à Rome par le chevalier Ange Frangipani, le peuple romain assure qu'elle a été apportée par un ange. Reste à savoir comme on l'entend. Elle fait des miracles (2).

NOTRE-DAME de KERNITRON.

A deux portées de fusil de Laumeur, dans le Finistère, on vénérait autrefois Notre-Dame de Kernitron, qui se voyait toujours environnée d'une multitude de pèlerins. Cette bonne Vierge

---

(1) *Voyage de France et d'Italie par un gentilhomme français*, page 771, et divers autres voyageurs.

(2) *Merveilles de Rome*, etc. p. 57. Calvin, *Traité des Reliques*.

présidait aux mariages. Les amans lui offraient de la cire, du blé, de l'argent ; elle donnait en retour de bonnes femmes aux jeunes gens et de riches maris aux jeunes filles (1).

NOTRE-DAME D'INTERCESSION.

L'église de Saint-Agnello de Naples possède sans doute encore la miraculeuse image de Notre-Dame d'intercession. On raconte que cette sainte image a eu souvent de longs entretiens avec la béate Jeanne, mère de saint Agnello, et avec saint Agnello lui-même.

Au reste, ajoute Misson (2), de semblables choses ne sont pas nouvelles ; chez les Romains, avant le triumvirat, plusieurs statues de dieux suèrent du sang et de l'eau ; un bœuf cria, comme dit Valère-Maxime : « Rome prends garde à toi (3) ; » et sous Caligula, la statue de Jupiter qui était à Olympie fit de si grands éclats de rire, que ceux qui la démontaient pour l'emporter à Rome s'enfuirent épouvantés. Mille autres images parlèrent.

NOTRE-DAME-DES-NEIGES.

La bienheureuse image de Sainte-Marie-Majeure, autrement dite Notre-Dame-des-Neiges, ou Notre-Dame-de-la-Crèche, a plusieurs titres à la célébrité. C'est une de celles que peignit saint

---

(1) *Voyage dans le Finistère*, tome I, page 164.
(2) *Nouveau Voyage d'Italie*, tome II, page 35.
(3) Voyez l'introduction des *trois Animaux philosophes.*

Luc, et que les anges retouchèrent. Elle était perdue depuis long-temps, lorsque, vers le milieu du cinquième siècle, une série de miracles la fit découvrir. Le patrice Jean et sa femme se voyant sans enfans voulurent instituer la Vierge héritière de tous leurs biens. Pendant qu'ils formaient cette pieuse résolution, Notre-Dame, qui acceptait le testament, leur apparut en songe, et les engagea à lui élever, avec l'argent qu'ils lui offraient, une petite église dans un endroit qu'ils trouveraient couvert de neige. C'était le 5 d'auguste, et il faisait une chaleur extrême. Jean et sa femme coururent pourtant tous les coins de Rome, et remarquèrent en effet un peu de neige sur le mont Esquilinus. Le pape Libère, qui avait eu la même vision, se rendit au lieu où Jean et sa femme criaient miracle. On détourna la neige; on y trouva enfouie la miraculeuse image qui fit aussitôt des merveilles; on y bâtit une belle église; c'est aujourd'hui Sainte-Marie-Majeure, où l'image de Notre-Dame reçoit un culte très-splendide.

Il est fâcheux que le prodige des neiges et de la vision ne se trouve que dans les légendaires modernes, comme Pierre de Noëls, Baronius, Ribadenéira, etc.

Le miracle qui suit est rapporté par le compilateur Sigonius, qui vivait mille ans après l'événement (1).

---

(1) *De regno Italiæ*, *lib.* 1, *sub anno* 591.

En l'année 591, Rome fut en proie à une peste si horrible, qu'on n'entendait que des pleurs et qu'on ne voyait de toutes parts que des cadavres. Saint Grégoire le Grand, alors pape, s'étant aperçu que la moitié des citoyens de Rome avait déjà succombé, fit appeler le peuple à l'église, prêcha la pénitence, et fit faire des processions et des jeûnes.

La peste cependant ne s'apaisait point; elle devint si terrible, que tous ceux qui éternuaient tombaient morts, parce qu'elle attaquait les fibres du cerveau; et c'est de là qu'est venu l'usage de dire: *Dieu vous bénisse* à ceux qui éternuent.

Saint Grégoire vit bientôt qu'il fallait recourir aux grands moyens; et le jour de Pâques, il prit avec dévotion la sainte image de Notre-Dame-des-Neiges, et la porta en procession par la ville, en versant beaucoup de larmes et en récitant des prières propres à conjurer la peste. Chose étonnante! devant la bienheureuse image, on voyait l'air pestilentiel se dissiper visiblement, et les malades se sentaient renaître. On entendit un ange qui saluait Notre-Dame du haut des cieux; et des voix célestes chantèrent l'hymne: *Regina cœli lætare, alleluia,* jusqu'au dernier verset, que saint Grégoire acheva avec grande joie.

On était arrivé au mole d'Adrien, lorsque toute la procession aperçut en l'air un ange qui remettait son épée sanglante dans le fourreau. On jugea par-là que la colère de Dieu était apaisée; la peste cessa effectivement; on reporta Notre-

Dame-des-Neiges en grande solennité ; et l'on bâtit une église au lieu où l'ange avait rengaîné ; c'est maintenant le mont Saint-Ange.

Quelques-uns prétendent que Notre-Dame-des-Neiges est la même qui parla à saint Dominique dans une autre peste. Nous ne déciderons pas cette question.

Nous ajouterons qu'on a souvent trouvé les anges chantant les litanies autour de cette sainte image, qu'elle opère d'étonnans miracles, et qu'il se fait tous les samedis, à Rome, dans l'église de Sainte-Marie-Majeure, un grand salut, où l'on montre au peuple la toute-puissante Notre-Dame-des-Neiges.

NOTRE-DAME D'HILDESHEIM.

On sait que Louis-le-Débonnaire était un prince très-pieux. Un jour qu'il chassait dans une forêt voisine d'Hildesheim en Saxe, se trouvant dans une vaste solitude où il s'était arrêté à contempler un grand chêne, il voulut y faire sa prière, et commanda que l'on y mît une sainte image de la Vierge, qu'il faisait porter partout avec lui.

Lorsqu'il eut achevé sa prière, il s'éloigna ; et le chapelain se hâtant de le suivre, oublia l'image, à laquelle il ne songea que le lendemain, lorsqu'il fallut dire la messe. Il retourna aussitôt au lieu où il avait laissé la Notre-Dame, que le prince aimait beaucoup ; il ne la trouva qu'après l'avoir cherchée assez long-temps, parce qu'elle s'était déplacée ; et il ne put venir à bout de l'enlever de l'arbre qu'elle avait choisi. C'était un chêne encore plus gros que le premier.

Le chapelain étonné de cette aventure, alla conter ce qui se passait à l'empereur. Louis y fit bâtir une église où l'on plaça la sainte image ; et il y eut bientôt tant de miracles, que la ville d'Hildesheim s'éleva auprès de la nouvelle église, qui devint le siége d'un évêché (1).

NOTRE-DAME-DE-L'HUMILITÉ.

On révère à Lucques, dans l'église de Notre-Dame-de-l'Humilité une madone qui pleure dans les calamités publiques. « Un bon religieux qui était dans l'église lorsque je visitai cette madone, dit Misson (2), nous a dit que cette image miraculeuse sua sang et eau, dans une triste occasion, il y a environ deux mille ans, c'est-à-dire, trois cents ans avant sa naissance. »

NOTRE-DAME DE MONTENÉGRO.

L'image de Notre-Dame de Montenégro, auprès de Livourne passe pour une source intarissable de guérisons miraculeuses et de prodiges. C'est un pèlerinage extrêmement fréquenté ; et l'église est bâtie sur une montagne si escarpée, qu'il a fallu faire des dépenses énormes pour la rendre abordable.

On aurait pu, direz-vous, transporter la ma-

---

(1) Alberti Krantz, *Saxoniæ*, lib. 1.
(2) *Mémoire pour les voyageurs à la suite du voyage d'Italie*, tome III, page 217.

donc à Livourne même, qui n'est qu'à deux lieues, et ménager ainsi de grandes sommes d'argent. Mais les images miraculeuses ne sont pas traitables comme les tableaux profanes. Notre-Dame de Monténégro a été apportée par un ange sur le rocher où l'on a bâti son église ; tous les efforts humains n'ont pu la fixer ailleurs. Toutes les fois qu'on a essayé de la retenir à Livourne, elle a regagné seule son autel ; et d'ailleurs elle ne fait de miracles que lorsqu'elle est au milieu de ses moines (1).

NOTRE-DAME-DE-LA-CROIX D'ASTORGA.

Un frère lai d'un couvent voisin d'Astorga avait pour emploi la charge de garder les pourceaux du monastère. C'était le plus occupé de la maison : et comme le diable tente moins les gens qui travaillent, ce frère était très-pieux.

Un jour qu'il était en extase, au milieu d'un champ, ayant à côté de lui sa besace et la gaule qui lui servait de sceptre, un nuage chargé de lumière descendit devant lui ; et ses yeux tombèrent sur une Notre-Dame haute de quatre pieds et demi, brillante de beauté. Sa face, qui jetait au loin des rayons de lumière, était enveloppée d'un béguin de dentelles, et sa tête chargée d'une couronne royale. Elle tenait d'une main l'enfant Jésus coiffé d'une couronne radiale, et de l'autre une longue croix.

---

(1) *Voyage de Labat*, tome VII, page 122, et notes communiquées.

Le moine se mit à genoux, et l'image lui dit : « Porte cette croix à l'évêque. Dis-lui qu'il la place sur l'autel de ma chapelle, dans le couvent de Sainte-Jeanne, et qu'aussitôt la peste qui afflige le pays d'Astorga sera dissipée. » C'était le 9 de mars de l'an 1449. Le bon frère obéit ; on alla en procession prendre la Notre-Dame ; on l'apporta dans le couvent ; on lui remit sa croix en main ; on la vêtit d'habits superbes ; la peste cessa ; et il se fit de grands miracles (1).

On vend en Espagne une image qui représente l'apparition de cette Notre-Dame. Elle remet sa croix au moine, qui est à genoux aussi-bien que ses cinq petits porcs. On lit au bas cette inscription : « Nous, don Fr.-Antonio Lopez, par la grâce de Dieu et du saint siége apostolique, évêque d'Astorga, conseiller de sa majesté, etc., accordons quarante jours d'indulgence aux personnes des deux sexes qui réciteront dévotement un *Ave Maria* devant cette sainte image. Madrid, 11 évrier 1784. *Fr.-Antonio, obispo de Astorga.* »

NOTRE-DAME-DE-LA-LAMPE.

On vénère à Rome, dans l'église de Saint-Jean-Calibite, une Notre-Dame qui est, dit-on, très-puissante. On le prouve par ce fait : il y a deux ou trois cents ans que le Tibre s'étant extraordinairement débordé, les eaux montèrent

---

(1) *La Santa imagen de santa Maria de la Cruz*, etc. Astorga, 1780.

jusqu'au-dessus d'une lampe qui pendait devant la madone. Mais si elles enveloppèrent la lampe, elles ne l'éteignirent point ; et elle ne s'est jamais éteinte depuis, quoiqu'on n'y mette point d'huile (1).

NOTRE-DAME DE JESSÉ.

Le couvent de Jessé, près de Groningue, était habité, au treizième siècle, par des nonnes qui avaient dans leur maison un prieur et quelques moines pour la direction de leurs consciences ; car la clôture n'y était pas très-sévère.

Il y avait dans l'église une image de la sainte Vierge, sculptée par les anges. Un jour qu'on avait dit la messe devant cette image, la religieuse sacristine éteignit la chandelle, comme de coutume. Deux charpentiers, qui avaient là quelque besogne, entrèrent un instant après, virent la chandelle allumée, et dirent au prieur que si l'on n'éteignait pas la chandelle avec plus de soin, on perdrait tout, parce que l'autel et les chandeliers étaient de bois. On appela la sacristine qui alla éteindre de nouveau sa chandelle ; mais elle ne fut pas plus tôt sortie que la chandelle se ralluma encore.

Le prieur après avoir un peu juré, reconnut que c'était un miracle, et laissa brûler la sainte chandelle, qui brûla plus d'un an sans se consu-

---

(1) *Voyage de Misson*, tome II, page 294. — *Voyage d'un gentilhomme français*, page 340.

mer, et que l'on conserva ensuite comme une relique.

Un autre jour, on vit le petit Jésus qui était sur les bras de l'image, se lever debout à l'évangile, prendre la couronne de sa mère et s'en coiffer. Lorsqu'il entendit ces paroles du *Credo* : *Et homo factus est*, il ôta la couronne, qui devait aller mal à sa petite tête, et la remit sur le front de la Notre-Dame.

Ce prodige parut si merveilleux qu'on refusa d'abord d'y croire; mais, comme il se renouvela trois fois, quoiqu'il n'eût jamais été vu que par un seul homme, on le proclama miracle authentique; et l'on ajoute que Notre-Dame de Jessé en fit d'autres (1).

NOTRE-DAME-DE-GUÉRISON.

Vers l'an 1505, dans le diocèse d'Auch en Gascogne, une jeune fille qui paissait des moutons, s'étant assise au bord d'une petite fontaine, vit venir à elle une image de Notre-Dame, qui lui dit : « Ma fille, va dire à ton père de prévenir les officiers de Mauléon qu'il faut me bâtir une chapelle auprès de cette fontaine. » La jeune bergère, un peu troublée, répondit qu'elle voulait bien faire cette commission ; mais qu'elle priait la sainte image de garder son dîner, qui était dans une petite besace.

L'image y consentit ; et les officiers de la com-

---

(1) *Cæsarii Heist. mirac.* Lib. 7, cap. 47.

mune n'ayant pas voulu croire ce que leur contait la petite fille, elle s'en revint à la fontaine, où elle trouva son écuelle de choux changée en ragoût exquis et son pain noir en gâteau de Nanterre. Elle retourna bien vite à Mauléon, montra les preuves du miracle ; et l'on vint en procession recueillir la Notre-Dame, à laquelle on bâtit une chapelle.

La fontaine fit tant de cures merveilleuses, et la bonne image rendit la santé à tant de malades, qu'on l'appela bientôt Notre-Dame-de-Guérison ; ce fut dès lors un pèlerinage très-couru pour les miracles. On raconte qu'une jeune fille étant tombée dans le Gard, où elle resta plus de dix minutes, en fut retirée sans vie. On la voua à Notre-Dame-de-Guérison, et en même temps on la suspendit par les pieds. Elle rendit aussitôt toute l'eau qu'elle avait bue et rouvrit les yeux (1).

Il y a dans l'histoire des Notre-Dames cent mille guérisons aussi surprenantes que celle-là. Nous ne les citerons point, parce qu'elles sont trop communes.

NOTRE - DAME DE HALL.

On révère probablement encore, dans la petite ville de Hall, en Hainaut, une Notre-Dame de bois doré, qui tient d'une main une fleur de lis et de l'autre l'enfant Jésus. Cette image appartenait, dit-

---

(1) *Ex libro miracul. divæ Virginis salutiferæ. relat. in Parad. pueror. Ph. Berlaymont. Pars II*, cap. 26. § 10 et cap. 5, § 32 et 33.

on, à sainte Élisabeth de Hongrie, qui l'avait reçue d'un pieux personnage entre les mains de qui elle était venue par une suite de miracles. Juste Lipse, qui a écrit l'histoire de la Vierge de Hall, suspendit une plume d'argent devant son image, en reconnaissance des faveurs qu'il se flattait d'en avoir reçues.

Elle était ordinairement vêtue de l'une des douze robes que lui apportaient tous les ans, le premier dimanche de septembre, les députés de douze villes qui ressentirent les effets de sa protection puissante. Ces douze villes étaient Ath, Bruxelles, Valenciennes, Tournai, Condé, Namur, Lambec, Quiévrain, Braines, Crépin, Bausiquies et Saintes. Le jour où les députés lui offraient les robes, ils avaient aussi l'honneur de porter la sainte image en procession par la ville.

L'église de Notre-Dame de Hall était remplie de richesses et d'ex-voto du plus grand prix. Mais aussi elle faisait de beaux miracles. Un nommé Jean Bidaut alla à la messe, dîna chez son compère, et perdit son fils dans la grande procession du premier dimanche de septembre. Il le chercha pendant trois jours, et le repêcha enfin dans un gouffre où il s'était noyé. Mais Notre-Dame de Hall n'abandonne pas ceux qui se perdent à sa procession. On n'eût pas plus tôt retiré l'enfant de son gouffre, qu'il se mit à trotter, quoique noyé depuis trois jours, et qu'il s'en retourna avec ses parens.

Une femme de Binch allant au sermon laissa

son enfant dans un berceau, après l'avoir emmaillotté et serré de plusieurs bandes, selon la coutume des paysans. Une heure après, la voisine entra ; elle venait chercher du feu, et quoiqu'il n'y eût personne, la porte n'était pas fermée, parce que la femme qui était au sermon était si pauvre, qu'elle n'avait pas de quoi acheter une serrure. La voisine n'eut pas plus tôt mis le pied dans la chambre, qu'elle aperçut avec horreur le petit enfant pendu à son berceau ; il s'était débattu pour en sortir, et la bande dont il était lié s'étant accrochée à une cheville l'avait étranglé. On voit que cette aventure corrobore le système d'éducation de Jean-Jacques Rousseau, qui ne veut pas qu'un enfant soit comprimé dans des liens, comme une botte de paille.(1).

Heureusement la mère de ce petit malheureux avait une grande dévotion à Notre-Dame de Hall; elle lui voua son enfant, qui ressuscita aussitôt.

La bienheureuse image rendit la vie à plusieurs autres enfans qui étaient déjà enterrés. Nous ne parlerons que du plus célèbre. Élève-toi, mon style, comme dit Juste Lipse. Étienne Morel, du bourg de Saint-Hilaire, près de Cambrai, eut un fils qui mourut en naissant et ne put recevoir le baptême : c'est pourquoi on l'enterra dans un champ. Firmiane, sa mère, désolée de voir son fils privé du paradis, fit le pèlerinage de Notre-Dame de

---

(1) Voyez le premier livre de l'Émile.

Hall, qui lui annonça que son enfant n'était pas mort. Elle revient pleine de joie, fait fouiller le champ et retrouve son fils vivant, frais comme une rose, quoique enterré depuis long-temps. Sans doute que la Vierge l'avait nourri de son lait.

Les témoins de cette scène craignirent pourtant qu'on ne les accusât de supposer un miracle. Ils firent venir le curé ; on prit l'enfant qui s'agita, mais qui ne cria point ; on lui donna le baptême ; on le dévoua à la Vierge, et aussitôt il remourut, fut enterré en terre sainte, et (voyez la sympathie !) sa mère sentit incontinent le lait de ses mamelles se dessécher naturellement, avec plusieurs autres miracles dont deux paysans ont donné témoignage.

« Si quelque impie est assez impudent pour contester ces merveilles, il faut le regarder comme un calomniateur, que Marie, la déesse des déesses, empêchera d'entrer dans l'éternité bienheureuse (1). »

NOTRE-DAME-DU-MONT.

Dans le couvent des religieuses de Sainte-Claire de Rome, auprès de l'église de Sainte-Marie *ad montes*, il y avait sur une vieille muraille, une image de la Vierge qui se trouvait abandonnée. Lassé un jour du mépris dans lequel elle demeu-

---

(1) *Justi Lipsii de divâ Virgine Vallensi*, cap. 17, 20, 21 et Bruzen de la Martinière, au mot *Halle*, n°. 2.

rait, la Notre-Dame s'avisa, le 25 d'avril 1679, de remuer la tête et de faire en trois jours une douzaine de miracles qui firent grand bruit. On accourut de toutes parts, et les présens des dévots fournirent bien vite de quoi bâtir une belle église, avec de bonnes rentes pour les prêtres (1).

NOTRE-DAME DEL PIANTO.

On révérait, dans l'ancienne église de *San-Salvatore*, à Rome, une madone qui pleurait pour la moindre affliction. Pendant le sac de la ville, en 1527, elle versa tant de larmes, que les moines suffisaient à peine pour lui essuyer les yeux (2). On l'appela Notre-Dame *del Pianto*, et elle fit des miracles qui attirèrent si bien l'argent, qu'elle donna son nom à l'église où elle opérait.

NOTRE-DAME DE MONT-BERIC.

Un jour que des moines de Vicence étaient en prière sur le mont-Beric, ils virent paraître devant eux une image miraculeuse de Notre-Dame, qui sortait du sein de la terre, et qui leur sembla environnée d'une lumière céleste; on cria miracle, et un grand nombre de dévots étant venus pour adorer la bienheureuse Madone, le clergé se décida à l'emporter en pompe dans une église de la ville. Mais c'était une autre affaire. L'image s'ob-

---

(1) Misson, tome III, page 266. *Voyage de France et d'Italie, fait par un gentilhomme français*, page 351.

(2) Idem, tome II, page 145.

stina à demeurer au lieu qu'elle avait choisi ; et l'on assure que dix mille hommes ensemble, avec toutes les cordes du pays, n'auraient pu la faire branler. On lui bâtit donc une église ; les moines qui l'avaient vue les premiers furent dévoués à son service ; les prodiges vinrent, et l'argent abonda (1).

NOTRE-DAME DE RIMINI.

On gardait à Rimini une Notre-Dame qui ne servait qu'à faire venir ou à faire cesser la pluie, lorsqu'on n'en avait point ou lorsqu'il en tombait trop. On dit qu'on ne lui demandait jamais rien qu'en l'une de ces deux occasions (2).

NOTRE-DAME D'ASPREMONT OU DE MONTAIGU.

Notre-Dame d'Aspremont, ou de Sichem, appelée plus tard Notre-Dame de Montaigu, sur la rivière de Demer, est un des plus célèbres pèlerinages des Pays-Bas. Elle a rendu la parole à une fille muette, ce qui selon saint Bernard, n'est pas un miracle très-difficile.

Mais Notre-Dame de Montaigu a fait mieux que cela. Les prodiges qu'on lui doit forment trois gros volumes. Une dame qui était venue à sa chapelle avec une seule jambe s'en retourna sur ses deux pieds (3).

On dit que cette Notre-Dame fut trouvée au

---

(1) *Voyages divers*, et Misson. tome I, page 174.
(2) *Idem*, tome I, page 298.
(3) *Justi Lipsii de divâ Virgine Aspricollis*, cap. 6, etc.

pied d'un chêne, par un berger pieux ; qu'il lui fut impossible de l'enlever, et qu'il fut obligé de la rattacher au chêne, où elle attira par ses miracles un grand nombre de pèlerins. Elle se pe dit en 1580 et fut retrouvée, sept ans après, chez une dévote.

En 1602, on lui bâtit une chapelle; on coupa le vieux chêne dont on fit des reliques, et on en offrit une poutre de quarante pieds à l'empereur d'Allemagne, qui fut très-reconnaissant.

En 1603, on remarqua du sang sur les lèvres de l'image, ce qui présageait des malheurs, et il en arrive toujours. En 1604, elle guérit d'une maladie de langueur une jeune religieuse de Louvain, et rendit la santé à une nonne d'Anvers qui avait des pâmoisons et des attaques de nerfs. La même année elle chassa un démon qui possédait Catherine du Bus, de Lille en Flandre, et qui la faisait parler latin, grec, hébreu : ce n'était pas un si mauvais démon.

Notre-Dame de Montaigu guérissait surtout les hernies. En 1605, elle délivra une demoiselle d'Amsterdam qui avait le ventre si enflé qu'on la croyait enceinte. Elle rendit le même service, en 1606, à sœur Philippotte Plantereuse, pareillement langoureuse et enflée.

On peut voir dans l'une des histoires de cette Notre-Dame, qu'elle fit trois cents miracles attestés en moins de soixante ans (1).

---

(1) *Abrégé des miracles, des grâces*, etc., de *Notre-Dame de Montaigu*. Louvain, 1706.

NOTRE-DAME DE LA GARDE, PRÈS DE BOLOGNE.

On vénère, à cinq mille de Bologne, sur le mont de la Garde, une autre image de la Vierge encore de la façon de saint Luc. C'est un pèlerinage extrêmement fréquenté, et l'on assure que la Notre-Dame a délivré plusieurs fois Bologne de la peste. On monte à la chapelle par un chemin couvert d'arcades, qui a coûté des sommes énormes.

La bonne image a, dit-on, beaucoup d'affection pour la ville de Bologne; elle y est venue souvent toute seule, et elle ne manquerait pas d'y venir au moins une fois par an, si on ne l'allait pas chercher. C'est pourquoi toute la ville va la prendre en grande pompe deux ou trois fois l'année (1); on la promène solennellement par la ville; on la garde quelques jours dans l'église de Saint-Pétrone; on la reporte ensuite avec des cérémonies sans nombre à sa chapelle. Elle fait des miracles à chaque pas.

On raconte que cette précieuse Notre-Dame fut apportée de Constantinople, où saint Luc l'avait laissée; et on lisait autrefois cette vieille inscription sur la muraille : « C'est là l'image » de la Vierge, faite par saint Luc, et destinée par » lui au mont de la Garde. »

Le pèlerinage de Notre-Dame de la Garde ne devint pourtant célèbre à Bologne qu'au com-

---

(1) Principalement le 20 de novembre.

mencement du quinzième siècle, après qu'elle eut sauvé la ville d'une peste extraordinaire (1).

NOTRE-DAME DE LYDDA.

On montrait autrefois à Lydda, en Palestine, une ancienne image de la sainte Vierge, que l'on disait faite de la main de Dieu même, comme celle d'Édesse. On ajoutait que Notre-Dame avait donné cette image aux saints apôtres Pierre et Jean, et qu'elle faisait des prodiges surprenans.

Quelques-uns ont dit que Notre-Dame de Lydda était la même qui fut apportée sur le pilier de Sarragosse ; mais ce sentiment sonne mal et sent l'hérésie, puisque les Espagnols adoraient leur Notre-Dame du pilier dès le premier siècle, et que Notre-Dame de Lydda était encore en Palestine vers l'an 600.

Au reste, si tous les tableaux qu'on nous montre comme peints par saint Luc ou par les anges ont vraiment une origine céleste, il faut espérer que Raphaël aura pu donner des leçons à saint Luc, et qu'il n'en fera plus de si mauvais. Mais c'est le comble de l'impudence de présenter de vieilles croûtes faites par des peintres en bâtimens, comme l'ouvrage du Dieu qui fit tous les mondes.

---

(1) *Voyage de Misson*, tome II, page 350. *Voyage d'un gentilhomme français*, page 793. Bruzen de la Martinière au mot *Mont de la Garde*.

L'image de Lydda était encore, il y a peu de temps, à Constantinople (1).

NOTRE-DAME DE LOUVAIN.

Elle est célèbre surtout par les miracles qu'elle a faits en faveur des noyés. On l'honore à Louvain dans l'église de saint Pierre. Un enfant de deux ans alla jouer au bord d'un puits, pendant que ses parens étaient à la messe, comme c'est l'usage. Il se noya et ne fut retiré qu'au bout de deux heures. On pense bien qu'il était raide mort. Mais on le dévoua à Notre-Dame de Louvain, et il se ranima sans difficulté. Ce miracle eut lieu en 1545 et fut écrit en 1610, ce qui lui donne beaucoup d'autorité.

En 1548, une demoiselle de Louvain tomba dans un autre puits, en tirant un seau d'eau. Après qu'on l'eut cherchée, on s'aperçut qu'elle était noyée ; les parens et les voisins accourent en poussant des cris de douleur. O prodige ! La jeune fille leur crie du fond du puits : « Ne vous effrayez point ; je suis protégée par une belle dame blanche. » Elle avait invoqué en tombant Notre-Dame de Louvain. On lui descend une corde, dont elle s'attache par le milieu du corps ; et on la retire vivante (2).

---

(1) *Johannis Damasc.* edit. Combefis, pag. 115. *Voyages divers en Terre-Sainte*, etc.

(2) Ph. Berlaymont, *Paradisi puer.* pars II, cap. 5, § 38 et 39.

Des douteurs ont prétendu qu'il n'y avait pas d'eau dans ce puits ; car on le montre à Louvain, et il est toujours à sec.

NOTRE-DAME DE MOLÊME.

Lorsque saint Robert de-la-Celle fonda l'opulente abbaye de Molême (1), au diocèse de Langres, il lui vint du ciel une Notre-Dame qu'il mit dans son église, et qui fit de grands miracles. Nous n'en citerons qu'un fameux.

Une pauvre femme, qui tombait du mal caduc, fit le pèlerinage de Notre-Dame de Molême, ayant sur ses bras un enfant d'un an, et menant par la main un autre enfant un peu plus âgé. Comme elle arriva à la nuit tombante, les moines de Molême ne la laissèrent pas entrer, attendu que c'était une pauvre femme ; elle fut obligée de passer la nuit dans la forêt.

Le hasard lui fit rencontrer un peu de feu qu'elle ranima ; elle se coucha tout auprès avec ses deux enfans.

Vers minuit, un loup survint, s'arrêta devant le feu et se coucha aussi à côté ; de sorte qu'il n'était séparé de la pauvre pèlerine que par la flamme. Cette malheureuse fut si effrayée du voisinage du loup, que, malgré le signe de la croix dont elle s'arma, elle fut attaquée de son triste mal et tomba inanimée. Le loup profita de la cir-

---

(1) Cette abbaye devint si riche, qu'on disait d'un dissipateur : *il mangerait Molême et la Hollande.*

constance et emporta le plus jeune des deux enfans.

En revenant à elle, la bonne femme vit son malheur. Elle s'écria en pleurant : « Notre-Dame de Molème, rendez-moi mon fils. » La Vierge compatissante ne délaissa point cette mère désolée. Le loup reparut, rapportant l'enfant qu'il n'avait pas encore entamé ; et le lendemain cette histoire fut publique ; la mère fut guérie par la Notre-Dame de sa maladie cruelle ; et l'enfant, qui se voua à la Vierge, porta toujours sur son dos la marque des dents du loup (1).

NOTRE-DAME-DU-SAUT, A BOLOGNE.

Un jour que les Espagnols assiégeaient Bologne, et qu'ils avaient miné une partie de la ville, une Notre-Dame miraculeuse sauta en l'air avec sa chapelle et un grand pan de murailles. Mais, ajoutent les moines, elle retomba à la même place et dans la même situation qu'elle occupait auparavant ; ce qui étonna si fort l'ennemi qu'il leva le siége.

Cette Notre-Dame s'appela depuis Notre-Dame-du-saut ; on lui rebâtit une chapelle où elle fait des merveilles. Il faut observer que le grand saut qu'elle a fait ne lui a pas laissé la moindre égratignure (2).

NOTRE-DAME-DU-SAPHIR.

Sainte Galle, qui était une riche dame de

---

(1) *Surius*, in *Vitâ sancti Roberti*, 20 aprilis.
(2) *Voyage de France et d'Italie, par un gentilhomme français*, page 790, et notes données.

Rome, dînait un jour avec son mari Symmaque qui lui av### amené pieuse compagnie. Les anges furent si contens de ce saint dîner, qu'ils vinrent au dessert chanter les litanies; et deux chérubins apportèrent sur le buffet de Galle un saphir d'un éclat surprenant, sur lequel était gravée l'image de Notre-Dame, tenant son fils dans ses bras.

Sainte Galle et sa compagnie se mirent à genoux, et incontinent toutes les cloches de Rome sonnèrent sans que personne les ébranlât. C'était en l'an 524. Le pape Jean Ier. apprit le miracle; Galle et son mari vinrent à ses pieds et lui remirent la miraculeuse Notre-Dame-du-saphir, qui fut visiblement accompagnée de deux anges, jusqu'à ce qu'on l'eût solennellement déposée dans une église.

Cette sainte image fit beaucoup de miracles dans l'église de Sainte-Marie *in portico*; elle est à présent dans celle de Sainte-Marie *in campitelli*. On ajoute qu'elle est douée d'un talent particulier pour faire cesser la peste (1).

NOTRE-DAME *in arenâ*.

C'est encore, comme dans Notre-Dame de Molème, un loup qui joue ici le grand rôle. Le 23 juin 1506, un enfant de cinq ans, du village de Bibergaw près d'Ettelbach, en Franconie, prit une faucille et s'en alla seul dans un champ où il voulait scier du blé, comme il voyait ses parens

---

(1) *Merveilles de Rome*, p. 65. Misson. tome III, p. 265, etc.

faire. C'était le jour de Sainte-Apollinaire, fête alors chômable dans le pays. Le péché de l'enfant fut puni; un loup sortit des blés et l'emporta.

Le père, à qui on vint apprendre cette triste nouvelle, se hâta de demander pardon pour son fils et d'invoquer Notre-Dame *in-arenâ* (1) qu'on révère auprès d'Ettelbach, lui promettant un grand cierge. La Notre-Dame parla au loup, le loup rapporta l'enfant, l'enfant ne faucilla plus les jours de fête, et son père donna à la Vierge le cierge qu'il avait promis (2).

NOTRE-DAME-DES-VERTUS.

Il y avait, à ce qu'il paraît, dès l'année 1240, au village d'Aubervilliers près de Paris, une Notre-Dame dont la chapelle commençait à opérer quelques miracles. On l'appela bientôt Notre-Dame-des-Vertus; et dès-lors il se fit des prodiges. On accorda des indulgences à ceux qui donneraient de l'argent pour bâtir une église; de sorte que Notre-Dame se vit peu après richement logée. Des guérisons merveilleuses, des enfans donnés aux princesses et aux bourgeoises stériles, beaucoup de grâces surprenantes firent que Notre-Dame-des-Vertus s'appela aussi Notre-Dame-des-Miracles. C'était, le second mardi du mois de mai, un concours de près de cent mille personnes;

---

(1) Ainsi nommée parce qu'elle fut trouvée dans un monceau de sable.

(2) *Trithemii*, *Miracul.* 2, *lib.* 2.

En l'année 1529, sous le règne de François Ier., toutes les paroisses de Paris se rendirent de nuit, en procession, à Notre-Dame-des-Vertus, pour obtenir la destruction de l'hérésie. Tous les dévots portaient des chandelles; ce cortége répandit une si grande clarté, que, des hauteurs de Montlhéri, on crut que Paris était en flammes.

On demanda fréquemment à Notre-Dame-des-Vertus l'extinction des mêmes hérétiques; et comme elle ne l'accorda point, on essaya de se passer d'elle par le masacre de la Saint-Barthélemi. Dans les derniers temps, la sainte image ne faisait presque plus de miracles, parce que la foi commençait à se perdre (1).

NOTRE-DAME-DE-LA-PEUR.

On visite, à quelque distance de Nazareth, une petite chapelle où se trouve une Notre-Dame grossièrement sculptée, que l'on dit cependant faite par les anges, et que l'on appelle Notre-Dame-de-la-Peur, parce que c'est là que la Sainte-Vierge reçut l'effrayante nouvelle que les Juifs allaient précipiter Jésus, du haut d'un rocher.

On montre un peu plus loin le roc vif dans lequel Jésus se cacha, pénétrant dans la pierre comme dans la neige. Mais la dévotion des pèlerins a détruit l'empreinte du corps de Notre-Seigneur, que l'on y voyait autrefois.

---

(1) M. Delord, *Voyages aux environs de Paris*, tome II, page 252. M. Dulaure, *Curiosités des environs de Paris*. Aubervilliers.

On vénère aussi, auprès de la chapelle, une fontaine où Marie envoya le petit Jésus puiser de l'eau avec une cruche. On ajoute que, la cruche s'étant cassée, l'enfant divin, pour ne pas perdre le mérite d'obéissance, apporta de l'eau dans le pan de sa robe (1).

NOTRE-DAME DE VALENCIENNES.

En l'an 1008, la ville de Valenciennes étant affligée d'une grande peste, un saint ermite pria une petite Notre-Dame, qui était déjà révérée, de mettre fin à ce fléau. La Vierge l'exauça; elle entoura la ville d'un cordon ou lacet miraculeux, et la peste cessa aussitôt.

On recueillit le précieux lacet, qui fut mis dans une châsse fort riche. On rendit plus d'honneur que jamais à la Notre-Dame, que l'on portait tous les ans en procession avec le lacet sacré, le 8 de septembre, jour du miracle. La Notre-Dame était souvent traînée sur des chars de triomphe, qui coûtaient de grandes sommes; et cette procession attirait à Valenciennes un concours immense d'étrangers et de dévots (2).

NOTRE-DAME DE TONGRES.

Notre-Dame de Tongres est célèbre depuis long-temps par ses grands miracles. Elle ressuscita un

---

(1) *Voyage du P. Goujon en Terre-Sainte*, page 70. — *Voyage du P. Nau*, etc.

(2) *Histoire des Religions*, etc., tome VI, page 87. 1819; et *Notes données par un habitant*.

enfant à qui son père avait fauché la tête en fauchant ses blés. Elle rendit la vie à une jeune fille qui était tombée dans une chaudière d'eau bouillante, et qui en était sortie à peu près cuite. Mais ce qui suit est mieux encore.

En l'année 1336, un enfant de cinq ans alla cueillir des mûres dans un bois, avec sa sœur qui avait neuf ans, et son frère aîné qui en avait dix. Le petit enfant se perdit; et sa mère le chercha plusieurs jours sans le retrouver. Elle fit le pèlerinage de Notre-Dame de Tongres, et dit à l'image : « Souvenez-vous, bonne Vierge ! que vous avez perdu aussi votre fils Jésus à Jérusalem. Ayez pitié d'une femme qui éprouve des chagrins que vous avez connus. » Comme elle achevait ces mots, un ange, que personne ne vit, se présenta devant elle et lui remit son fils entre les bras. Jugez de sa joie ! Elle donna un grand cierge à la Notre-Dame (1).

NOTRE-DAME-DE-LA-VICTOIRE.

« En l'année 1620, l'empereur Ferdinand II, voulant réduire sous son obéissance la ville de Prague qui était dans la rébellion, livra trois combats sans succès contre les hérétiques qui habitaient cette ville, et qui avaient fait outrage à une image de la sainte Vierge, en lui donnant un coup de poignard dans les yeux, avec une impiété sans pareille.

---

(1) Robert de Hautport, *de Mirac. Divæ Virginis Tongrensis*, cap. 24.

» La Notre-Dame fut trouvée en ce triste état par un soldat, qui la porta à un carme déchaussé, confesseur de l'empereur. Le bon père, touché jusqu'au vif de l'injure faite à la sainte Vierge, engagea l'empereur à donner une quatrième bataille, lui promettant une victoire assurée. Il mit l'image devant lui (comme une pièce d'estomac), suivit le prince au combat, et lui fit remporter une victoire insigne sur ces *athées* (1). »
En mémoire de cette faveur, Ferdinand II fit élever à Rome l'église de Notre-Dame-de-la-Victoire, où l'on plaça l'image miraculeuse qui fait toujours des merveilles.

Les Grecs avaient une Notre-Dame-de-la-Victoire, qui leur donna quelquefois l'avantage sur les Sarrasins et sur les Turcs. Il faut espérer qu'ils l'auront su garder.

On attribua à une autre Notre-Dame la victoire que les chrétiens remportèrent à Lépante sur les infidèles. Il y avait auprès de Senlis une abbaye de Notre-Dame-de-la-Victoire, bâtie par Philippe-Auguste, pour rendre grâces à la Vierge de la victoire de Bouvines. Les Espagnols, les Flamands, tous les peuples qui se sont battus, avaient des Notre-Dame-de-la-Victoire, parce que les hommes sont assez insensés pour croire que les puissances du ciel prennent part à ces boucheries exécrables, que nous travestissons en journées glorieuses.

---

(1) *Journal d'un Voyage de France et d'Italie par un gentilhomme français*, page 336.

NOTRE-DAME DE LA CAROLE.

« Dans le mois de juillet de l'année 1418, un Suisse qui se trouvait à Paris, sortant ivre d'un cabaret, vint frapper de plusieurs coups de couteau une image de la Vierge, qui était dans la niche qu'on voit encore sur la muraille, au coin de la rue aux Ours. Il en sortit du sang, comme l'observèrent quelques bonnes femmes. Le coupable fut arrêté, fouetté de verges et brûlé à petit feu sur le lieu du crime. L'image de la Vierge (qui ne subsiste probablement plus) fut transportée à l'église de Saint-Martin-des-Champs, où elle fut honorée sous le nom de *Notre-Dame de la Carole* (1). On mit dans la niche une autre image de la Vierge, devant laquelle on entretenait, encore dans le dernier siècle, une lampe continuellement allumée ; et pour mieux célébrer l'anniversaire du miracle et de l'attentat si sévèrement puni, on lâchait tous les ans un feu d'artifice, et on brûlait un grand mannequin habillé en Suisse, après l'avoir traîné dans les rues de Paris.

Cette farce dura jusqu'en 1789. Le peuple d'alors, qui se croyait déjà éclairé, était encore aussi sot que le peuple du quinzième siècle.

Quant au trait principal, il n'est peut-être fondé que sur une tradition et sur des usages populaires ; s'il a réellement eu lieu ; l'effusion

---

(1) On ne sait trop ce que peut signifier ce nom-là.

du sang dans la statue, n'était, comme on le croit, qu'une ruse atroce des épiciers et des cabaretiers voisins, pour attirer la foule dans leur quartier (1). »

NOTRE-DAME DE SCOT.

A la porte de l'église souterraine de la Sainte-Chapelle de Paris, on voyait une statue de Notre-Dame, qui avait la tête baissée. On conte que Scot allant disputer pour l'Immaculée Conception de la sainte Vierge, fit sa prière devant cette image, et lui demanda le talent de confondre ses ennemis. La statue baissa la tête pour l'assurer de sa protection ; et cependant Scot ne gagna pas sa cause (2).

NOTRE-DAME DE VELDEN.

Il y avait, dans le château de Velden, au diocèse de Trèves, une vieille image de Notre-Dame, qui n'était pas sans puissance, quoique très-mal peinte et fort laide. La dame du château, choquée de la vue de cette image qui ne lui plaisait point, dit un jour en la regardant : « Qu'est-ce que fait là cette vieille carogne (3) ? » Elle parlait de l'i-

---

(1) *Voyage de P. Béranger dans Paris, après 45 ans d'absence*. Par M. Saint-Albin, tome II, page 2; 2e. édit. 1820.

(2) Piganiol, *Description de Paris*; tome I, *quartier de la Cité*. — Scot prétendait, comme on sait, que la Sainte-Vierge était née exempte de la tache du péché originel, par un privilége unique.

(3) *Vetus hæc rumbula* : cette vieille infâme, cette vieille carogne, ou quelque chose de pis.

image, qui ne répliqua rien. Mais le lendemain une dévote étant venue prier dans la chapelle, Notre-Dame de Velden lui dit : « Puisque la maî-
» tresse de céans m'a appelée vieille carogne,
» elle sera malheureuse toute sa vie. » En effet, son fils la chassa du château quelques jours après, et elle mendia jusqu'à sa mort (1). Ce grand miracle eut lieu au treizième siècle.

NOTRE-DAME DE MESSINE.

On vénère, dans la cathédrale de Messine, une Notre-Dame d'argent massif, qui attire tous les jours des grâces infinies sur les dévots. Toutes les dames ont l'usage de lui offrir les diamans et les objets de prix dont elles ne se servent plus. Elle est immensément riche, et sa chapelle est remplie de lampes d'or et d'argent, qui brûlent jour et nuit. C'est le lieu de la plus tendre dévotion des Messinois, qui soutiennent que la sainte Vierge leur a écrit une lettre, dont ils prétendent avoir encore aujourd'hui l'original, qu'ils portent dans la procession solennelle du jour de l'Assomption (2).

NOTRE-DAME DE LA BOULE.

On montre à Saint-Pierre de Rome une image de la sainte Vierge, peinte par saint Luc, laquelle image ayant été frappée d'une boule, lancée par

---

(1) Cæsarii hist. miracul. Lib. 7, cap. 45.
(2) Bruzen de la Martinière, au mot *Messine*.

un joueur qui se dépitait de perdre tout son argent, jeta une certaine quantité de sang qui rejaillit sur une pierre. On garde, comme preuve de ce miracle, une pierre marquée de trois petites taches de couleur jaunâtre; et l'on ajoute que le soldat ne fut pas englouti, parce qu'il avait lancé sa boule sans intention de tuer la sainte image (1).

NOTRE-DAME DE SAVONE.

Le 18 de mars de l'année 1536, Antonio Botta, paysan du village de San-Bernardo, près de Savone, se lavant les mains dans un ruisseau, vit une lumière qui venait du ciel, et entendit une voix qui disait : « Lève-toi et ne crains point : je » suis la vierge Marie ; va trouver ton confesseur » et dis-lui qu'il avertisse le peuple de jeûner » trois samedis ; tu te confesseras et communieras ; » et le quatrième samedi, tu reviendras en ce lieu » saint. »

Botta revint à point nommé. Il trouva au bord du ruisseau une Notre-Dame vêtue d'une robe et d'un manteau blanc, ayant une couronne d'or sur la tête, qui lui annonça que les crimes des hommes avaient irrité son fils contre eux, et que sa colère était prête à éclater. Les magistrats et le clergé de Savone vinrent prendre en procession la bienheureuse image. On fit pénitence, et on

---

(1) *Voyage de France et d'Italie par un gentilhomme français*, page 268, etc.

institua une fête solennelle qui se célébra tous les ans le 18 de mars : au moyen de quoi la colère divine fut désarmée.

Notre-Dame de Savone devint fameuse; et Anne d'Autriche, qui demandait un fils à toutes les Notre-Dames puissantes, promit d'ériger, dans l'église des Petits-Pères à Paris, une chapelle à Notre-Dame de Savone. Louis XIV, dont la sainte image avait prédit la naissance par l'organe du bienheureux frère Fiacre, eut soin de remplir le vœu de sa mère (1).

NOTRE-DAME-DU-PEUPLE.

Dans cet endroit de la ville de Rome où l'on voit aujourd'hui l'église de Sainte-Marie *del popolo*, il y avait autrefois un grand noyer, dont les branches étaient toujours chargées de diables; qui gardaient les cendres de l'empereur Néron enterré sous ce noyer; et qui faisaient mille méchancetés aux passans.

Le peuple, en l'an 1186, se plaignit au pape Pascal II; qui jeûna et pria. La sainte Vierge lui révéla qu'il fallait déraciner le noyer; jeter les cendres de Néron dans le Tibre, et bâtir à la place infestée une église sous l'invocation de Marie. Tout cela fut fait. On fouilla ensuite dans un endroit voisin, où l'on trouva une image de Notre-Dame peinte par saint Luc. On éleva l'église; qui s'appela Sainte-Marie-du-Peuple; parce que tout

---

(1) M. Dulaure, tome I, page 68, *des Curiosités de Paris*.

le peuple Romain y contribua par ses offrandes ; et il se fit une grande quantité de miracles (1).

NOTRE-DAME-DE-LA-VIE.

On n'entre qu'avec une sainte terreur dans la chapelle de Notre-Dame-de-la-Vie, à Vienne en Dauphiné. Cette chapelle est bâtie sur la chambre qu'habita Pilate, durant l'exil auquel les légendaires l'ont condamné. C'est, dit-on, en horreur du séjour de Pilate, que les fondemens de cette chapelle se sont renversés vers le toit, et que le haut des murailles a pris la place du bas.

On montre dans cette chapelle la boule du sceptre de Pilate ; qui ne porta jamais de sceptre ; une vieille tour où il fut quelque temps captif; et à deux lieues de là un lac qui porte son nom, parce qu'il s'y est noyé. Mais il s'est aussi noyé dans un lac suisse (2). — Au reste Notre-Dame-de-la-Vie fait beaucoup de conversions (3).

NOTRE-DAME DE MOSCOU.

Les Russes vénèrent à Moscou, dans la principale église, une Notre-Dame célèbre qui fut peinte, dit-on, par saint Luc et dorée par les anges. Elle fut apportée par cinq prélats grecs d'une grande piété ; et l'image jetait tant de lumière, que les cinq porteurs conservèrent sur leurs têtes, jus-

---

(1) *Merveilles de Rome*, page 35. Misson, tome II, page 148. *Voyage d'un gentilhomme français*, page 329.
(2) Voyez les articles *Lacs* et *Montagnes*.
(3) *Voyage de France et d'Italie*, page 53, et *Notes données*.

qu'à leur mort, une couronne de rayons dans le genre des cornes de Moïse.

Cette Notre-Dame a déplacé des montagnes, tari des marais et fait des miracles innombrables. Les Moscovites la regardent comme le palladium de l'état; et il n'est pas possible qu'ils l'aient laissé perdre dans le dernier incendie de leur ville (1).

NOTRE-DAME DE DAMAS.

Nous ne pouvons oublier Notre-Dame de Damas, jadis célèbre dans cette ville par des prodiges inouis. Sa puissance était si grande et ses miracles si surprenans que les Juifs, les Sarrasins, les Éthiopiens venaient l'honorer, aussi-bien que les disciples de Jésus. C'est du moins ce qu'on raconte. Cette image était une statue de bois, sculptée par une main céleste. Un jour qu'elle était satisfaite de ses adorateurs, elle fit un miracle à moitié semblable à celui de la statue de Pygmalion.

On avait apporté beaucoup d'offrandes; les pèlerins étaient nombreux; tout le monde était en prières, et il n'y avait point d'hérétiques, lorsqu'à la vue de tous les dévots spectateurs, la partie supérieure de l'image, depuis la ceinture jusqu'aux cheveux, s'anima, devint chair humaine, et présenta le buste vivant d'une belle vierge. Mais le reste du corps demeura statue de bois. Ce miracle unique fut le prélude d'une foule d'autres mira-

---

(1) *Histoire des religions*, etc., tome III. *Ephem. Mosc. in Papebrock contin. ad Bolland.*

cles. Notre-Dame de Damas put s'entretenir avec les pèlerins, sans les étonner. Ce n'était plus une bouche de bois qui parlait.

Il paraît que cette partie supérieure de la sacrosainte image resta animée. Il découlait continuellement de son front un baume précieux, qui devint le remède de tous les maux ; on l'apelait la sueur de la très-sainte Vierge de Damas ; et dans le dernier siècle, on conservait encore au monastère de Cluni en Bourgogne, une fiole pleine de cette divine liqueur.

On assure que Notre-Dame de Damas subsiste toujours, et qu'on la vénère maintenant à six lieues de cette ville, dans un couvent de religieuses grecques. Mais on ne dit pas si la partie supérieure de son corps, qui s'est animée à ce qu'on croit vers le neuvième siècle, est toujours en chair humaine (1).

NOTRE-DAME DE VALENÇAY.

Pendant le séjour que fit le roi d'Epagne Ferdinand VII au château de Valençay, sa majesté catholique broda de ses mains royales une robe fort riche, pour la Notre-Dame que l'on vénérait à la chapelle et qui faisait, dit-on, quelques miracles.

Peu de temps après le retour du roi en 1814, le père Escoïkil, confesseur de sa majesté, dans

---

(1) *Baronii*, anno 870. *Spond.* anno 1103. *Voyages divers*, et Baillet 15 août.

un sermon prêché à l'Escurial, devant le monarque et sa cour, assura que Notre-Dame de Valençay avait été si satisfaite de se voir vêtue d'une robe faite par le roi, qu'elle en avait souri, et qu'elle s'était retournée trois fois dans sa châsse, pour admirer et faire admirer comme sa belle robe l'habillait bien....

Ce fait est trop public pour que nous ayons pu le passer sous silence.

NOTRE-DAME DU PUY-EN-VELAY.

Dès le dixième siècle, Notre-Dame du Puy-en-Velay, était un pèlerinage célèbre; c'est même cette célébrité qui fit du bourg du Puy une ville assez considérable. Les papes Urbain II, Gelase II, vinrent rendre hommage à cette Vierge. Notre roi Louis VII y fit deux pèlerinages; Philippe-Auguste alla réclamer l'appui de Notre-Dame du Puy-en-Velai, pour sa croisade. Saint Louis, Philippe-le-Hardi, Philippe-le-Bel, Charles VI, firent également leurs dévotions devant la puissante image, dont on racontait autrefois les choses les plus merveilleuses. Charles VII y entendit la messe en habit de chanoine. Louis XI accoutré en pèlerin se sanctifia, en 1476, par une neuvaine à Notre-Dame du Puy; il se fit vêtir pour les offices d'une chape et d'un surplis, et donna à la statue six cents écus d'or. François Ier. imita tous ces rois dans sa dévotion pour la Notre-Dame.

Cette Vierge si révérée, qui attirait un concours

immense de pèlerins, fut, dit-on, apportée d'Égypte du temps des premières croisades, par un saint prélat; elle remplaça une autre image de la Vierge, dont la renommée était grande, et à qui cependant elle fut préférée à cause de sa forme remarquable.

Elle fit d'abord un effet surprenant sur les Languedociens. Mais vers la fin du douzième siècle, la France fut si malheureuse, qu'on négligea les pèlerinages. Les seigneurs, qui se faisaient honneur du brigandage, couraient les grandes routes, détroussaient les passans, pillaient les villages, et se faisaient entre eux des guerres si atroces, qu'ils ne respectaient pas même la vie des nobles et des prêtres. Le peuple était dans une désolation extrême. Un charpentier, nommé Durand, publia que le ciel lui avait ordonné de rendre la paix à la France. Il ajoutait qu'un ange lui avait remis un papier qui représentait Notre-Dame du Puy, avec cette inscription : *Agnus dei qui tollis peccata mundi, dona nobis pacem.* On le traita d'abord de visionnaire ; cependant il se fit des partisans et forma une confrérie de chevaliers de la Vierge, qui portaient des habits de moine avec une plaque d'étain sur la poitrine. Cette plaque représentait l'image que le bon Durand avait reçue du ciel.

Comme les brigandages ne diminuaient point, l'évêque du Puy sentit que ces chevaliers de la Vierge pouvaient être utiles ; il les encouragea, les bénit, leur donna des indulgences ; et les braves confrères se mirent à poursuivre les brigands nobles avec assez de bonheur. Cette nouveauté ranima la dévotion à la sainte image de Notre-Dame du Puy; le nombre des pèlerins devint plus grand que jamais, et la célébrité de cette vierge n'a pas baissé depuis. Nous pensons que la révolution ne l'a qu'interrompue.

Nous décrirons maintenant cette statue, d'après un observateur exact et instruit, qui parvint, après bien des difficultés, à l'examiner de près (1), et qui prétend que c'est la plus ancienne statue de la Vierge que nous ayons dans nos églises.

Elle est placée sur un autel à la romaine, fait en marbre de diverses couleurs, et surmontée d'un baldaquin : le jour est ménagé de manière qu'on ne la voit pas distinctement, à moins qu'on ne monte sur l'autel. Elle est noire et couverte d'un grand manteau d'étoffe d'or; l'Enfant-Jésus, qui paraît de loin collé sur l'estomac de sa mère, montre sa petite tête noire par une ouverture faite au manteau. La Vierge a aux pieds des souliers de drap d'or, et sur la tête une couronne en manière de casque, d'une façon singulière. Une seconde couronne d'un style plus moderne est suspendue sur la première; divers rangs de

---

(1) Faujas de Saint-Fond, dans les *Recherches sur les volcans éteints du Vivarais et du Velay*, cité par M. Dulaure dans la *Description du Languedoc*.

très-petites perles pendent derrière le cou en guise de cheveux.

Le manteau est surchargé d'une multitude de petits reliquaires enrichis de diamans et de pierres précieuses ; on y admire surtout une cornaline orientale antique représentant Apollon nu, qui tient de la main droite une branche de laurier et qui appuie la main gauche contre un fût de colonne sur lequel repose une lyre. Cette pièce est montée en forme de médaille ; quelque dévot l'a peut-être portée autrefois suspendue à son chapelet ou à son cou.

La statue a deux pieds trois pouces de hauteur ; le dessin en est dur ; son attitude est celle d'une personne assise, comme certaines divinités d'Égypte. Elle tient un enfant sur son sein, et peut peser vingt-cinq livres. Le fauteuil sur lequel elle est assise est d'un travail moderne.

Cette Notre-Dame est noire, comme nous l'avons dit, et sculptée en bois de cèdre. Mais une circonstance bien remarquable, c'est que toute la statue est enveloppée, depuis la tête jusqu'aux pieds, de plusieurs bandes d'une toile assez fine, très-soigneusement et très-solidement collées sur le bois, à la manière des momies égyptiennes. Ces toiles sont appliquées sur le visage de la mère et de l'enfant ; les pieds en sont également entourés, ce qui est cause qu'on ne peut distinguer aucun vestige des doigts.

La face de la Vierge et celle du petit Jésus sont peintes d'un noir foncé qui imite le poli de l'ébène ; mais le frottement des chapelets et des reliquaires y a laissé quelques égratignures.

La forme du visage de la mère présente un ovale extrêmement allongé et contre toutes les règles du dessin. Le nez est d'une grosseur et d'une longueur démesurée, la bouche petite, le menton raccourci, les sourcils très-marqués.

Les petits yeux que les historiens ont appelés « ces deux beaux yeux, ces deux perles, » ne sont que deux portions demi-sphériques de verre commun, qui imitent le globe et l'iris de l'œil, parce qu'elles sont appliquées sur deux petites peintures qui représentent deux yeux. Comme ces yeux ont été mal assortis à la grandeur du visage, et que malgré leur petitesse ils sont fort saillans sur une face noire, ils donnent à la figure un air hagard qui inspire de la surprise et même de l'effroi.

On croit avec quelque fondement que cette statue est une divinité égyptienne, et qu'elle représente Isis et Osiris : telles sont du moins les remarques de Faujas de Saint-Fond, qui visita Notre-Dame du Puy en Velay, au mois de novembre de l'année 1777.

NOTRE-DAME DE VASSIVIÈRE.

On vénère sans doute encore à Besse en Auvergne la bienheureuse Notre-Dame de Vassivière, qui attirait autrefois un concours innombrable de pèlerins. C'est une petite statue noire, qui tient entre ses bras un enfant. Ce petit groupe était autrefois placé dans quelque vieille masure sur la montagne de Vassivière, au bas des Monts-d'Or. On reconnut tout à coup que l'image faisait des miracles ; on l'alla prendre en procession, et on l'apporta à Besse, qui n'est qu'à une lieue de distance.

Mais malgré la joie et la dévotion du peuple, Notre-Dame de Vassivière ne put s'accoutumer au séjour de la ville ; elle s'en alla la nuit suivante, et retourna à sa montagne. Les habitans de Besse la ramenèrent dans leurs murs à plusieurs reprises ; elle regagnait toujours invisiblement son séjour chéri.

Cette merveilleuse résistance de la part de la petite Notre-Dame augmenta le désir qu'on avait de la posséder. Les habitans de Besse se déterminèrent enfin à fonder une messe à perpétuité pour tous les mercredis de l'année. Aussitôt que le clergé fut assuré de la fondation de cette messe, l'image céda aux sollicitations des dévots.

Cependant elle fit connaître par divers miracles qu'elle serait bien aise de ne pas abandonner entièrement son ancien manoir de Vassivière. En conséquence, on fit bâtir en 1550 une petite chapelle sur la montagne : c'est là que l'image passe l'été, tandis que durant l'hiver elle habite l'église de Saint-André dans la ville de Besse.

On assure encore que si on négligeait de transporter Notre-Dame de Vassivière sur sa montagne, à l'époque fixée, elle ne manquerait pas de s'y rendre d'elle-même (1). Piganiol ajoute, dans sa nouvelle *Description de la France*, qu'il s'est fait à Besse et à Vassivière tant de miracles avérés, qu'il faut être insensé pour ne pas y croire. On n'y croit pourtant plus.

NOTRE-DAME DES MARAIS.

L'église collégiale de Notre-Dame des Marais de Ville-Franche doit son origine à une petite chapelle qui fut fondée à l'occasion d'un événement miraculeux. Des bouviers faisant paître leurs troupeaux, à l'endroit où l'église fut construite depuis, remarquèrent que leurs bœufs s'étaient mis à genoux et restaient prosternés. Ils accoururent et virent devant ces animaux une image de la Vierge, au milieu des marécages. On transporta cette Notre-Dame dans l'église de la Madeleine; mais pendant la nuit elle s'en retourna à l'endroit même où les bouviers l'avaient découverte, et où l'on bâtit une église (2).

NOTRE-DAME D'ESPÉRANCE.

Notre-Dame d'Espérance faisait autrefois de grands miracles chez les carmes de Toulouse. On raconte que Charles VI, pendant le séjour qu'il fit dans cette ville, étant allé à la chasse dans la forêt de Bouconne, fut surpris incontinent par une nuit très-obscure et s'égara. Comme il ne

---

(1) M. Dulaure, *Description de l'Auvergne*.
(2) *Idem*, *Description du Beaujolais*.

savait plus quel chemin il devait prendre, il fit vœu d'offrir le prix de son cheval à Notre-Dame d'Espérance. Aussitôt les ténèbres se dissipèrent, le roi sortit heureusement du bois, et le lendemain il acquitta son vœu (1).

NOTRE-DAME DU PORT.

Notre-Dame du Port ou de ●●port, à Clermont en Auvergne, ainsi nommée parce qu'il y avait un marché devant son église, est honorée dans une chapelle souterraine, autrefois toute tapissée d'*ex-voto*. C'est une statue de bois peinte en noir, qu'on trouva dans un puits dont on voit l'ouverture au milieu de la chapelle. L'eau qu'on en tire avait la propriété de guérir la fièvre (2).

NOTRE-DAME-DE-CONFESSION.

Les Marseillais prétendent que l'autel de Notre-Dame-de-Confession fut érigé en l'an 140, dans la fameuse église souterraine de Saint-Victor, et devint bientôt un pèlerinage célèbre. Cette image, qui fait de grands miracles, et qui est, dit-on, fort sévère à l'égard des fidèles qui viennent la voir en état de péché, est noire comme tant

---

(1) M. Dulaure, *Description du Languedoc.*

(2) Le doyen du chapitre de Notre-Dame du Port officiait, (jusqu'à la fin du quinzième siècle) avec toute la pompe féodale. Il avait à l'autel l'oiseau sur la perche gauche; il allait aux processions solennelles *menant ses chiens de chasse*, ayant l'oiseau sur le poing, et se faisant suivre de ses serviteurs, etc. (M. Dulaure. *Description de l'Auvergne.*)

d'autres; et plusieurs écrivains la citent sous le nom de la Vierge noire de Saint-Victor.

On dit qu'elle fut appelée Notre-Dame-de-Confession, parce qu'elle était entourée de reliques de martyrs qui avaient confessé la foi. On montrait dans sa chapelle le tombeau de quarante religieuses, qui se coupèrent le nez, pour sauver, par cette difformité, la fleur de leur virginité que des barbares menaçaient.

Les femmes, au dernier siècle même, n'osaient entrer dans cette chapelle terrible, de peur d'y perdre la vue. On assurait que tout être du sexe féminin qui osait y mettre le pied en sortait aveugle; et l'on ajoutait qu'une grande reine voulant en faire l'essai, y avait lâché sa petite chienne, qui avait laissé ses yeux devant la sainte image.

La statue est, à ce qu'il paraît, une sculpture de bois noir; mais le peuple de Marseille, qui ne peut la voir de très-près, prétend que c'est un ouvrage de fenouil (1), tressé par saint Luc, en forme de vierge...; et les antiquaires qui croient que c'est une statue égyptienne d'Isis, dont les dévots enfans des Phocéens ont fait une Vierge noire, n'ont pas eu raison devant les Provençaux.

Notre-Dame-de-Confession disparut dans les troubles révolutionnaires; on l'a retrouvée depuis peu; on l'a réinstallée avec pompe dans son an-

---

(1) Espèce de jonc odoriférant dont le jus est bon pour les yeux. Cette plante, infusée dans l'eau, a aussi la propriété de faire uriner.

cienne chapelle. On la promène pour avoir de la pluie ; on assure qu'elle a repris l'habitude des miracles ; et pour preuve qu'elle en fait, il y a déjà des *ex-voto* (1).

NOTRE-DAME DE LA GARDE, PRÈS MARSEILLE.

C'est une divinité importante pour les Provençaux qui lui rendent un grand culte, et l'on a lieu d'être étonné que Ruffi n'en dise presque rien dans les deux volumes in-folio qu'il a intitulés : *Histoire de Marseille*. On ne sait trop l'origine du culte de cette Notre-Dame, que l'on croit très-ancienne. La chapelle a été fondée en 1218, au sommet d'un rocher qui domine la mer et la ville de Marseille (2).

Les uns disent qu'un pêcheur près de périr dans une tempête, aperçut au sommet du mont de la Garde une vierge lumineuse qu'il invoqua, et qui le tira de danger. Selon d'autres, plusieurs

---

(1) Notes prises sur les lieux ; et Ruffi, *Histoire de Marseille*, Liv. II.

(2) Le fort de Notre-Dame de la Garde était gardé en 1792 par un invalide. C'était une petite cabane. Cependant Scudéri eut le titre de gouverneur du fort de Notre-Dame de la Garde,

» Gouvernement commode et beau ,
» A qui suffit pour toute garde
» Un suisse avec sa hallebarde
» Peint sur la porte du château. »

(*Voyage de Chapelle et de Bachaumont.*)

Ce fort, qui est à présent quelque chose, a soutenu un siège en 1594. Un prêtre y disait alors la messe avec la cuirasse sous le surplis.

(Ruffi, *Histoire de Marseille*, liv. II.)

navires furent sauvés du naufrage par la Vierge qui apparaissait sur le roc et calmait les tempêtes. La reconnaissance publique fit donc élever une chapelle où l'on plaça une image de Notre-Dame, et bientôt ce fut un pèlerinage très-fréquenté.

Aujourd'hui il y a peu de marins provençaux qui s'embarquent sans avoir visité Notre-Dame de la Garde. On la descend tous les ans, à la Fête-Dieu, avec toute la pompe possible. Elle est portée par quatre pénitens blancs, qui ont les pieds nus et des sandales pour chaussure. La procession est toujours accompagnée d'une multitude de pénitens de diverses couleurs, de matelots et de femmes.

On dit que la Notre-Dame est extrêmement lourde, lorsqu'on la descend de sa chapelle, qu'elle ne quitte qu'avec peine. Elle est au contraire d'une légèreté surprenante, lorsqu'elle regagne le haut de son rocher.

Les Marseillais la reçoivent avec solennité dans leurs murs. On la place sur un reposoir très-riche, d'où elle contemple la procession de la Fête-Dieu qui défile devant elle. On lui fait passer la nuit dans l'église de Saint-Martin, où elle reste un jour ou deux; et l'on assure qu'une fois qu'on tardait trop à la remonter à sa chapelle, elle s'en retourna seule.

Elle était autrefois d'argent massif plaqué d'or; en 1793 elle fut vendue aux Génois qui la fondirent pieusement et la convertirent en monnaie. Elle n'est maintenant qu'en bois doré. La révolution lui a ôté aussi ses diamans et ses riches parures ; mais sa garderobe se remonte de jour en jour.

On l'habille le plus mal qu'on peut pour la descendre dans la ville, où les dévots s'empressent de lui donner une belle robe, un manteau, une couronne, un voile, un chapelet, un bouquet de prix. Elle a toujours un doigt auquel il manque une bague ; et les âmes pieuses ne souffrent pas long-temps cette irrégularité. En 1810, on lui donna un poisson d'argent de la longueur d'un pied, suspendu à une chaîne d'or.

Comme elle est surtout la patronne des marins, sa chapelle est toujours pleine de vaisseaux, de mats, de poissons d'argent, de tableaux de naufrages et d'*ex-voto* divers (1). Elle protége aussi les pécheresses qui vont lui offrir des cierges ; on lui attribue même des conversions célèbres et un nombre infini de miracles (2).

Les Marseillais faisaient encore autrefois le pèlerinage de Notre-Dame de la Garde, pour le repos des âmes de leurs parens défunts. Mais comme cette chapelle est trop près de la ville, il fallait s'en éloigner de douze lieues pour se

---

(1) Notes données sur les lieux.
(2) En 1811, une célèbre appareilleuse, qui avait gagné une fortune immense à Marseille, se convertit tout à coup, monta pieds nus, cheveux épars, vêtue de noir, à Notre-Dame de la Garde. Elle vécut depuis comme une béguine, en conservant pourtant la plus grande partie de ses richesses, et l'esprit de son premier état.

rendre ensuite nu-pieds devant la Notre-Dame (1).

DE QUELQUES AUTRES NOTRE-DAMES.

Les Notre-Dames que nous venons d'indiquer ne forment pas la millième partie de toutes celles qui ont un nom, c'est-à-dire quelque célébrité plus ou moins étendue. Nous en compterons encore quelques-unes, qui ne peuvent être omises.

On vénérait en Sicile une Notre-Dame des Guides qui portait son fils au milieu de son sein, et qui n'était pas moins puissante, quoique moins fameuse, que celle de Constantinople.

Notre-Dame la Majeure était presque toujours environnée de pèlerins à Naples. Mais son histoire n'a rien de saillant.

On exposait avec pompe à Dijon l'image de Notre-Dame de Talant, fameuse par ses miracles. Elle fit marcher droit plus de cent vingt boiteux.

Notre-Dame de Frisinge en Bavière est sans-contredit un ouvrage de Saint-Luc. Elle fut donnée par un empereur de Constantinople à Jean Galeas, duc de Milan, qui en fit présent à une courtisane anglaise, pour qui il avait beaucoup d'affection. Celle-ci la céda à un seigneur de la Scala, qui la donna à son frère, alors évêque de Frisinge.

Si l'on s'étonne de voir une courtisane rechercher l'image de Marie, il faut se rappeler que

---

(1) Ruffi, *Histoire de Marseille*, liv. 14.

presque toutes les prostituées italiennes ont une madone au pied du lit où elles font leur commerce, et qu'elles retournent l'image vers la muraille, lorsqu'elles s'apprêtent au péché.

C'était encore un grand pèlerinage que Notre-Dame de Pitié à Peyrusse dans le Rouergue. Il s'y faisait des miracles sans nombre.

Notre-Dame de Fourvières (1) à Lyon est une image miraculeuse, dont on fait le plus grand cas; et Notre-Dame du Puy chez les augustins du Puy de la Garde en Anjou, attirerait encore l'affluence des pèlerins, si les augustins n'étaient pas supprimés.

L'image de Notre-Dame, que l'on révère à Rome dans l'église de Sainte-Marie *in viâ*, fut trouvée dans un puits, sous le pape Alexandre IV; la petite statue et le puits guérissent de la fièvre.

En l'année 1811, un paysan des environs de Salon, en Provence, trouva une Notre-Dame enterrée dans son poulailler, comme un songe le lui avait révélé (2). Il exhuma la Notre-Dame,

---

(1) Ou mieux de *Forvières*, bâtie dans un lieu autrefois consacré à Vénus et appelé *forum Veneris*, dont on a fait Forvières.

(2) Il rêva qu'il allait dans son poulailler relever les œufs de ses poules, et qu'une voix souterraine lui disait: « Y a-t-il assez long-temps que tu me marches sur le corps? déterre-moi. Fais-moi rendre honneur, et tu prospéreras. » Il fouilla le lendemain et trouva une Notre-Dame de pierre. On a remarqué que le poulailler était heureux, et que les poules du bon homme pondaient beaucoup d'œufs.

qui reçoit sans doute un culte dans quelque chapelle.

Notre-Dame de Simonodonskoï, près de Moscou, fut trouvée au bord d'une rivière. On éleva à la place un riche couvent et une belle église qui est toujours remplie d'*ex-voto* et de pèlerins.

On vénérait auprès de Paris, dans le bois de Boulogne, une Notre-Dame autrefois trouvée au pied d'un chêne. Il s'y faisait des pèlerinages nocturnes, qui n'avaient pas toujours pour but la Vierge Marie.

Jacques de Voragine raconte dans sa cent quatorzième légende une anecdote assez curieuse d'une Notre-Dame dont on ne sait malheureusement pas le nom. Un vieux capitaine, qui manquait d'argent, et qui aurait voulu fêter quelques amis le jour anniversaire de sa naissance, se promenait dans une campagne déserte, en rêvant aux moyens de se procurer quelque ressource. Un cavalier vêtu de noir, d'une taille imposante, se présente devant lui et lui demande avec intérêt la cause du chagrin qui paraît l'occuper. Le militaire avoue sa détresse. Eh bien ! dit l'étranger, si vous voulez me permettre de voir à mon aise la figure de votre femme, qui passe pour fort belle, je vous tirerai d'embarras. L'étranger paraissait si honnête que le vieux soldat accepta sa proposition. Retournez donc chez vous, dit le cavalier noir, vous y trouverez de grandes sommes d'or ; et vous amènerez votre femme ici dans trois mois.

Le capitaine revint au logis, se vit tout à coup

riche des libéralités du généreux étranger, traita ses amis et vécut dans la joie.

Le jour du rendez-vous étant arrivé, il pria sa femme de monter à cheval, et de venir voir avec lui celui qui les avait enrichis. La dame y consentit de bon cœur; et comme elle était très-dévote à la sainte Vierge, ayant rencontré en chemin la chapelle d'une Notre-Dame, elle y entra pour prier un instant; son mari garda les chevaux à la porte. Mais à peine se fut-elle mise à genoux, qu'elle s'endormit. La Notre-Dame, qui lui voulait du bien, se revêtit de ses habits, prit sa figure, sortit à sa place, et partit au rendez-vous, avec le mari qui ne se doutait de rien.

L'étranger arriva d'un air souriant, et d'un ton satisfait. Mais il n'eut pas plus tôt aperçu la Notre-Dame déguisée, qu'il se mit à trembler de tous ses membres; car il reconnut la sainte Vierge, et il était le diable. La Notre-Dame le renvoya, lui défendit de jamais se montrer devant des gens qu'elle protégeait, releva le militaire qui s'était mis à genoux, lui rendit sa femme qui dormait encore, et leur donna elle-même tant d'argent, qu'ils vécurent dans l'abondance.

C'est là assurément une très-belle histoire. Mais revenons aux Notre-Dames plus connues.

Il y a peu de chose à dire sur Notre-Dame de la Piève, auprès de Venise, sinon que les miracles de l'image en ont fait un pèlerinage célèbre. On visite aussi avec ardeur Notre-Dame de la Basille aux bords du Pô, Notre-Dame de Mondovi en Piémont, Notre-Dame de Geneste en Ligurie, Notre-Dame du roc auprès de Fiesole, Notre-Dame de la voûte auprès de Florence, Notre-Dame de la vigne auprès de Viterbe.

Saint Charles Borromée avait une grande dévotion pour Notre-Dame de Rho à trois lieues de Milan; il s'y est fait beaucoup de miracles.

Notre-Dame de Guadaloupe dans l'Estramadure, et Notre-Dame de la Sierra dans l'Aragon, sont aussi très-fameuses. Mais les Espagnols ont tant de madones célèbres et tant de miracles surprenans, qu'on perdrait sa peine à les rassembler.

La France vénérait grandement encore Notre-Dame de Moyen-Pont en Picardie, Notre-Dame du Bourg-Dieu en Berry, Notre-Dame du Bouchet sa voisine, une Notre-Dame du chêne en Anjou, Notre-Dame de Buch en Guyenne, Notre-Dame de Béteram en Béarn, Notre-Dame de Gimont près de Toulouse, Notre-Dame du Grau près d'Agde, Notre-Dame de Rocquamadour en Quercy, Notre-Dame de Manosque sur la Durance, Notre-Dame de Vauvert auprès de Nîmes, Notre-Dame de Vauvert auprès de Paris, toutes deux également célèbres par leurs miracles d'autrefois; Notre-Dame de l'Hozier à six lieues de Grenoble, Notre-Dame de Gray en Franche-comté, Notre-Dame de Vivone en Savoie, Notre-Dame de Bellefont dans les Pays-Bas catholiques, Notre-Dame de Hulst dans la Flandre française, Notre-Dame de Mastricht, Notre-Dame d'Esquermes près de Lille, Notre-Dame de Cambron en Hainaut,

Notre-Dame des dons à Avignon, Notre-Dame de bon secours auprès de Rouen, Notre-Dame de secourance à Rennes, Notre-Dame de bonne rencontre auprès d'Agde, Notre-Dame de foi à Gravelines, etc. etc. etc.

Nous n'avons rien dit d'une petite Notre-Dame qui faisait à Paris quelques petits miracles, dans une niche qui donnait sur la rue derrière le petit Saint-Antoine. Cette image était en pierre. Le 31 de mai 1538, un hérétique lui coupa la tête que l'on trouva à terre (peut-être par un accident naturel). François Ier. fit chercher l'hérétique pour le brûler ; mais il n'en eut pas la joie. On répara le sacrilége par une grande procession à laquelle le roi assista ; il fit mettre une image d'argent à la place de la statue de pierre, qui se conservait encore avec révérence, au dernier siècle, dans l'église de Saint-Gervais.

Ce zèle pour l'honneur des images de Marie a quelque fondement, s'il est vrai que ces images soient sensibles. Notre-Dame en Vaux, au diocèse de Châlons-sur-Marne, fut repeinte vers 1760, en mauvaise détrempe qui se fondit au dégel. Le clergé fit une procession solennelle ; et l'on prouva que Notre-Dame pleurait, à cause des impiétés des encyclopédistes.

Notre-Dame de Milly en Gâtinais pâlit d'indignation lorsqu'on la descendit de sa châsse en 1793. La même année, Notre-Dame d'Orsai, peu éloignée de Notre-Dame de Milly, se couvrit de rougeur quand les révolutionnaires mirent la main sur elle pour l'ôter de sa chapelle ; et l'on a beaucoup parlé en 1820 d'une Notre-Dame qui tomba sur une tendre pécheresse et la tua, parce que cette malheureuse l'avait prise par le cou pour l'embrasser.

Dans des temps reculés, Notre-Dame de Painpont, au diocèse de Saint-Malo, fut plus généreuse. Une dévote alla l'embrasser pour lui demander la guérison d'une maladie secrète ; et la maladie secrète disparut le lendemain.

On voit des madones à tous les coins de rue de Gênes. Un samedi, jour consacré à la Vierge (1), une malheureuse qui mourait de faim embrassa une petite Notre-Dame, en lui demandant du pain pour ses enfans. Elle se retourne aussitôt à un petit bruit argentin qu'elle entend auprès d'elle, et trouve à ses pieds trois pièces d'argent, qu'elle ramasse comme un don du ciel.

Voici encore un trait qui prouve la complaisance de certaines Notre-Dames. Une veuve ayant perdu son fils qui était son soutien, alla le redemander à une Notre-Dame dont on n'a pas conservé le nom. Comme l'image ne rendit pas l'enfant perdu assez vite, la veuve revint, et s'approchant de la Notre-Dame, elle lui enleva le petit Jésus, en disant : « Vous n'aurez votre fils que quand j'aurai le mien. » La Vierge voyant que cette femme y allait si hardiment, délivra le

---

(1) Ce jour-là les Génois mettent des bougies, qui brûlent jusqu'au bout, devant chaque madone.

jeune homme qui était en prison, et lui dit : « Va dire à ta mère qu'elle me rende mon fils puisque je lui rends le sien. »

Une autre dame enleva pareillement l'enfant Jésus, pour obliger une image de la Vierge à lui rendre une petite fille que le loup avait mangée ; et la petite fille revint incontinent à la maison.

Autres histoires. Une nonne d'un monastère de Cîteaux récitait les psaumes devant une Notre-Dame en bois. Tout à coup l'enfant Jésus descendit des bras de sa mère, vint par-dessus l'épaule de la nonne voir ce qu'elle lisait, et s'en retourna gaiement au giron de l'image.

Une autre religieuse, fortement tentée du péché d'amour, succomba avec un jeune ecclésiastique. Plusieurs visions terribles lui firent connaître que le ciel était irrité contre elle. Elle alla se jeter aux pieds d'une Notre-Dame, qu'elle supplia en pleurant de lui obtenir le pardon de son péché. « J'ai des sens, disait-elle ; pourquoi m'a-t-on fait religieuse ? — Et que voulais-tu être, lui répondit l'image ? Va au dortoir, coquine. » En même temps, la Notre-Dame lui donna sur la bouche un coup de poing qui l'étendit comme morte sur la place. On ajoute qu'elle ne pria plus cette madone sévère.

On vénérait à Cluni une Notre-Dame, qui rendit la langue à un prêtre à qui les hérétiques l'avaient coupée. Mais le miracle qui suit est plus piquant.

Un jeune officier devint éperdument amoureux de la femme de son colonel, qui était aussi sage que jolie. Il comprima long-temps son amour ; il l'avoua enfin, et fut repoussé sans pruderie, mais avec fermeté. Il alla confier ses chagrins à un bon ermite. — Si vous voulez faire ce que je vais vous dire, répondit le saint homme, vous serez bientôt heureux amant. Allez tous les jours aux pieds de quelque Notre-Dame, et récitez avec piété cent *Ave Maria*. L'officier monta à cheval le jour même, entra dans une chapelle, se mit à genoux devant l'image de la Vierge, et vit un instant après une jeune dame, d'une beauté éblouissante, qui tenait la bride de son dextrier. Il accourut. La charmante Vierge lui dit en souriant : Me trouvez-vous quelque beauté ? — Il est impossible d'en avoir davantage, répondit le jeune homme. — Et consentiriez-vous à me prendre pour épouse. — Ah ! vous charmeriez le monarque le plus difficile. — Eh bien ! je suis à vous ; donnez-moi le premier baiser. Les noces se feront demain.... L'officier, transporté d'amour, ne pensa plus à la femme de son colonel ; il alla remercier l'ermite, qui lui dit : Mon fils, faites votre testament. — Pourquoi cela ? — Vous êtes époux de la vierge Marie, mon fils ; et vous partez demain pour la célébration du mariage..... Le jeune homme un peu étonné mit ordre à ses affaires, et mourut doucement le lendemain.

Après une nouvelle aussi animée, il est bien sec de dire qu'on vénère à Marseille, dans la vieille église de Notre-Dame-la-Majeure, une Notre-Dame peinte par un saint, laquelle saigna un jour, parce qu'un infidèle l'avait frappée d'un coup de poignard.

Nous dirons aussi qu'on possède à Malte la véritable Notre-Dame peinte par saint Luc, avec un visage basané, les cheveux, les yeux et les sourcils noirs et le nez aquilin. La Notre-Dame de Saint-Hyacinthe de Venise, peinte également par saint Luc, ne ressemble aucunement à celle de Malte.

Notre-Dame d'Hanswich, auprès de Malines, est connue pour la tendresse qu'elle porte aux petits enfans ; elle en ressuscita plusieurs qui étaient morts sans baptême ; mais elle les rendit à la mort après qu'ils furent baptisés.

Notre-Dame-des-Miracles à Lucques, et Notre-Dame-des-Miracles à Rome, portent un nom assez beau pour être admirées sans être connues. Leurs miracles, au reste, sont communs. Mais les grands noms et les grandes réputations sont quelquefois usurpés.

Il y a aussi à Rome, dans l'église de Sainte-Marie-de-la-Consolation, deux Notre-Dames-des-Grâces, dont l'une est peinte par saint Luc (1). Leur nom n'indique pas qu'elles soient gracieuses, mais qu'elles font des gracieusetés.

Notre-Dame-de-la-Morère et Notre-Dame-de-la-Carère ôtaient le pain aux médecins, dans le

---

(1) Nous pourrions compter aisément cent portraits de la Vierge peints par saint Luc. Mais cette nomenclature serait un peu fastidieuse. Nous en avons indiqué un assez grand nombre.

diocèse de Rieux (1)... Mais nous pourrions enfin lasser l'attention du lecteur. Toutefois avant de terminer ce long article, nous ferons encore une observation qui peut expliquer certains miracles.

On a trouvé quelquefois une Notre-Dame dans le cœur d'un arbre abattu. Comment une image de pierre est-elle venue se placer au milieu d'un bois vivace ? Sans doute elle est descendue du ciel ! On vénérait à Lille, à Bologne, à Prague, et en beaucoup d'autres lieux, des images de Marie trouvées dans le roc ou dans le milieu d'un gros arbre; on leur faisait faire des miracles, et les douteurs mêmes étaient embarrassés sur l'origine de ces Notre-Dames. Voici une anecdote qui peut être utile.

A une demi-lieue des Planches, dans le Jura, au bord d'un bois qui avoisinait la route, on remarquait, il y a vingt-cinq ans, un hêtre superbe, qui n'avait pris qu'à peine la moitié de sa croissance, et qui n'est peut-être pas abattu. On l'avait préparé pour les miracles. Ce hêtre renfermait

---

(1) Cette longue nomenclature est prise de Ph. Berlaymont *Paradisi Puerorum* part. II, cap. 4, § 5. Jacobi de Voragine de nativ. virg. in leg. ejusdem Parad. part. II. cap. 5, § 40. Cæsarii Hist. miracul. Lib. VII, cap. 24, 33, 34. Lib. VIII, cap. 22. Baillet au 15 août. Bruzen de la Martinière, aux mots: *Painpont, Peyrusse, Puy de la Garde, Moscou*, etc. *Voyage de France et d'Italie*, pages 44, 106, 194, 467, et 839. *Merveilles de Rome*, page 64, etc. *Voyage d'un franciscain en Terre-Sainte en 1760*, page 3, etc. *Calendrier de M. Legall*. tome I, p 260. Calvin, *Traité des reliques*, etc. et *Notes données*.

une petite Notre-Dame de pierre, haute d'un pied et demi et surmontée d'une croix. On avait niché la petite statue dans une entaille faite exprès, à la hauteur de l'homme. En 1796, l'abondance de la séve et la force de la végétation avaient déjà rapproché l'écorce des deux côtés de la niche. Il ne restait plus qu'une ouverture verticale large d'un pouce, et qui a dû être fermée trois ou quatre ans après.

Que l'on abatte à présent ce hêtre, qui a triplé sa grosseur; la Notre-Dame se trouvera au centre de l'arbre. Si quelque *athée* s'avise de le faire scier le dimanche, la scie ne mordra point, ou se rompra, parce qu'elle ne sera pas préparée pour la pierre. On fendra l'arbre; la vénérable statue sera mise au grand jour. On dira qu'elle est descendue exprès du haut des cieux, pour avertir les chrétiens qu'il ne faut pas travailler le dimanche. Elle recevra les hommages de la multitude; elle tiendra dans ses mains la destinée des dévots; elle fera des milliers de prodiges (1); car on nous fait encore des miracles, et on trouve des gens qui les croient.

Finissons en demandant aux catholiques, avec Henri Estienne (2), si toutes les Notre-Dames sont autant de Vierges-Maries, mères de Notre-Seigneur Jésus-Christ. S'ils répondent que oui, ils tomberont en des absurdités énormes. S'ils ré-

---

(1) Léquinio, *Voyage dans le Jura*, tome I, page 142.
(2) *Apologie pour Hérodote*, chap. 38.

pondent que non, ce sera pis encore. Car il faut savoir qu'il y a des différences bien grandes entre ces Notre-Dames ; l'une est vieille et fort laide, l'autre jeune et fort belle ; une autre de moyen âge et de moyenne beauté ; celle-ci est blanche, celle-là est noire, cette autre est rouge. L'une fait des miracles, l'autre n'en fait point ; l'une est fort grande, l'autre fort petite ; l'une a la face triste, l'autre a la face joyeuse ; l'une est bonne, l'autre est méchante ; l'une est richement vêtue, l'autre fort pauvre.

Si toutes ces Notre-Dames sont la même, pourquoi se déguisent-elles en tant de sortes ? Si elles sont différentes, laquelle devons-nous honorer ? Il faudra se contenter de l'opinion de cette bonnefemme, qui disait de quelques Notre-Dames qui ne se ressemblaient aucunement, que c'étaient des sœurs qui portaient un même nom de famille.

NUNILLON et ALODIE, — vierges et martyres d'Espagne, sous les Sarrasins, vers l'an 840. On croit qu'elles étaient sœurs. Elles ont laissé chacune deux corps, 1°. à Saint-Sauveur de Lejer en Navarre ; 2°. à Bologne en Italie.

O.

ODEUR DES RELIQUES. — On apporta au treizième siècle dans un couvent de l'ordre de Citeaux plusieurs corps saints des onze mille vierges qui accompagnaient sainte Ursule. Les moines ayant lavé ces vénérables reliques, les déposèrent dans le chœur de l'église, où il s'éleva aussitôt une puanteur insupportable, qui paraissait sortir des sacrés ossemens et qui infectait l'odorat.

Voilà une malice du diable, dit l'abbé; si ces reliques continuent de puer, mes moines n'en voudront point. En même temps il se revêtit de ses habits de cérémonie, monta à l'autel et dit: « Je t'adjure, esprit immonde, par celui qui viendra juger les vivans et les morts, de faire connaître la cause de cette puanteur, si elle vient de toi. » Tout à coup, on vit une grande mâchoire de cheval sortir du milieu de la pile de reliques; on la jeta dehors; et à l'horrible puanteur qu'on avait sentie jusqu'alors succéda l'odeur la plus suave : de quoi les moines rendirent grâces à Dieu (1).

Quoique les corps ne sentent bon que lorsqu'ils ont été embaumés, il est constant que la carcasse d'un saint ne peut puer, si le diable ne s'y mêle; et cet article de foi n'est un doute que pour les impies.

OLAF ou OLAUS, — roi de Norwège au onzième siècle. Le bon roi Canut-le-Grand, roi de Danemarck, qui lui faisait la guerre, termina tout en l'assassinant; c'est pour cela qu'Olaf fut saint et martyr. Son corps faisait des miracles à Drontheim; et les moines de Saint-Victor de Paris gar-

---

(1) Cæsarii Heist. miracula, Lib. VIII, cap. 89.

daient une de ses chemises, que les voyageurs allaient baiser avec foi, parce qu'elle préservait des mauvaises rencontres.

OMER, — évêque de Thérouenne, mort en 668. Son corps fit tant de miracles, qu'il s'éleva bientôt autour de son tombeau une ville qui porte son nom. Il était encore dans cette ville naissante en 843, lorsqu'un abbé de Saint-Quentin vint l'enlever avec des moines armés. Saint Folcuin, évêque de Thérouenne n'eût pas plus tôt appris ce brigandage, qu'il s'arma aussi et courut après les voleurs, avec ses chanoines et son peuple. Le corps saint fut repris après une bataille, et ramené à Saint-Omer ; mais comme on redoutait un nouveau rapt, on l'enterra si bien, qu'il ne se retrouva que cinq ou six cents ans plus tard. Ce qu'il en reste fait encore des miracles.

ONEZIME. — FONTAINE DE SAINT-ONEZIME.
Auprès de Donchery-sur-Meuse, dans les Ardennes, on va faire ses dévotions à la fontaine de Saint-Onezime. En voici la source :

Quand la châsse de saint Onezime, patron de cette ville, fut rapportée de Saint-Médard de Soissons, où elle avait été mise en dépôt, ceux qui la portaient s'arrêtèrent au milieu du chemin, épuisés de soif et de fatigue. Aussitôt que la châsse eut touché la terre, il en jaillit, pour soulager la soif des porteurs et de ceux qui suivaient, la fontaine miraculeuse qui coule encore à présent.

Ceux qui ont la fièvre et qui vont boire l'eau de saint Onezime, ne manquent pas de s'en retourner guéris; et ceux qui ont la colique sont bien sûrs de remporter leur ventre frais.

Le troisième dimanche de carême, les habitans du pays vont prier à cette fontaine, et en rapportent de l'eau, dans des pots qu'on nomme *buires*; c'est pour cela que ce dimanche s'appelle à Donchery, le dimanche des buires (1). L'eau qu'on puise ce jour-là est douée, dit-on, d'une vertu des plus efficaces contre toute espèce de maladie.

ONZE MILLE VIERGES. — Voyez *Ursule*.

OPPORTUNE, — abbesse de Montreuil, au diocèse de Séez, morte à ce qu'on croit en 770. Durant les invasions des Normands, on promena beaucoup son corps; car alors les Français s'occupaient plus de sauver leurs reliques que leur patrie; et le ravage d'une ville frappait faiblement, si la carcasse du patron était en sûreté.

Louis-le-Germanique donna à l'évêque de Séez la terre de Moucy-le-Neuf, près de Senlis, pour y déposer le corps de sainte Opportune. Mais Charles-le-Chauve, ne les croyant pas encore hors d'insulte, les fit apporter dans l'église de Notre-Dame-au-Bois, qui fut mise depuis sous l'invocation de

---

(1) *Nouvelles recherches sur la France*, tome I. Notice sur Donchery.

l'abbesse de Montreuil et qui donna son nom à une paroisse et à un quartier de Paris.

Les reliques de la sainte ressuscitèrent un bourgeois, tué par le seul aspect d'un basilic qu'il avait rencontré aux Porcherons, au-dessous de Montmartre ; et l'honnête Piganiol dit qu'on ne peut pas douter de ce miracle, qui donna une grande réputation à sainte Opportune (1).

Quand les dangers furent passés, le clergé de Séez remporta la meilleure partie de ces os que les Parisiens vénéraient pourtant de bon cœur ; dès lors sainte Opportune eut à Beauvais, à Paris, à Senlis, à Moucy-le-Neuf, à Poitiers, à Vendôme et ailleurs les pièces de trois ou quatre corps. Elle avait une tête miraculeuse à Moucy-le-Neuf, un second crâne chez les bénédictines d'Almenesche, au diocèse de Séez, une seconde mâchoire à l'Ile-Adam-sur-Oise. Une de ses côtes guérissait à Paris les paralysies et les maladies de la gorge et des aisselles, lorsqu'on faisait toucher les parties malades à la sainte châsse qui contenait l'ossement sacré.

ORIFLAMME. — Les uns disent que l'oriflamme fut donnée miraculeusement à Charlemagne ; d'autres prétendent qu'elle fut faite par l'ordre de Dagobert. Mais il vaut mieux croire, avec Froissard, que Dieu l'envoya du ciel et qu'un ange

---

(1) Piganiol, *Description du quartier Sainte-Opportune.*

en fit présent à l'évêque Remy, le jour du baptême de Clovis. Ce prélat la remit au jeune roi qui la portait avec lui à la bataille ; et Dagobert en donna la garde aux moines de Saint-Denis, qui la conservèrent jusqu'à la fin du seizième siècle.

Ce fameux étendard était autrefois si vénéré parmi nos pères, que les plus grands seigneurs briguaient l'honneur de le porter. Il était d'un drap de soie rouge, chargé de flammes de couleur d'or (1), décoré de trois queues et entouré de houppes de soie verte. Le bâton était doré et surmonté d'une petite lance allongée.

Les moines de Saint-Denis étant devenus maîtres de l'oriflamme (dont on ne sait pas au vrai l'origine) la prêtaient aux comtes du Vexin ; qui étaient obligés de se battre quelquefois pour soutenir les droits et défendre les grands biens des moines, dont ils étaient vassaux.

Quand le Vexin fut réuni à la couronne, les rois profitèrent du prestige attaché à l'oriflamme ; et il paraît probable que ce fut Louis-le-Gros qui alla le premier la prendre à Saint-Denis. On portait plus généralement avant ce prince la chape de saint Martin.

Mais quoiqu'on prétendît que cette bannière merveilleuse ne pouvait être prise, elle disparut

---

(1) Il ne fut orné de fleurs de lis que quand les fleurs de lis furent adoptées, c'est-à-dire après les croisades. Car les figures que nous appelons fleurs de lis étaient autrefois des crapauds, et plus anciennement des abeilles, comme on en a trouvé dans le tombeau de Childéric, père de Clovis Ier.

plusieurs fois; elle fut enlevée et mise en pièces par les Flamands à la bataille de Mons-en-Puelle; on en trouva le lendemain les lambeaux épars sur le champ de bataille. L'abbaye de Saint-Denis en eut bientôt une autre toute semblable; et on publia que l'oriflamme perdue n'était pas la véritable, mais une bannière faite sur son modèle.

Quand le roi allait prendre l'oriflamme, on descendait sur l'autel les corps de saint Denis et de ses compagnons; le roi, sans chaperon et sans ceinture *les adorait*, et faisait dévotement ses oraisons et ses offrandes, aussi-bien que les seigneurs. Ensuite il faisait apporter et bénir la sainte bannière, la recevait des mains de l'abbé et la donnait à un brave, qui communiait et jurait de porter loyalement l'oriflamme à la tête de l'armée du roi.

On ne se servait déjà plus de l'oriflamme sous Charles VII; on cessa d'en parler sous Henri IV, parce qu'elle disparut, à ce qu'on prétend, lorsque le bon roi huguenot assiégea Paris.

Polybe raconte que les anciens Gaulois conservaient précieusement certains étendards dorés, qu'ils disaient imprenables, et qu'on ne portait que dans les grands dangers; quelques écrivains prétendent que c'est là l'origine de l'oriflamme (1).

---

(1) *Dictionnaire infernal*, au même mot. M. Dulaure, *Environs de Paris*. Piganiol, *ibid. Anecd. franç.* p. 160. Sauval, tome II, p. 746, etc.

OSITHE, — princesse de Mercie, à qui les Danois coupèrent la tête en 870. Aussitôt que son chef fut à terre, le corps se releva, prenant sa tête avec ses mains. Osithe fit ainsi plus de quatre cents pas, et rencontrant une église, elle frappa à la porte; après quoi elle tomba sans mouvement (1).

Il sortit de ce lieu saint, qui était à ce qu'on croit dans le manoir de Chick au comté d'Essex (2), une fontaine qui guérissait tous les malades; et les reliques d'Osithe, qu'on vénéra longtemps à Londres, n'auraient point laissé de paralytiques en Angleterre, si tous les paralytiques étaient allés les visiter.

OSWALD, — roi de Northumberland au septième siècle. Il fut tué dans une bataille contre un roi qui n'était pas chrétien, et on le fit martyr. Offride sa nièce envoya son corps dans le monastère de Bearden au territoire de Lincoln. Les bons moines refusaient de le recevoir, lorsqu'un phénomène de lumière qui apparut sur le corps d'Oswald, les avertit que c'était un saint à miracles. Dès lors, ils lui rendirent grand honneur, et ils en retirèrent beaucoup d'argent. Saint Oswald avait un second corps à Soissons dans l'église de Notre-Dame.

On vénérait à Worcester le corps d'un autre

---

(1) Ribadéneira, 7 octobre.
(2) Godescard, *Vies des saints* d'Alban-Butler, 7 octobre.

saint Oswald, qui fut évêque de cette ville au dixième siècle et ensuite archevêque d'Yorck. L'eau dans laquelle on avait lavé les os du saint opérait toutes sortes de guérisons miraculeuses.

OUEN, — *Audoënus*, évêque de Rouen, mort en 683, à Clichy-la-Garenne, près de Paris, dans le palais du roi Thierry III, pour qui il faisait quelques négociations. Le roi, la reine, les princes, le clergé et la noblesse accompagnèrent son corps jusqu'à Rouen, avec de grands honneurs; c'était un saint d'une renommée prodigieuse. Ses reliques furent déposées dans l'abbaye qui depuis porta son nom.

Ce corps voyagea ensuite, pendant les ravages des Normands, vint à Paris, retourna à Rouen, et se doubla en chemin; car depuis le commencement du dixième siècle, les moines de l'abbaye de la Croix-Saint-Leuffroy (1) montrèrent un second corps de saint Ouen, qui leur fut très-profitable, et qui avait une troisième tête au village de Bourg, entre Arras et Cambrai.

On montrait à Saint-Ouen, près de Clichy, un doigt du saint qui faisait de beaux miracles. On sait que saint Ouen et toutes ses reliques rendent l'ouïe aux sourds. Le doigt dont nous venons de parler avait surtout pour cela une vertu éminente.

OURS. — Ce n'est pas de l'ours de saint Cor-

---

(1) Sur l'Eure, dans le diocèse d'Évreux.

binian, ni de l'ours de saint Waast que nous parlerons ici, mais de saint Ours, moine en Berry, mort vers 508. Il a laissé deux corps, l'un à son monastère de Loches, l'autre dans la cathédrale d'Aoste.

Il est le patron des meuniers, parce que selon Grégoire de Tours, il inventa les moulins de rivière. Vivent donc saint Ours et les inventeurs !

OVIDE, — saint martyr à peu près inconnu, qui était le patron d'une foire assez célèbre à Paris. Son corps était en grande vénération chez les capucines de la place Vendôme, où le duc de Créqui l'avait apporté de Rome en 1665. Ce que ce corps offrait de particulier, c'est qu'il avait deux pieds gauches, qui furent brûlés en 1793.

P.

PACOME, — patriarche des cénobites, mort vers le milieu du quatrième siècle. Il avait chargé un de ses disciples de soustraire son corps à toutes les richesses, parce qu'il avait le sens assez droit pour savoir que les cendres d'un mort ne doivent pas recevoir de culte. C'est pourquoi l'on n'a jamais su où son corps fut transporté. On se vante cependant de l'avoir à Porto-Venere, et pour donner plus de vraisemblance à leurs prétentions, les habitans de cette ville racontent que, personne ne connaissant le lieu où reposaient les reliques de saint Pacome, Dieu les leur envoya miraculeusement lui-même, sur un vaisseau brisé qui arriva sans pilote, dans un temps que l'on ne peut trop dire précisément. Ces reliques ont nécessairement opéré des miracles; ce qui ne prouve pas qu'elles soient des reliques de saint.

PAIN BÉNIT. — Tout le monde sait comment se fait le pain bénit; et tous les dévots en font des amulettes. Il y a peu de personnes pieuses, dans nos départemens qui n'aient un morceau de pain, béni par le pape, lors de son voyage en France pour le sacre de Napoléon. Les uns portent ce préservatif cousu au couvercle de leur malle, pour éviter dans les voyages la main des voleurs. D'autres le gardent enveloppé sur leur poitrine comme un remède à des maux divers.

Comment une croûte séchée peut-elle avoir tant de vertus? et comment l'homme est-il si misérable, avec tant de moyens de faire des merveilles?

A Plouider en Bretagne, on bénissait du pain dans la chapelle de Saint-Didier, avec certaines cérémonies qui lui donnaient la vertu de faire parler les enfans de bonne heure (1).

Beaucoup de saints, comme Nicolas de Tolentino, ont donné au pain des qualités admirables. La meilleure, c'est qu'il nourrit le pieux et l'impie.

---

(1) M. Cambry, *Voyage dans le Finistère*, t. II, page 14.

PANCRACE, — martyr à Rome au commencement du quatrième siècle. Son tombeau fut signalé par de grands miracles ; et Grégoire de Tours raconte que l'on ne pouvait faire de faux sermens sur ses reliques, parce que ceux qui se parjuraient, après avoir juré sur le corps de saint Pancrace, mouraient aussitôt, ou devenaient possédés du diable. Mais ces prodiges ne durèrent pas long-temps.

Saint Pancrace a deux corps à Rome, dans l'église dédiée sous son nom chez les carmes déchaussés, un troisième corps avec la tête à Bologne, un quatrième à Venise dans l'église de Saint-Zacharie, un cinquième à Milan, un sixième à Lantosca, près de Nice en Piémont ou en Provence, un septième à Avignon, un huitième à Gand, un neuvième à Malines, un dixième à Cologne, un onzième à Trèves, un douzième à Prague, et une vingtaine d'autres corps dans d'autres villes, avec cinq ou six cents ossemens détachés dans une multitude d'églises catholiques. C'est beaucoup pour un saint dont on ne sait absolument rien.

Celle des têtes de saint Pancrace que l'on montre à Rome, dans l'église de Saint-Jean-de-Latran, saigna trois jours de suite, dans un temps où les hérétiques faisaient de grands maux à la religion.

PANTALÉON ; — médecin qui souffrit le martyre à Nicomédie au quatrième siècle. Ses reliques furent transportées à Constantinople, sous Théodose-le-Grand; et il ne paraît pas qu'elles en soient jamais sorties. Cependant elles étaient aussi à Carthage au huitième siècle; et sa tête commença de paraître à Lyon sous le règne de Charlemagne. Cette troisième tête a reçu long-temps un grand culte, aussi-bien qu'un troisième corps, que les moines de Saint-Denis se vantaient d'avoir reçu d'Afrique.

Pantaléon avait un quatrième corps à Burgos, un cinquième à Cologne, un sixième à l'île de Saint-Georges près de Venise; et dans l'église de Saint-Jean-de-Latran, un grand ossement que les uns appellent un bras, les autres une jambe, et qui n'est peut-être ni un bras ni une jambe.

Les légendaires racontent divers miracles qui eurent lieu au martyre de saint Pantaléon. On ne put le faire mourir qu'en lui coupant la tête; et l'olivier auquel il était lié se chargea de fleurs et de fruits, aussitôt que le chef du saint tomba à terre, jetant du lait au lieu de sang.

Néanmoins il faut bien que ce saint ait saigné ailleurs, puisqu'on garde à Ravenne une fiole de son sang, qui est figé toute l'année, mais qui se liquéfie régulièrement le 27 de juillet, jour de la Saint-Pantaléon. On porte cette fiole en procession, pour avoir la pluie, le beau temps, et autres grâces (1).

PARADIS TERRESTRE. — Ce serait sans

---

(1) Ribadéneira, 27 juillet.

doute une relique curieuse à connaître, que le jardin de délices où furent mis nos premiers parens. Mais le péché, le déluge et le temps l'ont tellement dégradé qu'on ne le trouve plus.

Jamais lieu n'a tant excité la curiosité des hommes que celui-là. On a fait mille volumes pour expliquer la position, les produits et les agrémens du Paradis terrestre. On a écrit bien davantage sur le Paradis céleste, qui est encore plus inconnu.

Les uns ont mis le jardin d'Éden sous le pôle arctique dans la Tartarie ; d'autres l'ont reculé dans la terre de feu, d'autres sur les bords du Gange, d'autres sur une montagne de l'île de Ceylan, où l'on montre même la trace du pied d'Adam ; d'autres dans la Chine, dans l'Afrique, dans l'Amérique ; quelques-uns même ont soutenu qu'il était en France dans le pays d'Artois ; et quelques autres assurent qu'il était dans la Lune.

Huet et Calvin le placent en Arabie, D. Calmet en Arménie ; le fameux père Hardouin le met en Palestine. Mais en quelque lieu qu'il soit, il ne paraît pas que le chérubin, armé d'un sabre, ait besoin maintenant de le garder ; car tous ces pays qu'on appelle le Paradis terrestre ne sont pas si séduisans que les bords de la Loire, de la Seine ou du Rhône.

Ce qu'il y a d'étonnant, c'est que ce jardin d'Éden, dont nous parlons tous les jours, n'était presque pas connu des juifs. Leurs livres n'en disent rien, à l'exception de la Genèse qui en parle très-vaguement (1).

« Quelques savans curieux ont cru que le jardin des Hespérides, gardé par un dragon, était une imitation du jardin d'Éden gardé par un bœuf ailé ou par un chérubin. D'autres savans plus téméraires ont osé dire que le bœuf était une mauvaise copie du dragon, et que les juifs n'ont jamais été que de grossiers plagiaires : mais c'est blasphémer (2). »

PARDOUX ou PARDULPHE, — abbé de Gueret, dans la Marche, mort au huitième siècle. Son corps, qui était à Gueret, fut dérobé en 1028, par un pieux gentilhomme qui en fit présent au monastère d'Arnac en Limosin. Mais avant d'être volé, ce saint corps était déjà double ; on lui attribuait de grands miracles à Sarlat en Périgord. Après l'événement de 1028, le corps de saint Pardoux fut triple, car les moines de Gueret le montraient encore il y a un demi-siècle aussi-bien que ceux de Sarlat et d'Arnac.

Saint Pardoux est toujours grandement vénéré à Gueret, où son image opérait autrefois des guérisons miraculeuses et attirait un grand nombre de pèlerins. Comme on faisait à la sainte statue des présens et des offrandes continuelles, sans

---

(1) On peut voir, dans le grand dictionnaire de la Martinière, les articles *Éden* et *Paradis terrestre*.

(2) Voltaire, *Dictionnaire philosophique*, au mot *Paradis*.

qu'elle en parût plus riche, parce que les moines la dépouillaient à leur profit, le peuple se lassa de donner à un saint qui ne savait pas garder son bien ; et saint Pardoux n'eut plus que des oraisons (1).

PARIS. — (*Cet article est de* M. Jules Garinet, *auteur de l'histoire de la Magie en France, etc.*)

Qui ne connaît le bienheureux diacre François Pâris, mort en 1732, et si célèbre par les miracles qui se firent à son tombeau ? Il ne fut point et ne sera jamais canonisé par la cour de Rome ; mais les jansénistes n'ont pas eu besoin du pape pour opérer des merveilles devant les reliques de leur patron.

Qu'on ne croie pourtant pas que le corps du bienheureux M. de Pâris ait jamais ressuscité un mort, ni rendu la vue à un aveugle de naissance, ni fait marcher un cul-de-jatte ; jamais il ne s'est avisé de pareils prodiges. « C'est un abbé » Bécheran qui, couché sur le tombeau, fait le » saut de carpe et saute à se briser les os. Ce sont » des fous qui avalent des charbons allumés, qui » souffrent dix hommes sur leur ventre, qui pré- » disent l'avenir, qui parlent grec, latin, hébreu » sans avoir rien appris, et mille autres choses de » cette nature. Je regarde tout cela comme des » tours de passe-passe ; et j'ai vu dans mes voyages

---

(1) M. Dulaure, *Description de la Marche.*

» vingt joueurs de gibecière qui feraient nargue
» à la vertu miraculeuse émanée du corps de
» l'abbé Pàris (1). »

Mais les pieux furent moins incrédules. Pàris était mort dans l'obscurité, après avoir appelé et réappelé de la bulle *Unigenitus* au futur concile. Les jansénistes se saisirent de son appel et de son réappel ; ils firent du défunt un saint à miracles : le bon homme n'y avait jamais songé. On lui éleva un tombeau au cimetière Saint-Médard. Quelques gueux malades allèrent prier sur ce tombeau et se crurent soulagés. D'autres gueux payés invoquèrent le nouveau saint pour des maux qu'ils n'avaient pas, et guérirent. Le bruit de ces miracles se répandit dans Paris et dans les provinces. On ne parla plus que du diacre Pàris.

Marguerite Thibaut, Marie Couronneau, Louise Coirin, Louise Hardouin, Françoise Duchesne recouvrèrent la santé en faisant des convulsions et des sauts de grenouilles sur le tombeau du saint diacre, ou, pour parler comme les jansénistes, sur *les précieux restes de sa mortalité.*

Les miracles commencèrent en 1727, et durèrent une douzaine d'années. Les jansénistes qui désespéraient de voir jamais un appelant canonisé par le souverain pontife, résolurent de lui faire opérer de si grandes choses, que le peuple lui

---

(1) Ch.-Et. Jordan, *Histoire d'un voyage littéraire fait en* 1733, page 123.

accordât la dignité de saint, sans le consentement du pape.

L'abbé Becheran ouvrit les exercices; il dansa sur le tombeau du saint diacre une danse, dans laquelle il y avait un saut de carpe qui plaisait généralement au public, et que l'abbé faisait de tout son cœur, dans l'espérance qu'une de ses jambes, plus courte que l'autre de quatorze pouces, se rallongerait petit à petit.

Tous les trois mois on publiait que la jambe s'allongeait d'une ligne; et un mathématicien calcula là-dessus qu'il fallait à Becheran cinquante-cinq années de cabrioles.

En attendant, l'abbé devenait un objet de vénération pour la populace, si les jésuites ne l'eussent fait enfermer à Saint-Lazare.

Mais il manquait toujours quelque chose aux miracles du saint tombeau. Marguerite Thibaut, après la guérison de sa paralysie, conserva trois doigts crochus. Il est vrai qu'en fait de miracles, trois doitgs de moins sont peu de chose; et d'ailleurs si Marguerite Thibaut n'était pas radicalement guérie, c'est qu'elle n'avait qu'une demi-foi.

Don Alphonse de Palacios, qui avait beaucoup de foi, obtint plus de célébrité. Ce jeune Espagnol, étudiant au collége de Navarre, déjà borgne de l'œil gauche, était menacé de perdre l'œil droit des suites d'un coup de poing qu'il avait reçu à son collége. Son gouverneur fit appeler un apothicaire, qui bassina l'œil malade avec de l'eau de guimauve, mêlée de jus de solanum. Ce bain produisit un bon effet : l'apothicaire se réjouissait d'avoir guéri le jeune homme ; les jansénistes revendiquèrent cette guérison, en disant que le linge dont il s'était servi pour bassiner l'œil était un morceau de la chemise du diacre Pâris, qui n'en portait point

On fit entendre des témoins ; on dressa un procès verbal du miracle.

Bientôt on vénéra plusieurs vieilles friperies qui venaient du saint diacre. Sa culotte de peau de mouton, son unique culotte, guérissait les femmes des maux de tête, des migraines et des vapeurs. On en coiffait les demoiselles et les petites maîtresses jansénistes. Elle circulait sans cesse dans le faubourg Saint-Germain ; les jésuites obtinrent contre elle une lettre de cachet ; mais la sainte culotte échappa à toutes les recherches (1).

Le menu peuple, qui ne pouvait toucher la culotte, réservée aux seuls honnêtes gens, se dédommagea d'une autre façon. On répandit la grande nouvelle qu'un bouton de cuivre qui brillait à la brayette de la culotte du docteur Hamon, curé de Saint-Étienne-des-Grès, avait été détaché de la culotte de saint Pâris. Le docteur était appelant, chacun le savait : il fut entouré au

---

(1) On dit qu'une vieille princesse acheta cette pièce trois mille francs, quelque temps avant la révolution. — On sait que la culotte de saint Griffon guérissait les coliques des femmes. Casti en a illustré l'histoire dans les *Nouvelles galantes*.

sortir de la messe par une multitude de femmes, qui baisèrent le sacré bouton malgré tous ses efforts, et qui pressèrent le bon curé dans leurs bras, en criant : Oh! le saint homme!

Tout ce qui avait appartenu au diacre Pàris était soigneusement recueilli : la corde du puits de la maison qu'il habitait fut partagée en une multitude de petits morceaux, qui avaient la vertu de chasser les démons. Il suffisait de tremper ses pantoufles dans un vase d'eau, et de boire cette eau avec dévotion, pour être délivré des plus violentes coliques. L'eau du puits du saint diacre (1) était merveilleuse pour cicatriser les plaies; elle guérissait les hémorroïdes, elle éclaircissait la vue.

En dépit des jésuites, les miracles allaient leur train. La manière dont on s'y prenait pour en obtenir mérite que nous en disions quelques mots. On posait le malade sur le tombeau; tandis que des milliers de spectateurs en prières, dans un recueillement religieux, frottaient leurs chapelets autour de la pierre tumulaire, et faisaient toucher à cette pierre des draps et des serviettes pour le soulagement des appelans souffreteux, on attendait l'œuvre de Dieu, en invoquant le saint diacre. Cette œuvre s'annonçait par de légers frémissemens qu'éprouvait le corps du malade. Bientôt la grâce devenait plus active, produisait

---

(1) A Paris, dans une petite maison du faubourg Saint-Marceau.

des contorsions, des grimaces, auxquelles succédaient des convulsions plus marquées, des trémoussemens soudains et involontaires.

Les jansénistes n'y trouvaient rien de surprenant ; c'était, disaient-ils, une suite de l'état d'effroi qu'éprouvait la nature, en sentant déranger ses lois générales. Les trémoussemens furent poussés jusqu'aux sauts, aux pirouettes et aux gambades. Les jansénistes, gens sévères, hypocondriaques, sérieux, observaient les mondains attirés par ces tristes nouveautés. Quiconque eût osé, par un rire moqueur, ou par un geste de mépris ou d'indignation, troubler ces mystères, eût couru risque de perdre la vie, par le concours concomitant des dévots.

Le cimetière Saint-Médard offrait chaque jour quelque scène nouvelle : des magistrats de cours souveraines venaient en robe honorer le bienheureux ; les femmes de ces magistrats et des docteurs de Sorbonne venaient se mêler à la populace, et accréditer ces extravagances.

Le gouvernement, étonné des progrès de ce fanatisme, fit fermer le cimetière Saint-Médard et un plaisant écrivit sur la porte :

> De par le roi, défense à Dieu
> D'opérer miracle en ce lieu.

Les jansénistes ne se découragèrent point de cette catastrophe. Des portions de terre enlevées du tombeau de Pâris, et diverses autres béatilles de cette espèce entretenaient leur foi ; la poussière ramassée autour du cimetière, opérait des guérisons moins éclatantes, mais non moins réelles. On finit par arrêter tous ceux qui se présentèrent pour invoquer publiquement saint Pâris. Alors malheur aux épileptiques attaqués de leur mal au milieu des rues; on les traitait comme des convulsionnaires.

On emprisonna beaucoup de jansénistes. De vieilles religieuses, chassées de leur couvent pour l'appel et le réappel, étaient forcées de recevoir la communion de la main des prêtres constitutionnaires. Ces prêtres se faisaient accompagner de quelques soldats du guet, qui forçaient les béates, la baïonnette au bout du fusil, à recevoir leur créateur.

Les convulsionnaires persécutés imaginèrent de se réunir dans des galetas élevés, d'où ils pouvaient voir le cimetière Saint-Médard. Là on priait; on invoquait en commun le saint diacre. On ne se bornait plus à trembler, et à se tordre les membres. On eut bientôt besoin de se faire battre, de se faire fouetter, afin de persuader que les cinq propositions n'étaient pas dans Jansénius, et que le pape qui les y avait trouvées n'était pas infaillible.

A force d'exercices, les convulsionnaires parvinrent à soutenir l'épreuve du feu, de la croix, des coups de bûches, et de la barre de fer sur l'estomac. Ces épreuves furent appelées *l'œuvre des convulsions*. Les coups portèrent le nom de *secours*. De jeunes filles qui avaient obtenu le don de prophétie par l'intercession de Pâris furent dressées à demander et à soutenir les secours humains ; et les hommes qui ne manquaient pas pour les leur administrer, prirent le nom de *frères secouristes*.

Quand les sœurs demandaient ces secours, les frères ne pouvaient les leur refuser sans pécher grièvement contre la charité.

Il,y avait les grands et les petits secours. Pour les premiers, on se servait du chenêt, de la bûche, de la broche ou du bâton. La sœur secourue par les coups terribles qu'on lui administrait éprouvait un grand soulagement dans ses souffrances. Quelquefois aussi elle se couchait sur le dos. Les *frères secouristes* plaçaient des poutres sur son ventre, montaient dessus, et s'exerçaient à sauter à qui mieux mieux, en récitant des actes de foi, d'espérance et de charité.

Carré de Montgeron, non suspect d'avoir chargé les tableaux, fait ainsi la description de l'exercice de la planche. « L'exercice de la planche se faisait en étendant, sur la convulsionnaire couchée à terre, une planche qui la couvrait entièrement, et alors montaient sur cette planche autant d'hommes qu'elle pouvait en tenir. Il faut observer que comme on se prêtait la main pour se soutenir réciproquement, la plupart de ceux qui montaient sur cette planche n'y posaient qu'un pied qui supportait tout leur corps; aussi a-t-on vu souvent plus de vingt hommes à la fois rassemblés sur cette planche, et portés sans peine par une jeune convulsionnaire. Cependant non-seulement elle n'en était pas oppressée, mais souvent elle ne trouvait pas que cela fût assez pesant, pour faire passer le gonflement qu'elle ressentait dans ses muscles.

» Pour l'exercice du caillou la convulsionnaire se couchait sur le dos. Un frère prenait un caillou pesant vingt-deux livres (1), et lui en déchargeait plusieurs coups sur le sein ; il est bon de noter que celui qui frappait avec ce caillou se mettait à genoux près de la convulsionnaire, qui était couchée sur le plancher; qu'il élevait le caillou à peu près aussi haut qu'il le pouvait ; qu'après quelques légères épreuves, il le précipitait ensuite de toutes ses forces sur la poitrine de la convulsionnaire, et qu'il lui en donnait ainsi cent coups de suite : à chaque coup, toute la chambre était ébranlée, le plancher tremblait, et les spectateurs ne pouvaient s'empêcher de frémir, en entendant le bruit épouvantable que ces secours faisaient en frappant le sein. »

« Voici, dit l'auteur des *Vains Efforts* (2), un exemple d'autant plus digne d'attention, que des personnes de tout ordre, et de toute condition, des ecclésiastiques, des magistrats, des dames de bonne famille en ont été les spctateurs.

---

(1) On allait chercher ces cailloux dans les ruines de l'abbaye de Port-Royal.

(2) Cet auteur des *Vains Efforts* est très-opposé aux rêveries des convulsionnaires.

» Jeanne Mouler, jeune fille de vingt-deux à vingt-trois ans, étant appuyée contre la muraille, un homme des plus robustes prenait un chenet, pesant, dit-on, vingt-cinq à trente livres, et lui en déchargeait de toute sa force plusieurs coups dans le ventre : on en a compté jusqu'à cent et plus. Un frère lui en ayant donné un jour soixante, s'essaya sur un mur, et l'on assure qu'au vingt-cinquième coup il y fit une ouverture.

Ce frère était Carré de Montgeron : « Le chenet dont il est ici question, observe-t-il, est un très-gros barreau de fer, sans aucune façon, il est seulement plié aux deux bouts, et séparé en deux par devant pour former les pieds ; il a un montant fort gros et très-court. Ce chenet pèse vingt-neuf à trente livres. »

C'est avec un tel instrument que cette convulsionnaire se faisait donner les coups les plus terribles, non pas dans le ventre, comme le dit l'auteur des *Vains Efforts*, mais dans le creux de l'estomac.

Carré de Montgeron se vante d'être le frère désigné par l'auteur des *Vains Efforts*. « J'avais commencé, poursuit-il, suivant ma coutume, à ne donner d'abord à la convulsionnaire que des coups très-modérés : cependant excité par ses plaintes qui ne me laissaient aucun lieu de douter que l'oppression qu'elle ressentait dans l'estomac ne pouvait être soulagée que par des coups très-violens, j'avais toujours redoublé le poids des miens; mais ce fut en vain que j'y employai à la fin tout ce que je pus rassembler de forces ; la convulsionnaire continua à se plaindre que les coups que je lui donnais étaient si faibles, qu'ils ne lui procuraient aucun soulagement, et elle m'obligea de remettre le chenet entre les mains d'un grand homme fort vigoureux, qui se trouva au nombre des spectateurs.

« Celui-ci ne ménagea rien ; instruit par l'essai que je venais de faire qu'on ne pouvait lui donner des coups assez violens, il lui en déchargea de si terribles, toujours dans le creux de l'estomac, qu'ils ébranlèrent le mur contre lequel elle était appuyée. La convulsionnaire se fit donner tout de suite, de cette force, les cent coups qu'elle avait demandés d'abord, ne comptant pour rien les soixante qu'elle avait reçus de moi ; aussi ne discontinuait-elle pas de remercier celui qui lui rendait un secours qu'elle disait lui faire tant de bien, et en même temps de me reprocher ma faiblesse, mon manque de foi et ma prétendue timidité.

» Après ces cent coups donnés, je repris le chenet et je voulus essayer contre un mur, si mes coups qu'elle trouvait si faibles, et dont elle se plaignait si amèrement n'y produiraient aucun effet ; au vingt-cinquième coup, la pierre sur laquelle je frappais, qui avait été ébranlée par les coups précédens, acheva de se briser ; tout ce qui la retenait tomba de l'autre côté du mur et y fit une ouverture de plus d'un demi-pied de large.

» Lorsque les coups sont frappés avec beaucoup de violence, ajoute-t-il, le chenet s'enfonce si avant dans l'estomac de la convulsionnaire, qu'il paraît pénétrer jusqu'au dos, et qu'il semble devoir écraser tous les viscères. C'était pour lors que la convulsionnaire s'écriait avec un air de contentement peint sur son visage : *Ah! que cela est bon! ah! que cela me fait de bien! Courage, mon frère, redoublez encore de force si vous pouvez* (1)... »

L'œuvre allait toujours en croissant. A force d'essais, une prophétesse qu'on nomma *la Salamandre*, se mettait sur un brasier ardent, après s'être frottée de pommades. Quand le feu expirait, elle criait *sucre d'orge*. Ce sucre d'orge consistait en un bâton aussi gros que le bras et pointu au bout. La *Salamandre* en sortant du feu ployait son corps en arc au milieu de la chambre, le ventre en l'air, et les reins portant sur la pointe du bâton ; dans cette situation affreuse, elle criait *biscuit, biscuit!* Ce biscuit était une pierre de cinquante livres, attachée à une corde qui passait par une poulie pendue au plancher. On laissait tomber à plusieurs reprises cette pierre sur l'estomac de la sœur, ce secours était réitéré, jusqu'à ce que la sœur cessât de crier *sucre d'orge*.

Cette scène est d'autant plus remarquable, qu'un lord apparemment attaqué du spleen quitta la religion anglicane pour se faire janséniste-convulsionnaire, ne pouvant expliquer cette merveille que par l'influence d'en haut, qui soutenait une prophétesse au bout d'un bâton. Ce lord figure

---

(1) Idée des secours mal à propos nommés meurtriers.

comme témoin dans l'enquête de ces miracles.

L'exercice de la broche avait quelque chose de plus merveilleux encore. On embrochait une sœur toute nue, de l'espèce de la salamandre, à peu près comme on embroche réellement un aloyau. On attachait une poularde sur ses reins ; un frère tournait la broche devant un feu très-ardent. Le prodige de ce secours était l'impassibilité de la sœur embrochée, pendant que la poularde cuisait sur son derrière.

Nous rapporterons encore l'exercice de la croix. C'était un vrai crucifiement : on clouait à une croix un frère ou une sœur ; les spectateurs avaient la permission d'aller sur elle à coups d'épée, le sang coulait, on criait au miracle, la sœur expirait, mais pour descendre bientôt de la croix toute joyeuse, sans qu'on aperçût, ni sur ses mains, ni sur son côté, les moindres vestiges des coups de lance qu'elle avait reçus.

Le célèbre Morand, dans ses opuscules chirurgicaux, rapporte qu'il a été témoin de trois de ces crucifiemens. Les femmes qui se livraient à ces épreuves volontaires prenaient alors les gestes, le langage, le ton de voix et les bégaiemens d'un enfant : elles s'en faisaient mettre aussi le costume. Les convulsionnaires portaient des noms significatifs, que leurs partisans eux-mêmes leur donnaient, pour se rapprocher, à ce qu'il paraît, de la simplicité des enfans. Ainsi ils avaient la Nisette, l'Imbécile, l'Ardente, l'Invisible, l'Aboyeuse, la Frétillante, la Carpe-Frite, la Truite, etc.

Il y avait des convulsionnaires qui aboyaient, qui miaulaient, qui prophétisaient ; on vit des femmes dire la messe. Toutes ces réunions se terminaient par des imprécations contre la bulle *unigenitus*, pour annoncer le triomphe de la grâce et la chute des jésuites. Frère Hilaire rebaptisait dans son grenier : ce nouveau baptême était celui de la perfection.

Ce fanatisme des secours, qui se variait à l'infini, se partagea en différentes sectes : il y eut des Augustinistes, des Naturalistes, des Figuristes, des Vaillantistes, des Mélangistes et des Discernans.

Un frère augustin, effrayé des grands secours, fit bande à part. Les siens lui donnèrent le nom de précurseur. Dans sa troupe, on n'administrait que les petits secours. On tâtait les sœurs, on les chatouillait tout doucement. Les grands secouristes ne désapprouvaient pourtant pas certains petits secours, *quand l'instinct d'une bonne convulsion l'exigeait.*

Dans le grenier du frère augustin, on autorisait des attitudes opposées à la pudeur, sous prétexte qu'elles étaient des figures. Une convulsionnaire se mit toute nue, pour représenter, disait-elle, la nudité de Jésus-Christ et la beauté de son église. On raconte que deux docteurs en Sorbonne, montés sur le dos d'une autre convulsionnaire, allaient faire leurs dévotions à la nudité de

Jésus-Christ et à la beauté de son église, en invoquant aussi M. de Paris.

Pendant que le frère augustin se disait le précurseur, et que les sœurs de son grenier montraient leur derrière, dans d'autres préaux, les prophétesses annonçaient l'avénement d'Élie. Cet Élie était l'abbé Vaillant, renfermé à la Bastille. Il devait paraître au milieu des airs, et se montrer à tous les appelans de Paris. La populace passa plusieurs nuits d'été, dans l'attente de l'avénement. Élie ne parut point, et le guet dispersa les attroupemens.

Frère Vaillant, avant d'être enfermé à la Bastille, avait soufflé sur sœur Madelon, dans le même temps que le jésuite Girard avait soufflé sur la belle Cadière. Ces deux souffles, l'un parti d'un janséniste et l'autre d'un jésuite, produisirent à peu près les mêmes effets; mais le souffle de Girard se termina par un avorton, tandis que la prophétesse de Vaillant ressentit une enflure dans les seins et dans le ventre, qui dura neuf mois, au bout desquels la tumeur disparut. C'était un symbole.

On voulut savoir quel était le principe dominant qui opérait le merveilleux des convulsions; les Discernans l'attribuaient à Dieu, les Mélangistes prétendaient qu'il y avait le *diable dominant et le diable dominé*, dans le merveilleux de la convulsion. Chaque parti avait à ses gages des médecins, des chirurgiens, des apothicaires et des docteurs, pour certifier les miracles.

Les jésuites déconcertés décriaient ces prodiges : les philosophes faisaient mieux : ils les mettaient en chansons.

Mais comme les synagogues des secouristes se multipliaient dans tous les quartiers de Paris, que ce ténébreux fanatisme infestait une partie de la magistrature et du clergé, la police, pour nettoyer les galetas de ces énergumènes, eut recours à des voies de rigueur, qui ne produisirent pas toujours l'effet qu'on en attendait. D'Alembert avait donné un sage conseil à d'Argenson, qui le consultait sur ces turpitudes ; c'était de faire jouer les miracles sur les boulevarts et sur les théâtres de la foire. C'eût été un excellent spécifique ; l'amour-propre trouve son compte à être persécuté, mais il ne peut placer sa gloire à être vilipendé sur les théâtres et sifflé par le public (1).

Cependant quelle idée doit-on se former de tous ces faits ? Sont-ils exacts ? Hume, fort difficile en fait de preuves, en est convenu dans sa dissertation sur les miracles ; Carré de Montgeron en a été l'historien et le martyr, et Cabanis, dans ses *Rapports du physique et du moral dans l'homme*, explique la possibilité de toutes ces extravagances. Nous renvoyons à ce savant ceux qui voudraient approfondir la matière des convul-

---

(1) On a consulté pour cet article le grand recueil de Carré de Montgeron, l'*Histoire de la Sorbonne*, et un grand nombre d'ouvrages, maintenant oubliés, mais fameux dans le temps des convulsions.

sions sous le point de vue médical. Nous devons dire seulement ici que ce ne sont pas des miracles.

Dans notre siècle, ces choses paraissent incroyables ; mais ceux qui connaissent l'esprit des dévots, ne s'étonneraient pas de voir reproduire de telles extravagances. Il y a des possessions et des exorcismes. Les convulsions ne sont guère plus difficiles.

PARRE ou PATROCLE, — martyr à Troyes au troisième ou au quatrième siècle. On ne sait rien de son histoire ; mais au village de Saint-Parre auprès de Troyes, il est représenté portant sa tête, ce qui suppose qu'on la lui coupa.

Le corps de saint Patrocle resta chez les Troyens de Champagne, jusqu'en l'an 960 qu'il passa à Cologne, et de là à Soest en Westphalie, où il reçoit toujours un grand culte. Ce saint corps est aussi à Périgueux. — Nous ne parlons pas des pièces diverses qui se trouvent disséminées dans la Champagne.

PATRICE, — apôtre de l'Irlande, mort vers le milieu du cinquième siècle, et fameux par ses grands miracles. On conte qu'il délivra l'Irlande de toute espèce de bêtes venimeuses, comme saint Paul condamna les serpens à ne point paraître dans l'île de Malte.

Le corps de saint Patrice faisait de choses si merveilleuses, et le défunt s'était montré si habile homme, que les Irlandais voulaient l'adorer. Le culte superstitieux qu'ils rendaient à ses reliques parut si exagéré, qu'on fut obligé de les enterrer secrètement, de manière à les soustraire à tous les yeux. Il résulta de cette précaution un très-grand mal ; car on ne sut plus par la suite où trouver les restes du saint.

Ils reparurent pourtant à Downe, après qu'on les eut laissés plus de sept cents ans dans l'oubli ; et bientôt saint Patrice eut un second corps au monastère de Glassembury chez les Anglais. Nous ne saurions dire s'il s'est multiplié davantage.

On gardait à Dublin son bâton, qui faisait des cures merveilleuses sur les malades qui pouvaient en attraper le bout. Les légendaires qui aiment à faire faire aux saints des tours de passe-passe, racontent que saint Patrice chauffa un four avec de la neige. On vénérait en divers lieux de l'Irlande une foule d'objets sanctifiés par saint Patrice. Nous dirons quelques mots de son célèbre trou.

TROU OU PURGATOIRE DE SAINT PATRICE.

Lorsque saint Patrice prêchait la foi aux Irlandais, il leur parla du purgatoire, dont ils n'avaient aucune connaissance, et qu'ils ne comprirent point. Nous ne croirons ce que vous nous contez, lui dirent-ils, que lorsque quelques-uns de nous l'auront vu. Le saint s'aperçut bien qu'il fallait un miracle ; il pria, et aussitôt il se forma, dans une des îles du lac de Derg, un souterrain qui conduisait en purgatoire. Il invita les Irlandais à y entrer; plusieurs s'y décidèrent. Quelques-uns ne reparurent plus; d'autres racontèrent des choses terribles.

Voici l'histoire du soldat Agneïus, rapportée par Denis le chartreux (1) :

Agneïus, qui ne s'était pas converti tout-à-fait aux sermons du saint, entra dans le trou et descendit courageusement au purgatoire. Les démons le reçurent assez mal et le jetèrent dans un brasier, d'où il ne sortit qu'en invoquant le nom de Jésus. Il vit dans une grande plaine des femmes et des hommes nus, cloués ventre à terre, et fouettés sans relâche par les démons. Ailleurs c'étaient des dragons qui déchiquetaient les pauvres pécheurs, ou d'énormes crapauds qui cherchaient à les avaler.

Plus loin Agneïus vit des hommes lardés de grands clous, depuis la tête jusqu'aux pieds; le pays des pendus était tout à côté; et dans une place voisine on mettait les patiens dans la poêle, sur le gril, à la broche; on leur faisait boire du plomb fondu; on les baignait dans des muids de soufre bouillant.

Observez que ces tortures n'étaient que le purgatoire, et qu'après leur pénitence les bonnes gens, si paternellement châtiés, devaient aller chanter *hosanna* dans le ciel.

Agneïus eut des frayeurs terribles; mais il se tira de toutes les malices du diable par des signes

---

(1) *De quatuor novissimis*, art. 48.

de croix; il revint en Irlande tremblant et converti, et il en convertit d'autres.

Il est fâcheux que tous ceux qui ont vu le purgatoire l'aient peint de tant de manières différentes. Le moine Vetin en fait un séjour très-ennuyeux, mais peu dégoûtant. Le soldat Tondal raconta que le ciel de ce pays-là était une plaque de fer rougi au feu, et le sol un pavé de charbons toujours ardens.

Un autre voyageur assure qu'il y a dans le purgatoire un grand diable qui avale un patient à chaque minute, et le rend au bout d'une heure frais et gaillard aux lieux immondes. Nous ne saurions trop nous figurer si ce supplice est bien pénible.

Un chevalier nommé Olen trouva le purgatoire de saint Patrice assez semblable à un vaste monastère. Les démons couraient dans les cloîtres après les pénitens ; ils pleuraient amèrement lorsqu'on leur parlait de la religion.

Ces sortes de voyages furent fréquens par une petite supercherie de moines. On avait bâti un couvent auprès du trou terrible ; ce couvent devint un pèlerinage, parce que les moines disaient que ceux qui voulaient entrer dans le purgatoire, avec l'aide de leurs prières, pouvaient y faire leur pénitence avant de mourir. Il n'y fallait rester que vingt-quatre heures, pour en sortir purgé de toutes ses fautes.

Beaucoup de dévots se décidaient à ce voyage. Les moines enfermaient le pèlerin pendant neuf jours seul dans une cellule, au pain et à l'eau.

Il s'affaiblissait encore par les méditations et les prières ; on ne lui faisait rien prendre le neuvième jour ; on le confessait, et après qu'il avait reçu la communion, on le prêchait, on lui troublait l'imagination ; on le prévenait de tout ce qu'il devait voir.

Il entrait ensuite dans le trou de saint Patrice ; il s'endormait, et il avait un mauvais cauchemar.

S'il ne reparaissait point, on publiait qu'il n'avait pas eu de foi et qu'il était damné.

Ce trou, ce purgatoire, avait encore au dix-septième siècle une réputation formidable, quoique Henri VIII l'eût fait fermer, comme un lieu profané par des superstitions abominables.

Le P. Lebrun, dans son Histoire des pratiques superstitieuses (1), observe qu'on ne commença qu'au douzième siècle les contes du trou de saint Patrice ; et il paraît qu'il fut imaginé par les moines que saint Bernard établit en Irlande.

En 1491, un cordelier visita le trou de saint Patrice, y passa la nuit et en sortit sans avoir rien vu. On eut de plus grands doutes au dix-septième siècle ; on visita le saint trou ; ce n'était qu'une caverne longue de soixante pieds, et large de trente. Les moines y enfermaient le pèlerin dans l'obscurité la plus complète. Après l'avoir exténué par les veilles et les jeûnes, après avoir égaré son imagination par des récits effrayans, il en sortait sans avoir changé de place ; mais il racontait

---

(1) Tome IV, *Dissertation sur le purgatoire de saint Patrice.*

des songes merveilleux comme des aventures réelles.

» On détruisit cette caverne, on chassa les moines, et le trou de saint Patrice perdit toute sa considération (1). »

PAUL, — apôtre des gentils. Il n'est pas besoin de dire qu'il fut de bonne heure honoré d'un grand culte. L'impératrice Constantine demanda au pape saint Grégoire la tête ou quelque autre partie du corps de saint Paul, pour en orner une église qu'elle lui faisait bâtir. Mais alors on laissait les corps entiers dans leurs tombeaux ; et le pape n'osa rien détacher des reliques du grand apôtre.

Ses successeurs furent moins scrupuleux. Grégoire IX sépara au treizième siècle la tête et le corps de saint Paul. Il mit la tête dans Saint-Jean-de-Latran, où elle est montrée tous les ans au peuple, sur une estrade si obscure qu'on ne sait trop si elle n'est pas en carton peint (2) ; car on prétend que les chairs et la barbe se sont conservées, aussi-bien qu'au chef de saint Pierre, qui est avec celui de saint Paul.

---

(1) M. Salgues, *Des Erreurs*, etc. Tome III, p. 202.
(2) Lorsqu'on montre au peuple les têtes de saint Pierre et de saint Paul, ceux qui assistent à cette pieuse cérémonie, gagnent trois mille ans d'indulgence, s'ils sont de Rome ; six mille ans s'ils sont des pays voisins ; douze mille ans, si ce sont des pèlerins qui viennent de loin. (*Merveilles de Rome*; page 3.)

On partagea même les corps de ces deux saints; on mit moitié de l'un et de l'autre dans la basilique de saint Pierre, et les deux autres moitiés dans l'église de Saint-Paul au chemin d'Ostie.

Dès lors on prétendit avoir partout quelque relique de Paul. La sœur de saint Louis avait à Longchamp une seconde tête qui portait son nom. On montre, dans une église d'Arles plusieurs de ses os; une de ses épaules à Argenton en Berry, des poils de sa barbe à Saint-Victor de Marseille, divers ossemens à Chartres; et tant de pièces détachées dans une multitude d'églises, que d'Aubigné s'est trouvé loin de compte, lorsqu'il n'a donné que dix-huit corps à saint Paul (1).

Mais heureusement ces dix-huit corps se trouvent disséminés en dix-huit cents châsses différentes.

On prétend à Rome que l'église de Saint-Pierre *in carcere* est la prison où furent enfermés saint Pierre et saint Paul. On montre, à Nuremberg et à saint Paul de Rome, les chaînes dont il fut chargé après sa sentence de mort. On a souvent distribué comme reliques quelques limures de ces saintes chaînes.

On vénère à saint Anastase de Rome la colonne sur laquelle saint Paul eut la tête tranchée. Il n'est pas aisé de comprendre comment on a fait pour lui couper la tête sur une colonne (2); et

---

(1) *Confession de Sancy*, première partie, chap. VII.
(2) Misson, tome II, page 178.

Calvin demande en quel temps et en quel pays on a exécuté les gens au haut d'un pilier (1)?

Un voyageur dit bien que cette colonne n'a que cinq pieds de hauteur, et qu'elle est grosse comme la cuisse d'un homme (2). Mais saint Paul avait dans la taille un peu moins de cinq pieds. Les actes de sainte Thècle disent qu'il avait les sourcils joints, le nez aquilin, la tête chauve, la jambe grosse, les cuisses tortues, et qu'il était de la plus petite taille. On peut entendre par-là quatre pieds et quelques pouces.

On voit aussi à Rome, dans l'église de Sainte-Marie-Transpontine, d'autres colonnes auxquelles saint Pierre et saint Paul furent attachés quand on les flagella; mais ces colonnes au moins ne présentent rien d'incompréhensible.

On prétend que lorsqu'on trancha la tête de saint Paul, il répandit, au lieu de sang, un ruisseau de lait que les fidèles recueillirent. On en conserve une fiole à Rome, dans l'église de Saint-Alexis, et une autre à l'Escurial. Il n'est pas étonnant, dit saint Ambroise que saint Paul ait été plein de lait, puisqu'il était en quelque sorte *la mère-nourrice* des Gentils (3).

On ajoute qu'en tombant, la tête de saint Paul fit trois bonds miraculeux, lesquels bonds ébran-

---

(1) *Traité des Reliques.*
(2) *Voyage de France et d'Italie par un gentilhomme français*, page 440.
(3) Cité par Ribadéneira, 30 juin.

lèrent le sol, et firent jaillir trois fontaines, que les pèlerins ne manquent pas d'aller visiter à Saint-Paul aux trois fontaines, qui est le lieu du martyre. On dit que l'eau de chaque source a un gout différent, et qu'elle opère de grandes merveilles.

On garde encore à Rome l'épée avec laquelle saint Paul eut le cou coupé; c'est cette épée que le pape Jules II portait à la main, lorsqu'avec ses bataillons de Turcs il faisait la guerre aux rois chrétiens.

On révère dans l'île de Malte la grotte où saint Paul séjourna quelque temps. On sait qu'ayant allumé du feu dans cette île pour se réchauffer, une vipère sortit d'un fagot de sarment, et le mordit au bout du doigt. Paul maudit les serpens de l'île et les changea en pierre. On ajoute que l'île de Malte est pleine de petites pierres qui ressemblent à des langues de serpens, et que, par une suite du miracle de saint Paul, ces petites pierres guérissent la morsure des reptiles. Mais on ne peut citer un seul fait qui autorise ce préjugé.

On dit de plus que la terre de Malte tue les serpens et fait disparaître leurs morsures; il est fâcheux que ce soit encore un conte. Si les serpens ne sont pas dangereux à Malte, c'est une particularité naturelle que les physiciens expliqueront, sans recourir aux miracles.

On avait, dès le troisième siècle, des images de saint Paul, d'après le portrait qu'en donne sainte Thècle. Ces images faisaient de grands prodiges.

On raconte que les Lyonnais, s'étant décidés à bâtir une église à saint Paul, dont ils avaient une image miraculeuse, Notre-Seigneur vint la dédier en personne ; l'image fit depuis des choses surprenantes ; mais on ne sait ce qu'elle est devenue.

Il y a dans cette église une singularité, que nos sots ancêtres prenaient pour un miracle perpétuel (si toutefois cette singularité est vraie) ; c'est qu'on ne peut y enterrer personne, parce que le mort n'est pas plus tôt dans la fosse, qu'il jette une grande abondance de sang (1), comme faisaient les vampires. — Voyez *Pierre*.

PAUL, — patriarche de Constantinople, au quatrième siècle. Après qu'Arius eut rendu l'âme en allant à la selle, le saint patriarche Alexandre, son ennemi zélé, mourut aussi, et eut pour successeur un homme de bien nommé Paul, qui se montra si ardent à persécuter les hérétiques, et à troubler l'empire, qu'on le chassa quatre fois.

Il alla mourir à Cucuse en Arménie ; les catholiques en firent un martyr.

Théodose-le-Grand fit revenir son corps à Constantinople ; et bientôt le peuple trompé par le nom honora dans ses os les reliques de l'apôtre saint Paul. Le clergé de Constantinople ne s'opposa point à cette erreur, parce qu'à tout prendre

---

(1) *Voyage d'un gentilhomme francais*, page 47.

l'apôtre était d'un meilleur revenu que le patriarche. Ce ne fut qu'au treizième siècle que la cour de Rome s'éleva contre les prétentions des églises, qui se vantaient d'avoir le corps de l'apôtre.

Il fut connu généralement dès lors que les reliques du patriarche Paul étaient à Constantinople. Cependant on les possédait aussi à Venise, où l'on continua de les honorer.

PAUL, — premier ermite. Il vécut cent douze ans ; et saint Antoine, poussé par l'esprit, vint lui rendre les honneurs de la sépulture. En entrant dans la caverne du vieil ermite, il trouva son corps à genoux, la tête levée et les mains étendues vers le ciel. Il crut d'abord qu'il priait ; mais il s'aperçut bientôt qu'il était mort. Il le tira dehors pour l'enterrer. C'était en l'année 341 ou 342 ou 343 (source de dissertations très-savantes et surtout très-utiles).

Antoine n'avait pas d'instrumens pour creuser la fosse ; il se tira d'embarras par un miracle. Deux lions vinrent du fond du désert et firent l'office de fossoyeurs. Après quoi ils demandèrent leur salaire. Antoine les bénit et pria Dieu *de leur donner ce qui leur était convenable*. Il s'en alla ensuite, emportant la tunique de feuilles de palmier que Paul avait portée, et qu'il vénéra toute sa vie. Cette tunique est dans un couvent de Moscou, et dans une église de Venise.

Le corps du saint ermite Paul resta enterré dans la Thébaïde jusqu'au milieu du douzième siècle. Alors on le vit paraître inopinément à Constantinople ; et en 1240 il passa à Venise, de là chez les Hongrois : il est toujours à Bude.

On montre à Rome une tête de saint Paul le premier ermite, sans qu'on puisse dire où on l'a prise. Le bon saint avait un second corps à l'abbaye de Cluny, un troisième chez les moines de Jouarre, au diocèse de Meaux ; un septième pied qui guérissait les boiteux à Bourbon-l'Archambaut, etc.

PAUL ou **POL DE LÉON**, — premier évêque de Léon en Bretagne, au sixième siècle. Il naquit en Angleterre, et sa vie fut une suite de prodiges.

Des oiseaux ravageaient le champ de son maître d'école ; on le chargea d'y veiller ; le petit Paul amena tous ces oiseaux à la maison, marchans devant lui comme un troupeau de moutons. Le maître d'école se contenta de les réprimander ; ils s'envolèrent reconnaissans et ne vinrent plus ravager son champ.

La sœur de Paul vivait dans un couvent que baignaient les eaux de la mer. Il commande aux flots de s'éloigner de quatre mille pas. La sœur du saint et ses jeunes nonnes rangent sur le rivage de petits cailloux qui grandissent bientôt, et deviennent des rochers menaçans capables d'arrêter toutes les fureurs de la mer.

En 517, les Anglais voulant donner à Paul la dignité d'évêque, il s'enfuit, traverse la mer à pied sec, arrive à l'île d'Ouessant, passe de là dans l'île de Batz, guérissant en chemin trois aveugles, un paralytique et deux muets, en les touchant seulement de son bâton.

Le comte de Guythure, qui gouvernait une partie de la Bretagne, désirait alors une clochette que possédait le roi Marc, fameux chez les Anglais. Saint Paul fait une prière : la clochette tombe dans la mer; un poisson l'avale, et l'apporte au comte de Guythure. Cette clochette d'argent était encore au dernier siècle dans le trésor de la cathédrale de Léon. Il ne fallait autrefois que la sonner pour guérir les malades; souvent même elle ressuscita des morts.

Un dragon long de soixante pieds désolait le pays. Saint Paul l'enchaîna avec son étole; car il était devenu évêque; il le fait conduire à la pointe de l'île de Batz, et d'un coup de son bâton merveilleux le précipite dans les gouffres de la mer. On montre le rocher qui fut le théâtre de cette heureuse expédition.

Un jour que tout le monde avait soif, Paul ficha son bâton en terre, il en jaillit une fontaine. Le même bâton répéta plusieurs fois le même miracle.

Il mourut à cent deux ans, en 594. Les habitans de l'île de Batz où il était mort voulurent conserver ses dépouilles; ceux d'Occismor (Saint-Pol-de-Léon) les réclamèrent et prétendirent avoir les reliques de leur saint évêque. Les parties se décident enfin à placer le corps, moitié sur un charriot tourné vers le monastère de Batz, moitié sur un autre charriot tourné vers le rivage. Le saint n'attend pas la fin de la querelle ; il disparaît, passe la mer, et se rend par les airs à Occismor, qui dès ce moment s'appela Saint-Pol-de-Léon.

Ce saint corps fut transporté, au temps des Normands, chez les moines de Saint-Benoît-sur-Loire, qui ne lui laissèrent pas perdre l'habitude de faire des miracles (1).

PAUL, — premier évêque de Narbonne au troisième siècle, selon l'opinion la moins déraisonnable ; car les Narbonnais prétendent que ce Paul est Sergius Paulus, gouverneur de Chypre, qui fut converti, disent-ils, par l'apôtre saint Paul, et qui vint planter la foi dans le midi de la France.

Quel que soit ce saint, dont on ne sait pas l'histoire, son corps était à Narbonne et à Rochechouart au diocèse de Limoges.

PAULIN, — évêque de Nôle, mort en l'an 431. Il faut que ç'ait été un bon saint, car il fut pleuré par les juifs et par les infidèles de son diocèse, comme par les chrétiens. Son corps, qui se trouvait à Bénévent, fut emporté à Rome au onzième siècle par l'empereur Othon III, à qui on le

---

(1) M. Cambry. *Voyage dans le Finistère*, t. I, pages 145 et suivantes. Baillet, 12 mars. Ribadéneira et autres légendaires, même jour.

donna pour le corps de saint Barthélemy qu'il voulait avoir. Mais saint Paulin a un second corps à Nôle.

PAULIN, — évêque de Trèves. Comme il avait persécuté les hérétiques, les hérétiques le persécutèrent; il fut chassé de son siége par l'empereur Constance, et mourut en Phrygie, vers l'an 360. On prétend que son corps revint à Trèves; mais on ne dit pas comment. On trouva ce corps saint dans un tombeau de pierre en l'année 1071, au fond d'une cave de la cathédrale. On peut observer sur cette découverte une circonstance assez curieuse, c'est que le tombeau de saint Paulin et divers autres tombeaux de martyrs qui ornaient avec lui la même cave, étaient non pas élevés sur le sol selon la coutume, mais suspendus à la voûte avec des chaines de fer.

Ces tombeaux attiraient beaucoup de pèlerins; et tous les ans, le 13 de mai, il s'y faisait des miracles sans nombre.

PEINTURES. — Pourquoi certaines peintures, comme certaines statues, font-elles plus de miracles que d'autres statues et d'autres peintures? Il y a beaucoup d'images saintes peintes par saint Luc; les unes opèrent des prodiges; les autres sont dignes à peine de quelque attention.

L'ouvrage d'un peintre profane fait souvent plus de merveilles que le chef-d'œuvre d'un artiste saint; et une mauvaise croûte est quelquefois plus puissante qu'un tableau de grand prix. La Notre-Dame du Puy en Velay, qui était hideuse, s'était fait par ses miracles une réputation immense. On a vu à Paris des Notre-Dames charmantes ne montrer aucun pouvoir.

C'est que les images travaillent lorsqu'on les fait travailler, et qu'elles s'accommodent aux temps et aux lieux. Elles ne feront point de miracles, devant des gens habitués à examiner avant de croire.

Nous dirons quelques mots de certaines peintures, qui peuvent donner aux pieux des idées fausses. C'est ainsi qu'on a vu des crucifix vêtus de braguettes à la suisse, et des vierges en vertugadin (1).

On voyait, chez les carmes d'Aix, un saint Jérôme avec la pourpre et le chapeau de cardinal, quoiqu'il n'y eût point de cardinaux du temps de saint Jérôme.

Il y a, dans je ne sais quelle petite ville d'Italie, un tableau qui représente Jésus-Christ enlevé au jardin des Olives par une bande de soldats du guet armés de carabines. Il est très-plaisant que de telles images aient fait des miracles; mais on sait que l'ignorance et la foi vont bien ensemble.

Dans une église de Bordeaux, Jésus était peint montant au ciel sur un aigle aux ailes déployées. C'était sans doute quelque ancien Jupiter, devant

---

(1) On voit à Rome, dans l'église de Saint-Cosme et de Saint-Damien, un crucifix qui représente Jésus en croix avec sa robe, ce qui dément les quatre évangélistes.

qui les bonnes gens venaient demander la grâce de communier en dispositions saintes.

On pourrait citer mille faits aussi singuliers. Avant la construction du nouveau portail de Saint-Eustache à Paris, une peinture de plafond représentait le mariage d'Adam et d'Ève, béni par Dieu le père accompagné des quatre évangélistes.

On exposa dans la même ville, aux processions de la Fête-Dieu de 1819, dans la rue du Vieux-Colombier, une vieille peinture de l'Annonciation. L'ange Gabriel, affublé d'une chape d'évêque, faisait porter sa queue par un second ange qui recevait le même office d'un troisième, et ainsi de suite jusqu'au septième qui laissait traîner sa chape. Assurément le peintre qui fit ce tableau ne peignit pas d'après nature.

On sait que Louis Cigoli représenta, dans la circoncision, le grand-prêtre Siméon avec des lunettes. Un autre artiste peignit les apôtres jouant des cymbales aux funérailles de la Vierge. Titien mit des chapelets à la ceinture des deux disciples qui rencontrent Jésus-Christ sur le chemin d'Emmaüs. Le Rosso plaça des moines en froc aux noces de Notre-Dame; et Michel-Ange fit entrer le batelier Caron dans son tableau du jugement dernier.

Il est probable qu'on peut admirer encore chez les Allemands, dans une église de Brixen, un tableau assez singulier du purgatoire. Des chérubins voltigent au-dessus des âmes souffrantes. Dieu le père et le Saint-Esprit sont immobiles tout au haut. Jésus fait couler de son côté un petit ruisseau de sang, et la sainte Vierge presse ses mammelles pour en faire jaillir du lait. Ces deux liqueurs se mêlent dans un bassin, découlent ensuite dans un autre, et se répandent sur les âmes du purgatoire qui s'en rafraîchissent (1).

On voit, à un quart de lieue de Landerneau, dans la petite chapelle de la Fontaine-Blanche, une sculpture sur granit qui représente les couches de la Vierge. Saint Joseph est au pied du lit où la sainte est étendue. Le Père Éternel, qui fait les fonctions d'accoucheur, tient par la jambe l'enfant Jésus, qui sort en saisissant la queue du Saint-Esprit (2). Quelles idées de pareils tableaux peuvent-ils donner?

Dans une église d'Espagne, on vénérait une Vierge qui fait jaillir une ondée de son lait dans la bouche de saint François d'Assise; l'enfant Jésus en paraît fâché; et saint François le fait taire, en le menaçant de son cordon qu'il tient à la main (3).

Dans une église de Hollande, (d'Amsterdam, dit-on), Abraham était représenté sacrifiant Isaac et le couchant en joue avec un fusil. Un ange arrête le coup en pissant dans le bassinet.

Chez les cordeliers de Clermont, un tableau de l'adoration des rois représentait des cordeliers mêlés à la sainte famille; et un de ces rois faisait

---

(1) Misson, tome I, page 145.
(2) M. Cambry, *Voyage dans le Finistère*, tome II, p. 199.
(3) Même ouvrage, tome II, p. 200.

porter la queue de sa robe par un page vêtu à la Henri IV.

Chez les capucins d'Yssoire, un capucin priait aux pieds de Jésus enseveli.

Dans un tableau de la mort de la Vierge, qui ornait la cathédrale de Limoges, on voyait un prêtre qui apportait une croix épiscopale. Un autre prêtre en chasuble jetait de l'eau bénite avec un goupillon, et l'un des apôtres récitait son chapelet au pied du lit (1). Le même tableau se voyait à Paris, avec les mêmes particularités, dans l'église de Saint-Étienne-du-Mont.

Il est probable qu'on peut voir encore à Avignon, et à Saint-Victor de Marseille, deux tableaux qui représentent l'incarnation, et qui paraissent copiés l'un sur l'autre. C'est une église gothique, où la Sainte-Vierge est à genoux devant l'ange Gabriel qui remplit son message. Dieu le père et le Saint-Esprit entrent par une fenêtre. Un faisceau de lumière jaillit de leur sein et vient tomber sur le sein de Marie. Au milieu du rayon, on distingue un petit enfant Jésus tracé en embryon, qui va plonger dans les entrailles de la Vierge (2).

A Paris, dans l'église de Saint-Paul, Clovis était représenté recevant le baptême, mais absolument nu, dans l'eau jusqu'au ventre, et coiffé de sa couronne. A Saint-Germain-des-Prés, on voyait saint Germain malade, couché dans un lit, sans

---

(1) M. Dulaure, *Description du Limosin.*
(2) M. Bérenger, *Soirées provençales*, neuvième lettre.

chemise, avec une mitre d'or pour bonnet de nuit.

Sur les vitres de Saint-Gervais, dans la même ville, la religion était représentée d'une manière assez édifiante. Les patriarches labouraient une vigne ; les prophètes et saint Pierre faisaient la vendange, et apportaient le raisin dans une cuve ; tout le jus de ce raisin coulait dans la bouche de Jésus, qu'on étendait ensuite sous un pressoir. Le vin ou le sang qui ruisselait des plaies de Notre-Seigneur, était reçu dans des tonneaux par les cardinaux et les docteurs de l'église. Les quatre évangélistes, conduits par un ange et attelés à des chariots, sous des figures de bœuf, de lion, d'homme et d'aigle, trainaient ces tonneaux sur une place publique, où le pape Paul III, Charles V, François Ier, et Henri VIII, en habits de cérémonies et la couronne en tête, s'occupaient à descendre les muids dans la cave.

On voyait des peintures semblables à saint Louis du Louvre, à Saint-Jacques-de-la-Boucherie et à Saint-André-des-Arcs.

Aux vitres du chœur de Saint-Merry, saint Pierre était en prison avec une mitre : à la vérité, c'était par accident ; car un ouvrier avait pris dans un vitrage voisin la tête d'un prélat, pour la mettre à la place de celle du saint, qui était cassée.

Une tapisserie de Saint-Nicolas-des-Champs représentait Nicolas donnant un soufflet à Arius, dans le concile de Nicée. Le pape, qui blâmait cette action, ôtait au saint la dignité d'évêque ; mais Jésus-Christ arrivait pour réparer l'incongruité du souverain pontife, et il renvoyait à Nicolas sa crosse et sa mitre.

Dans une tapisserie de Saint-Merry, Jésus-Christ était tenté par le diable habillé en ermite, avec un gros chapelet à sa ceinture.

Dans plusieurs églises de Paris, sainte Élisabeth, en couches de saint Jean, disait son chapelet.

A Saint-Martin-des-Champs, on avait peint Martin descendant un escalier pour aller à matines : le diable semait des pois sur les degrés : le saint faisait une lourde chute ; et la sainte Vierge, accompagnée d'un ange, le guérissait en versant sur la contusion quelques gouttes d'un élixir qu'elle avait apporté dans une petite fiole (1).

Au commencement du dix-septième siècle, dans la chapelle de la sainte Vierge des Carmes-Billettes, le père Mathias-de-Saint-Jean, provincial des Carmes-Mitigés, fit représenter Agabus, l'un des amans de Notre-Dame, rompant sa baguette et prenant l'habit de carme, de dépit de la voir mariée à saint Joseph.

Sauval, qui nous fournit la plupart de ces détails (2), dit qu'il vit quelque part une Notre-Dame lisant les heures de la Vierge.

La nomenclature de ces sortes de curiosités serait immense. Il n'y a pas d'église, un peu an-

---

(1) Cette fiole se conservait à Marmoutiers. Voyez *Ampoule*.
(2) Vitrages, tapisseries et peintures des églises de Paris, à la suite du cahier des amours de nos rois.

cienne, qui ne présente, dans ses vitrages, dans ses tableaux ou dans ses sculptures, quelques extravagances. On voit, au portail de Notre-Dame, un diable accroupi sous l'une des balances de saint Michel : le saint pèse des âmes, et le diable cherche à en escroquer quelques-unes.

On avait sculpté, à l'hôpital du Roule, saint Éloi en habit d'évêque, ferrant un cheval d'une manière toute particulière. Le saint était assis dans un fauteuil devant une enclume ; il avait la mitre en tête et le marteau à la main. Le cheval n'avait que trois pieds, parce que le saint lui avait coupé celui qu'il ferrait. C'était, dit-on, son habitude ; le cheval ne souffrait point, et le saint lui remettait la jambe sans qu'il y parût.

La plupart de ces images recevaient un culte : on priait devant elles ; on les invoquait, on leur demandait des grâces.

Plusieurs étaient de fabrique merveilleuse, comme le tableau de l'Annonciation qu'on voyait à Rome, dans l'église de l'Annonciade : on prétendait que dans ce tableau la figure de la Vierge avait été faite par des anges.

Il semble que les peintres aient voulu surpasser les légendaires ; ils ont peint tous leurs saints avec quelque ridicule : saint Honoré, avec sa mitre, met le pain au four ; il tient la crosse d'une main, et de l'autre la pelle de boulanger.

Sainte Marie-Égyptienne est souvent nue comme une sauvage ; saint Jean, dans une chaudière bouillante ; saint Christophe, avec une taille de vingt ou trente pieds ; saint Antoine de Padoue, avec un enfant perché sur le doigt. Saint Victor de Marseille, le casque en tête et l'étendard à la main droite, tient dans la gauche un grand moulin à vent, parce qu'il fut martyrisé sur une meule.

— Nous avons déjà dit sous quels costumes ridicules on a peint la sainte Vierge et Jésus. Les absurdités se sont étendues sur Dieu même, qui peut-être ne devait pas être représenté à nos yeux, puisque personne n'a pu le voir : on le peint ordinairement sous la figure d'un vieillard à barbe blanche. Pourquoi en fait-on un vieillard? pourquoi lui a-t-on donné tant de figures qui semblent faites pour égayer l'impiété? On a vu des tableaux où Dieu était en habit de capucin, occupé à créer l'homme ; il défendait le fruit défendu, en menaçant du doigt comme un maître d'école. Dans d'autres peintures, on met à Dieu une tiare de pape sur la tête. — Il y aurait encore bien des choses à dire.

PELAGE. — Caverne de Pelage.

Le bon roi Pelage, qui régna au commencement du huitième siècle sur une partie de l'Espagne, est presqu'un saint pour les Espagnols. Ils racontent qu'ayant été vaincu par les Sarrasins, beaucoup plus forts que lui, il se cacha dans une caverne qu'on vénère encore dans les Asturies, et attendit avec mille soldats seulement une armée nombreuse d'infidèles. Les Sarrasins lancèrent une grêle de pierres et de traits à l'entrée de la caverne; mais, par un miracle auquel on doit s'attendre, les pierres et les traits, au lieu de blesser les chrétiens, retournaient avec impétuosité sur les Maures, qui tombaient de toutes parts. Pelage, voyant ses ennemis consternés, sortit hardiment de sa caverne, et les mit en déroute (1).

On va en pèlerinage à cette caverne. Mais le plus grand miracle de l'affaire, c'est le courage de Pelage qui, avec une poignée de vaincus, triomphe d'une armée puissante et victorieuse (2).

PÉLAGIE, — comédienne d'Antioche, célèbre par les désordres de sa vie et par l'austérité de sa pénitence. On l'appelait généralement Marguerite, à cause de sa beauté; et la plupart des critiques pensent que son histoire n'est qu'un conte moral.

Cependant on montrait son corps à l'abbaye de Jouarre, dans le diocèse de Meaux; et l'on visite au mont des Olives la grotte où elle se retira vers le cinquième siècle.

PÈLERINAGES. — Les voyages aux saints lieux, et les pèlerinages des dévots, étaient autrefois la plus grande ressource des églises. Un saint

---

(1) *Histoire d'Espagne de Mariana*, liv. 7.
(2) *Abrégé chronolog. de l'histoire d'Espagne*, année 718.

fameux devenait un moyen de splendeur ; il attirait des richesses ; la ville qu'il habitait était bientôt peuplée et florissante.

On pense bien que les trois ou quatre cent mille pèlerins qui allaient tous les ans à Lorette, à Liesse, à Compostelle, etc., etc., etc., ne pouvaient manquer d'y laisser quelque chose de leur argent. Aussi, dans les temps de dévotion, estimait-on comme un trésor les reliques d'un saint à miracles : on s'en disputait la possession ; on cherchait à le dérober ; il y avait même des querelles sanglantes et des guerres cruelles pour des ossemens qui intéresseraient peu aujourd'hui.

Les pèlerinages, dans les siècles de la barbarie féodale, ont un point qui doit en faire pardonner les extravagances ; c'est qu'ils entretinrent quelque commerce entre les hommes près de retomber dans l'état sauvage. On sait que la servitude de la glèbe, les routes infestées de brigands, le droit d'aubaine et les autres droits de rapine qui tuaient le commerce, l'ignorance enfin, empêchaient les Européens du moyen âge de sortir de leurs villages. On n'osait entreprendre un voyage de trente lieues, parce que l'on ne connaissait pas le pays. Les pèlerinages seuls faisaient tout braver : il est vrai qu'ils jouissaient d'une protection générale, et que les pèlerins marchant par troupes, avaient peu de périls à redouter. Mais il n'en résulte pas moins que les pèlerinages furent utiles.

D'un autre côté, on les voit entourés d'abus

monstrueux. Ils font la ruine des familles, et la fortune des moines. Les pèlerins pillent lorsqu'ils sont en nombre, et se préparent à visiter de saintes reliques par toutes sortes d'excès. Les bandes de pèlerins et de dames richement parées, qui allaient en partie de plaisir à Notre-Dame de Lorette, y tenaient la conduite qu'on observe aux bals masqués. Beaucoup de femmes rapportaient la grossesse ; et de jeunes filles qui ne demandaient pas d'enfans, en obtenaient aussi quelquefois.

D'ailleurs, les miracles qui attiraient les dévots avaient toujours un côté abominable, puisqu'ils étaient faits par l'avarice et l'imposture.

C'était aussi pour attirer les pèlerins qu'on supposait tant de reliques fausses, avec une impudence inconcevable. On vendait au peuple cinquante mille parcelles d'une étole de saint Hubert, sans qu'il s'aperçût que toutes ces parcelles réunies pouvaient former cinq cents étoles. Mais, encore un coup, le peuple mérite qu'on le trompe, puisqu'il est certain que la populace n'a pas de plus grand plaisir que celui de voir pendre ceux qui rêvent son bonheur. Voltaire, sur l'échafaud, eût été pour certains pays un spectacle délicieux.

Jusqu'au dix-septième siècle, les pèlerinages étaient tellement en usage, que le peuple et les grands ne connaissaient presque pas d'autre mérite. Tous nos rois faisaient des pèlerinages. Louis XI était plus souvent vêtu en pèlerin qu'en roi. François Ier. sortait des bras de ses maîtresses pour aller visiter quelques lieux saints, ou pour faire brûler les hérétiques.

On imposait des pèlerinages pour pénitences. Conrad de Luxembourg fut condamné par l'archevêque de Trèves à faire le pèlerinage de Jérusalem pour la rémision de ses péchés.

On votait aussi des pèlerinages bizarres. Catherine de Médicis envoya en Terre-Sainte un pèlerin qui fit le voyage à pied, en avançant de trois pas et reculant d'une enjambée sur lui-même à chaque troisième pas qu'il faisait.

Toutes ces platitudes sont un peu négligées chez nous, à présent que les reliques n'occupent plus les esprits. On fait pourtant encore quelques pèlerinages ; mais on en parle peu.

D'UNE PÈLERINE MUETTE QUI SE PRÉTENDIT GUÉRIE AU TOMBEAU DE JACQUES II.

Extrait de l'histoire critique des pratiques superstitieuses du P. Lebrun. Liv. II, ch. IV, § VIII.

Ayant entendu dire qu'une jeune fille, que les missionnaires de Saint-Magloire avaient vue muette à la mission du diocèse de Sens, venait de recouvrer la parole au tombeau de Jacques II, roi d'Angleterre, mort à Saint-Germain-en-Laye, le P. Lebrun voulut parler à cette fille, pour examiner le miracle. Elle vint à Saint-Magloire le 27 d'auguste 1702; et lui apprit qu'elle se nommait Catherine Dupré, qu'elle était fille de Louis Dupré, qu'elle avait reçu le jour à Elbeuf près de Rouen, et qu'elle était devenue muette en 1691. Elle pensait qu'elle avait perdu la parole par l'effet d'un sortilége, dont un homme de mauvaises mœurs l'avait menacée, et qu'il lui avait envoyé dans un bouquet.

En même temps que sa langue se raccourcit, son esprit s'égara, et pendant cinq ans elle passa pour folle ou pour ensorcelée. On la mena à l'évêque d'Évreux, qui fit sur elle quelques prières. De là on l'envoya à l'abbaye de Longchamp près de Paris, où elle ne guérit point.

Elle fit ensuite le pèlerinage de Notre-Dame de Liesse, s'y confessa par signes, et gagna les bonnes grâces du curé, qui la retint deux mois. Elle avait alors vingt-trois ans.

Elle partit de Liesse sans être guérie, pour se rendre au pèlerinage de Sainte-Reine en Bourgogne ; elle s'arrêta en chemin, et resta six ans au service d'un fermier qui demeurait aux environs de Châlons-sur-Marne, et qui n'exigeait pas qu'une fille sût parler.

Enfin la dévotion la reprit : elle alla à Sainte-Reine, y resta deux mois, et intéressa un prêtre qui prit soin d'elle, et la fit communier. Elle ne parlait toujours point.

Après qu'elle eut fait trois neuvaines et bû plusieurs fois l'eau de Sainte-Reine, comme elle était aussi muette qu'auparavant, on la mena devant un château du voisinage, sur le sommet duquel apparaissaient continuellement, disait-on, des lumières semblables à des flambeaux allumés, qui n'étaient vues que par les personnes en état de grâce. On lui demanda si elle voyait ces lumières ; elle ne vit rien du tout, et quitta le pays sans avoir recouvré la parole.

Elle apprit que les pères de l'Oratoire faisaient une mission dans le diocèse de Sens ; elle y vint, logea dans la maison qu'habitaient ces missionnaires, devint leur blanchisseuse, les suivit à Paris, et fut mise par eux à Vanvres, dans la maison du blanchisseur des pères de l'Oratoire.

La femme du blanchisseur, la voyant muette, lui dit qu'il se faisait depuis quelque temps de grands miracles à **Saint-Germain**, dans la chapelle du roi Jacques, et lui conseilla d'y faire une neuvaine.

Le 22 d'auguste 1702, après qu'elle eut passé trois quarts d'heure à genoux, devant le tombeau de Jacques, elle eut une sueur qui fut suivie d'une pâmoison. En revenant à elle, elle s'écria qu'elle était guérie, parla d'abord d'une voix enrouée, et ensuite très-librement. Elle publia que Dieu venait de lui rendre la parole, par l'intercession du roi Jacques.

Tel est du moins le récit qu'elle fit au père Lebrun, et que le père Lebrun écrivit pour le confronter avec les informations qu'il avait le projet de faire. Ces informations lui apprirent que Catherine Dupré n'était jamais née à Elbeuf ; qu'on ne la connaissait pas dans cette ville, et que c'était une bonne fille qui courait les pèlerinages, en qualité d'instrument à miracles.

Elle changeait de nom et d'histoire suivant les lieux ; et plusieurs fois elle avait recouvré la parole pour édifier les fidèles. Elle gagnait sa vie à ce pieux négoce.

Elle avait fait la muette à Paris, et avait recouvré l'usage de la langue en passant sous la châsse de saint Ovide. Elle s'était rendue célèbre en Picardie sous le nom de *la dévote de Beauvais*. Elle avait demeuré quelques semaines chez le curé de Villambray, qui lui avait aussi procuré guérison, et qui avait célébré ce miracle par des processions solennelles.

Elle retrouva également la voix à Notre-Dame de Liesse ; et après avoir fait des miracles à Senlis, elle vola son hôte et se fit chasser. On n'osa livrer à la justice une sainte fille, dont le procès eût fait scandale.

Elle fit aussi le pèlerinage de Notre-Dame des Ardilliers à Saumur, s'y présenta comme muette, et parla après avoir fait une neuvaine. L'évêque de La Rochelle lui donna un certificat de ce miracle.

Il est certain que dans beaucoup de pèlerinages où l'on a vu des malades guéris, la plupart des cures merveilleuses ressemblaient un peu à celles que le roi Jacques et les Notre-Dames firent sur Catherine Dupré.

PEREGRIN ou **PELERIN**, — *Peregrinus*, premier évêque d'Auxerre, martyr à la fin du troisième siècle. Son corps qui était à Auxerre disparut miraculeusement au siècle huitième, dans un temps de guerre où il courait quelque danger. Un villageois, trouvant ce corps dans son champ, fut averti par un ange de révérer les reliques de saint Peregrin, et de les transporter en lieu de sûreté. Le bon homme crut qu'un saint qui faisait des miracles, et qui était surveillé par des anges, n'avait pas à craindre l'ennemi; et qu'il fallait seulement le mettre à l'abri de la pluie. C'est pourquoi il le chargea sur sa charrette et se disposa à le reconduire à Auxerre. La nuit vint bientôt : le paysan marcha long-temps sans distinguer sa route; enfin il entendit une douzaine de cloches qui sonnaient d'elles-mêmes. Comme il se croyait aux portes d'Auxerre, il entra dans l'abbaye de Saint-Denis près de Paris. C'était là que le saint voulait se réfugier. Les moines, avertis par l'ange dont on a parlé, vinrent recevoir en pompe le trésor que le ciel leur envoyait (1); et depuis, saint Peregrin demeura à Saint-Denis, jusqu'à la révolution. Mais il avait un second corps à Prague, et un troisième à Rome dans l'église du Vatican. Celui de Rome fut donné, dit-on, par Charlemagne; celui de Prague par François Ier. Toutefois c'est très-modeste que trois corps pour un grand saint.

PERPÉTUE, — martyre en Afrique avec sainte Félicité, en l'année 205. Elle avait cinq corps :

---

(1) Ribadéneira, et notes données par un Auxerrois.

un premier à Bologne ; un second à Vierzon en Berry ; un troisième qui vint, dit-on, de Carthage à Rome, et de Rome à l'abbaye de Beaulieu en Limousin ; un quatrième au monastère de Dèvre sur le Cher ; un cinquième à l'abbaye de Sancère sur la Loire, si toutefois il n'y en a pas un sixième à Rome.

PÉTRONE, — évêque de Bologne au cinquième siècle. Son corps, que l'on avait négligé, fut retrouvé en 1141, et se signala par de grands miracles. Ce corps est toujours à Bologne, dans l'une des églises qui sont dédiées sous le nom de Saint-Étienne. On le porte tous les ans pour un jour à l'église de Saint-Pétrone, moyennant six mille écus que les chanoines donnent en gage, pour assurance qu'ils le rendront le lendemain (1). Du moins les choses étaient ainsi au dernier siècle.

Voltaire raconte (2) sur ce saint une anecdote assez singulière. « Dans le temps que les fragmens de Pétrone (le poëte satirique) faisaient grand bruit dans la littérature, Meibomius, grand savant de Lubeck, lit dans une lettre imprimée d'un autre savant de Bologne : « Nous avons ici un » Pétrone entier ; je l'ai vu de mes yeux et avec » admiration (3). » Aussitôt il part pour l'Italie,

---

(1) *Voyage de France et d'Italie*, page 793.
(2) *Dictionnaire philosophique*, au mot *abus des mots*.
(3) *Habemus hic Petronium integrum, quem vidi meis oculis, non sine admiratione.*

court à Bologne, va trouver le bibliothécaire Capponi, lui demande s'il est vrai qu'on ait à Bologne le Pétrone entier. Capponi lui répond que c'est une chose dès long-temps publique. « Puis-je voir ce Pétrone ? Ayez la bonté de me » le montrer. » — « Rien n'est plus aisé, » dit Capponi. Il le mène à l'église où repose le corps de saint Pétrone. Meibomius prend la poste et s'enfuit en se mordant les lèvres. »

PÉTRONILLE, — appelée aussi *Perronelle*, *Perrine* et *Pernelle*, crue fille de l'apôtre saint Pierre. Ce saint, qui fit mourir la fille d'un jardinier, qui tua de sa malédiction Ananias et Saphira, faisait quelquefois des miracles moins désolans. On dit qu'il guérit sa fille de la paralysie et des fièvres ; mais toutes ces choses sont bien incertaines.

Elle fut enterrée à Rome, à ce qu'on prétend, et son corps est toujours dans la belle église de son père. Sainte Pétronille avait un second corps chez les jacobins du Mans, un troisième à Oviédo, un quatrième à Munster, un cinquième à Naples, et un sixième au monastère de la Barre, près de Château-Thierry.

PHILIPPE. — En sa qualité d'apôtre, on lui a donné aussi un bon nombre de reliques. Nous ne citerons que celles qui ont fait de grands miracles, comme le corps qui est à Rome dans l'église des saints apôtres, et qui délivra un jour deux cents femmes possédées du diable (1).

Un second corps de saint Philippe se rendit aussi fameux à Toulouse. On en vénérait un troisième dans l'île de Chypre ; et les Parisiens faisaient tous les ans, le premier de mai, la procession de sa quatrième tête qu'on gardait à Notre-Dame. Saint Philippe avait une cinquième tête à Troyes en Champagne, une sixième à Monte-Major en Portugal, une septième à Prague, une huitième à Florence, un septième et un huitième bras à l'abbaye d'Andech en Bavière, un neuvième à Prague, un dixième à Florence, un onzième à Oetingen en Allemagne ; un douzième richement enchâssé dans la cathédrale de Reims. On visita ce dernier bras en 1793 ; il ne se trouva dans la châsse qu'un morceau de fer rouillé. On disait cependant que ce bras, apporté à Reims en 1268, était garni de sa chair et de sa peau.

Naples, Trèves, Cologne, Milan, et une infinité d'autres villes possèdent encore, sous le nom de saint Philippe, assez d'ossemens pour composer huit ou dix corps de belle taille.

D'UNE IMAGE DE SAINT PHILIPPE.

Thomas Fazello rapporte, dans son histoire de Sicile, les grands miracles opérés à Saint-Philippe-d'Argyrione, par une image de l'apôtre, qui est le

---

(1) *Matthæi Tympii Præm. virtut.* page 440.

patron de cette ville. Cette image est noire, contre l'usage, qui ne met pas saint Philippe au nombre des nègres; c'est pour cela que les démons appelaient Philippe le serviteur noir.

Tous les ans, le premier de mai, on amenait devant l'image des bandes de possédés qui s'en retournaient libres. On conte pourtant l'histoire d'une femme, tourmentée d'un diable si tenace que saint Philippe ne put le chasser. C'était une pauvre hystérique qui cessa d'être possédée en vieillissant.

L'image de saint Philippe guérit les malades et préserve de la peste; on dit que c'est un ouvrage des anges, qui étaient peintres et sculpteurs autrefois.

PHILIPPE DE NÉRI, — fondateur de la congrégation de l'oratoire en Italie, mort à Rome en 1595. Son corps est dans cette ville, à Sainte-Marie-*in-Vallicella*, où il a fait de grands miracles. On a disséminé les pièces de sa garde-robe dans plusieurs villes. Son chapeau qui est à Naples, avec deux de ses os, a opéré des guérisons merveilleuses. Un enfant mort-né, en ayant été touché, se ranima petit à petit, reçut le baptême et vécut encore quelques jours. On présume qu'il eût vécu tout-à-fait, s'il eût vu seulement la tête qui avait porté le saint chapeau.

PHOCAS, — jardinier ou évêque de Sinope dans le Pont. On sait peu de choses de son histoire;

on ignore même le temps où il vécut; et quelques-uns font deux saints de ce nom, l'un évêque, l'autre jardinier, tous deux à Sinope. Mais les Grecs n'en reconnaissent qu'un, qu'ils mettent au nombre des martyrs. Il était autrefois pour eux le patron de la mer. Les marins réclamaient son secours dans la tempête, et lui chantaient des cantiques quand la navigation était heureuse. C'était même une coutume établie sur les vaisseaux, de ne point faire de repas sans mettre à part la portion de saint Phocas. On la vendait ensuite au profit des pauvres (1).

Le corps de ce saint était, au septième siècle, à Antioche et à Constantinople. On apporta vers le même temps un troisième corps, qui fut depuis honoré sous le nom de saint Phocas, à Vienne en Dauphiné; et c'est encore vers le septième siècle, que l'on commença de vénérer à Rome la tête et une partie du corps de saint Phocas. Cette tête est perdue; mais les autres ossemens reçoivent un culte dans l'église de Saint-Marcel.

On ne l'invoque plus guère dans les navgations, depuis qu'on a saint Nicolas qui est beaucoup plus puissant, et Notre-Dame de Bon-Secours qui est beaucoup plus connue.

PIAT ou PIATON, — apôtre de Tournai au troisième siècle. On dit qu'il convertit un jour trente mille Flamands avec leurs enfans et leurs femmes.

---

(1) Baillet, 14 juillet.

Rictius Varus, gouverneur du pays pour les Romains, lui fit trancher la tête. Baronius raconte qu'aussitôt son corps se leva debout, selon l'usage, qu'il prit sa tête dans ses mains, sortit de Tournai, marcha pendant quatre heures avec beaucoup de vitesse, et s'arrêta à Seclin, où les chrétiens l'enterrèrent.

Saint Piat n'a laissé modestement qu'un corps et demi. Ses reliques avaient été découvertes par saint Éloi. Elles furent dérobées au bourg de Seclin, par des soldats que l'on poursuivit vainement, parce que le saint qui approuvait le vol les cacha dans un brouillard. Ce saint corps fut apporté à Chartres au dixième siècle et il y demeura sous son nom; mais on imagina à Seclin de présenter à la vénération des fidèles une moitié de corps, et de dire que les Chartrains n'avaient que l'autre moitié.

PIERRE, — prince des apôtres et premier pape. — C'est une chose étonnante que les honneurs rendus par les fidèles, aux restes de saint Pierre et de saint Paul. On les honora peu de temps après leur martyre, et leurs corps furent long-temps vénérés dans les catacombes. Mais vers le commencement du quatrième siècle, le corps de saint Pierre fut porté au pied du Vatican, et celui de saint Paul au chemin d'Ostie, où l'on éleva depuis une église. Celle de Saint-Pierre, au Vatican, fut consacrée au sixième siècle, et le corps du saint y fit beaucoup de miracles.

On sait qu'alors on se permettait à peine de déplacer les corps saints ; on respectait leurs reliques ; on ne les distribuait point comme depuis ; et saint Grégoire-le-Grand assure qu'il se faisait aux tombeaux de saint Pierre et de saint Paul, des prodiges si terribles, qu'on n'osait en approcher qu'en tremblant. Il ajoute que ceux qui avaient voulu toucher leurs tombeaux, en avaient été punis visiblement; aussi, quand Justinien demanda des reliques de saint Pierre et de saint Paul, on ne lui envoya que des limures de leurs chaînes, et des linges sanctifiés pour avoir reposé sur les os des deux apôtres.

On sait que ces linges étaient ensuite vénérés comme de véritables reliques. Dieu les honorait même de miracles, à cause de ses saints dont ils avaient senti la vertu. On se préparait par les jeûnes et les prières à faire toucher ces linges ; et Grégoire de Tours conte (1) que, de son temps, Dieu faisait connaître qu'il était plus ou moins content de la foi des dévots, en rendant les linges plus ou moins pesans, lorsqu'on les enlevait des saints tombeaux.

Un peu plus tard, on toucha aux reliques de saint Pierre et de saint Paul, sans que personne en fût puni *visiblement*. On porta les têtes de ces deux apôtres à Saint-Jean de Latran ; on partagea leurs corps en deux ; on mit deux moitiés dans la

---

(1) *De gloriâ martyr.* cap. 28.

grande église de Saint-Pierre, et les deux autres à Saint-Paul, au chemin d'Ostie.

On soutient à Rome que l'on possède ces deux corps complets, quoiqu'on en montre partout quelques morceaux. On en avait des reliques considérables, à la fameuse abbaye de Saint-Claude en Franche-Comté; on les possédait presqu'entières dans une urne précieuse, chez les moines de Cluny; on vénérait aussi à Constantinople, depuis quelques siècles, le corps de saint Pierre, dont on ne laissait que la tête à Rome; et les Grecs faisaient même, avant la fête du saint, un carême de quelques semaines, qu'ils appelaient le jeûne de saint Pierre. Ce jeûne s'observe sans doute encore.

On vénérait à Arles divers ossemens de saint Pierre et de saint Paul; on montre, à Saint-Sébastien de Rome, un doigt et une dent de chacun de ces deux saints, quoique leurs dents soient avec leurs têtes, et leurs doigts avec leurs mains. On voit un autre doigt de saint Pierre au monastère de Trois-Églises, en Arménie; un pouce à Toulon; trois dents à Marseille.

On révérait à Poitiers la mâchoire de saint Pierre avec sa barbe, dont les Marseillais ont aussi quelques poils.

On gardait à Genève la cervelle de ce saint, richement enchâssée. Nul ne doutait de cette relique, dit Calvin (1), et c'eût été un blasphème de

---

(1) *Traité des Reliques.*

ne pas s'y fier. Cependant, lorsqu'on visita la sainte cervelle, il se trouva que c'était une pierre ponce.

Il n'y a pas d'église un peu considérable qui n'ait quelque relique de saint Pierre; et d'Aubigné dit (1) qu'il avait seize corps entiers, avant que les Huguenots eussent brûlé tant de saintes châsses.

Les tombeaux de saint Pierre et de saint Paul à Rome, étaient autrefois le but du plus saint pèlerinage, après celui de Jérusalem. Leurs corps et leurs têtes attirent encore aujourd'hui un concours immense de dévots.

Lorsqu'on veut visiter le corps de saint Pierre, dans la fameuse basilique qui porte son nom, il faut descendre au fond d'un caveau, où brûlent sans cesse cent lampes d'argent. Il est défendu aux femmes d'y entrer, excepté le lundi de la Pentecôte; et il n'est pas permis aux hommes de s'y présenter ce jour-là, sous peine d'excommunication pour les hommes comme pour les dames. L'escalier du caveau est fort obscur; il y a de petits réduits mystérieux, et ce fut une aventure galante qui donna lieu à ce règlement.

Ceux qui descendent dévotement l'escalier du caveau de saint Pierre obtiennent à chaque marche sept ans d'indulgence (2).

Les papes ont toujours attaché beaucoup de privilége aux reliques de saint Pierre et de saint

---

(1) *Confession de Sancy*, chap. 7, première partie.
(2) Misson, tome II, page 129.

Paul. Lorsque Guillaume-le-Conquérant alla s'emparer de l'Angleterre, le pape lui donna un cheveu de saint Pierre, un étendard bénit, et avec ces deux talismans, une bulle d'excommunication contre quiconque s'opposerait à son entreprise (1).

On vénère à Ligorna, en Toscane, dans une église bâtie par saint Pierre même, un caillou sur lequel sont restées trois gouttes du sang de saint Pierre. Outre les indulgences attachées, pour les pécheurs, à cette sainte relique, il ne faut que s'y frotter pour obtenir guérison des hémorragies et des rhumatismes.

L'huile des lampes qui brûlent à Rome devant le corps de saint Pierre, rend la vue aux aveugles; on en gardait une petite fiole, qui faisait les mêmes miracles dans la cathédrale de Lyon. Tout ce qui appartient à saint Pierre, fait d'aussi beaux prodiges. On avait sans doute de bonnes raisons, pour révérer à l'abbaye de la Celle-en-Champagne, quelques pièces de sa garde-robe. Sa chasuble est à Rome; mais, comme dit Calvin, on ne se déguisait pas du temps de saint Pierre, sous des habits de farces comme à présent; et avant de prouver que saint Pierre porta la belle chasuble qu'on montre sous son nom, il faudrait faire voir d'abord que saint Pierre connaissait les chasubles, dont l'usage ne peut remonter plus haut que le quatrième siècle.

---

(1) Saint-Foix, *Histoire des guerres entre la France et l'Angleterre*.

On révère à San-Salvador une pantoufle de saint Pierre ; et ceux de Poitiers montraient, comme ayant été chaussées par lui, deux belles mules de satin broché en or. On oubliait que saint Pierre n'avait pas été pape comme on l'est à présent.

D'autres dévots ont fait de saint Pierre un bon saint, marchant à pied. Mais pourquoi l'ont-ils affublé en pèlerin, et pourquoi vénère-t-on son bourdon à Trèves et à Cologne ? On gardait sa crosse à Paris, dans l'église de Saint-Étienne-des-Grès. On honore à Rome le sabre ou couteau avec lequel saint Pierre coupa l'oreille à Malchus. Mais il faut que ce couteau ait eu au moins trois lames, car on le montre aussi à Venise et à Constantinople. Surius dit qu'on doit beaucoup de vénération à ce couteau ou sabre, parce que saint Pierre le porta avec lui jusqu'à sa mort, et qu'il s'en servait dans ses besoins.

On possède encore à Rome les clefs de saint Pierre, quoique le pape Jules II les ait jetées dans le Tibre, et quoique saint Pierre en ait envoyé une à saint Hubert. On aurait pu croire aussi, en lisant l'Évangile, que Jésus-Christ ne remit à saint Pierre que des clefs allégoriques (1). Mais il se faut soumettre aux explications de nos

---

(1) On dit que le pape Grégoire-le-Grand envoya à notre roi Childebert une petite croix d'or, avec une lettre où il lui disait : « Nous vous envoyons la clef de saint Pierre, dans laquelle il y a de la limure de ses chaînes, afin qu'en les portant au cou vous soyez préservés de tous maux. » (Ribadeneira.)

saints théologiens; car autrement on ne sait pas trop ce qu'on lit.

On n'aurait pas pensé non plus que saint Pierre eût jamais eu un siége épiscopal, si l'on ne montrait sa chaire comme une relique. Ce petit trône, où il ne s'est jamais assis, à ce que dit Calvin, est à Rome, dans l'église de Saint-Pierre. Sous le pape Alexandre VII, il était d'ivoire et représentait, en ciselures, les travaux d'Hercule (1). Apparemment qu'on y trouva quelque chose d'incongru, car le cardinal Baronius y fit substituer un fauteuil gothique, que quelques-uns disent fait en bois gris, sans oser toutefois l'affirmer, attendu que les ornemens qui le chargent empêchent de voir la matière qu'on y a employée.

Comme saint Pierre avait siégé à Antioche, avant d'être pape à Rome, on garde à Venise, dans l'église de Saint-Pierre du château, un vieux siége de pierre qu'on nomme la chaire de saint Pierre à Antioche, et que les dévots baisent avec dévotion.

On montre, à Sainte-Marie-Transpontine, les colonnes auxquelles saint Pierre et saint Paul furent liés, lorsqu'on les flagella. Ces reliques sont moins vénérées que la colonne sur laquelle le coq de saint Pierre chanta, et qui est à Saint-Jean de Latran.

On voit aussi, chez les Franciscains, la croix de saint Pierre, et le trou dans lequel elle fut plan-

---

(1) Tillemont, *Mémoires ecclésiastiques*, tome I, p. 547.

tée. On sait qu'il voulut être crucifié la tête en bas.

On vénère à Rome, dans l'église de Saint-Pierre-aux-Liens, les chaînes que le saint porta à Jérusalem, et qu'un ange fit tomber de ses mains en le tirant de prison. On ne sait trop dire comment on a pu se procurer ces saintes chaînes, qui faisaient également de grands miracles à Constantinople.

Nous avons déjà dit qu'on en donnait des limures, sans que les chaînons en parussent usés. Les pieux portaient cela à leur cou, dans une petite clef ou dans une petite croix. Le pape limait lui-même; et saint Grégoire le Grand dit que sa lime mordait sans peine, quand il travaillait pour des gens de grande foi; mais il ne pouvait rien tirer pour les impies.

On voit qu'autrefois on délivrait les possédés en leur mettant au cou les chaînes de saint Pierre; et Sigébert rapporte dans ses chroniques, que ces saintes chaînes chassaient le diable, aussi vite que saint Pierre l'aurait pu faire lui-même.

On pense bien que les pèlerins ne manquent pas de visiter, à Jérusalem, la prison de saint Pierre, car tous ces lieux sacrés se sont conservés.

On révère à Rome, dans la chapelle de saint Pierre *in carcere*, son autre prison, c'est-à-dire, celle où il fut enfermé avant sa mort. On y montre une fontaine que le saint fit jaillir du rocher vif, pour baptiser quelques convertis. Les dévots disent que cette fontaine a le goût du lait. On fait voir aussi contre une muraille, l'empreinte du visage de ce même apôtre, la pierre s'étant amollie, quand un soldat la lui fit heurter rudement en lui donnant un soufflet (1).

On visite, auprès de Jérusalem, la grotte où saint Pierre alla pleurer son péché, sur un bloc de rocher, qui est toujours humide, depuis que le saint l'arrosa de ses larmes.

On révère à Saint-Pierre de Rome, l'autel sur lequel saint Pierre disait la messe; il n'y a que le pape qui approche de cet autel, qui est pareillement à Pise et à Naples, dans l'église de Saint-Pierre *in ara*.

On baise, à Notre-Dame-de-Lorette, l'autel sur lequel saint Pierre *chanta sa première messe*.

On conte à Livourne que saint Pierre, étant à la pêche, fit naufrage dans le pays, qu'il y éleva un autel sur lequel il célébra l'office divin; cet autel est maintenant dans une église.

On croit même à Rome que saint Pierre officiait sur un autel garni d'une nappe, comme on fait à présent; et c'est cette *nappe de l'autel sur lequel monseigneur saint Pierre chantait la messe*, qui fut envoyée par le pape Sixte IV à Louis XI, dans sa dernière maladie. Cette relique ne le guérit pas plus que la sainte-ampoule.

DES IMAGES DE SAINT PIERRE.

On a partout des images de saint Pierre qui ont

---

(1) Misson, tome II, page 234.

fait des miracles surprenans. L'image noire dont on va baiser les pieds au Vatican, et qui est coiffée d'une tiare précieuse, est, comme on sait, un ancien Jupiter Olympien.

Nous nous bornerons à rapporter ici une particularité, qui est peut-être plus curieuse qu'un miracle.

« Dans quelques villes du royaume de Navarre, lorsque la sécheresse durait trop long-temps, le clergé et les magistrats, suivis du peuple, faisaient porter l'image de saint Pierre au bord d'une rivière ; et là on chantait : *Saint Pierre secourez-nous* ; *saint Pierre, une fois, deux fois, trois fois, secourez-nous*. Comme l'image de saint Pierre ne répondait point, le peuple se fâchait et criait : *qu'on plonge saint Pierre dans la rivière*. Alors les principaux du clergé représentaient qu'il ne fallait pas en venir à cette extrémité ; que saint Pierre était un bon patron, et qu'il ne tarderait pas à les secourir. Le peuple demandait des cautions ; on lui en donnait ; et rarement, dit-on, il manquait de pleuvoir dans les vingt-quatre heures (1). »

Les païens s'indignaient pareillement contre leurs dieux et les traînaient dans la boue, lorsqu'ils n'en obtenaient rien. Les sauvages brûlent les fétiches inutiles. Auguste fit ôter du cirque la statue de Neptune, parce qu'il avait perdu quelques vaisseaux dans une tempête. — Voyez *Paul*.

---

(1) Martin de Arles, en son *Traité des Superstitions*, imprimé en 1560, cité par Saint-Foix, tome II, p. 334, édition de 1778.

PIERRE D'ALCANTARA, — franciscain espagnol, ami de sainte Thérèse, mort en 1562.

« Le bâton sur lequel il s'appuyait, ayant été fiché en terre, fut peu après changé en un beau figuier, qui produisit de très-bons fruits, dont les malades recevaient allégement à leurs maux, et se trouvaient souvent affranchis de leurs infirmités. Il se nomme aujourd'hui *le figuier des miracles* (1). »

Les austérités de saint Pierre d'Alcantara l'avaient rendu extrêmement laid; il était voûté, crochu, recourbé, basané comme un demi-nègre, les yeux enfoncés, les lèvres retirées. Il ne fut pas plutôt mort, qu'il devint frais, beau, odorant; on vit une lumière sortir de son corps. La pluie cessa par un miracle, à son enterrement.

Il fut gardé au couvent d'Arenas où, ses reliques ayant été canonisées, il fit des guérisons et des prodiges sans nombre, qui attirèrent de toutes parts les pèlerins et les offrandes.

Il apparut souvent à sainte Thérèse, qui disait que depuis sa mort le bienheureux Pierre lui apportait plus de soulagement que quand il vivait.

PIERRE D'ALEXANDRIE, — évêque et martyr dans cette ville, au quatrième siècle. Il avait un corps auprès d'Alexandrie d'Égypte où il fut enterré, et un second corps à Grasse en Provence. On dit que ce second corps est venu d'Égypte

---

(1) Ribadéneira, 18 octobre.

autrefois. Mais il est venu aussi à Tolède; et si saint Pierre n'a pas trois corps, il en a au moins deux.

PIERRE BALSAME, — ou *Pierre Apselame*, martyr qui fut brûlé au commencement du quatrième siècle, à Césarée en Palestine, où l'on garde son corps, quoiqu'il en ait un second à Venise.

PIERRE CÉLESTIN, — pape et martyr du treizième siècle. C'était un bon homme, que Boniface VIII effraya en lui faisant parler à l'oreille au moyen d'une sarbacane. Il prit les gens apostés par Boniface pour des anges, et se retira dans un monastère. Boniface, en montant sur le trône pontifical, craignit encore celui qu'il remplaçait; il le fit tuer avec un gros clou, qu'on lui planta dans la tête.

Les reliques de saint Pierre Célestin, qui ne fut pas canonisé par le pape dont il était le martyr, étaient à Férentino, où elles furent volées par un brave prélat, et transportées dans une église d'Aquila dans l'Abruzze. Il y eut pour cela des querelles et des guerres qui n'aboutirent à rien; et le saint corps fit partout des miracles, sans s'affliger du déplacement. Pierre avait une seconde mâchoire chez les Célestins de Paris.

PIERRE GONÇALEZ, — dominicain, patron des matelots espagnols, mort au milieu du treizième siècle. Son corps est à Tuy en Galice, où il fait des miracles sans nombre. Les matelots l'invoquent sous le nom de saint Elmo, le confondant avec saint Érasme, qui a huit ou neuf corps, comme nous avons dit.

PIERRE-MARTYR, — dominicain, l'un des patrons de la sainte inquisition, mort au treizième siècle.

Un jour qu'il était dans sa cellule, sainte Agnès, sainte Cécile et sainte Catherine vinrent le visiter, et passèrent plusieurs heures familièrement avec lui. Les autres moines, croyant qu'il péchait avec des femmes de la terre, l'accusèrent devant le prieur. Pierre, au lieu de découvrir les faveurs qu'il avait reçues, se prosterna en terre et confessa qu'il était un grand pécheur. Le prieur l'envoya en prison.

Un jour qu'il s'ennuyait, il dit à un crucifix : « Mais seigneur, pourquoi consentez-vous à me voir souffrir si long-temps? vous savez mon innocence. » Le crucifix lui répondit : « et moi donc, Pierre, quelles fautes avais-je faites pour être cloué en cette croix (1)? »

Saint Pierre prêcha dans la suite avec tant d'acreté qu'on l'assassina; il fut martyr comme de juste; et on l'appelle communément Pierre-Martyr ou Pierre le Prêcheur.

Son corps est à Milan; mais il a un second corps

---

(1) Ribadéneira, 29 avril. — Voyez un beau miracle de ce saint, dans les *Anecdotes du 19ᵉ. siècle*, p. 80, tome Iᵉʳ.

mi-partie à Prague et mi-partie à Palerme. Le bras qui manque au corps de Milan est à Tolède. Il a une cinquième main à l'Escurial, un vingt-sixième doigt à Césène, un vingt-septième à Como, un vingt-huitième à Vérone, un vingt-neuvième à Plaisance, un trentième à Cologne. Il en avait deux autres, avec la peau et les ongles, chez les jacobins de la rue Saint-Jacques à Paris, où l'on vénérait encore le coutelas qui fut l'instrument de son martyre; quoique ce coutelas soit également dans une église de Forli.

PIERRE-PASCAL, — évêque espagnol du treizième siècle. Comme les villes de Jaën et de Baëça se disputaient son corps, on le mit sur une jument aveugle, qui prit d'elle-même le chemin de Baëça. Ses reliques demeurèrent dans cette ville, où elles ont fait merveilles.

PIERRES MIRACULEUSES. — Nous avons déjà indiqué, dans divers articles, plusieurs pierres célèbres par des miracles. De telles reliques ne seront jamais rares, parce qu'elles ne coûtent rien, et qu'on les remplace aisément lorsqu'elles sont volées. D'ailleurs on ne les vole pas.

Les pierres dont on se servit pour lapider saint Étienne, sont à Florence, à Arles, au Vigan en Languedoc, à Poitiers. Ces dernières, qui furent trouvées en 1585, délivraient les femmes en mal d'enfant (1).

---

(1) Calvin, *Traité des Reliques.*

On révère, à Padoue, une pierre sur laquelle on coupa la tête à plusieurs martyrs. Ceux qui ont la migraine, et qui vont s'y frotter avec foi, reviennent guéris. Il y a une pierre pareille dans une chapelle souterraine de Saint-Pierre de Rome.

On faisait des miracles à Chartres, avec une pierre que l'on disait apportée du calvaire, comme celles qu'on révère actuellement au Mont-Valérien.

Les dévots honorent, à Poitiers, *la pierre qui pue*. Le diable passa un jour dans l'église de Saint-Hilaire, et fit de telles incongruités sur cette pierre, qu'elle a conservé une odeur assez mal odorante (1).

La *pierre levée* est une autre curiosité de Poitiers; on la trouve à un quart de lieue de la ville, sur le chemin de Bourges. C'est une masse brute, longue de vingt pieds, large de dix-sept, élevée sur cinq bornes hautes de trois pieds et demi. Sainte Radegonde apporta la pierre sur sa tête, et les piliers dans son tablier; elle disposa le tout comme on le voit aujourd'hui. On ajoute qu'elle s'était chargée d'un sixième pilier, mais elle le laissa tomber et le diable le ramassa.

On a fait beaucoup de recherches sur ces sortes de monumens, qui sont assez fréquens dans le

---

(1) Voici le miracle : c'est une pierre de celles que les naturalistes appellent pierres puantes, et qui, lorsqu'on les frotte, exhalent une forte odeur d'urine de chat. Il y en avait une pareille à Paris, au-dessus de la petite porte de l'église des Mathurins. (*M. Dulaure, Description du Poitou.*)

Poitou, et qui se trouvent toujours sur les bords des chemins ; on a cru enfin y reconnaître des autels agrestes à Mercure, qui était aussi le dieu des grandes routes (1).

On baise, à Rome, dans l'église de Sainte-Marie d'*Ara cœli*, une pierre plus vénérable ; c'est celle sur laquelle un ange assista à la dédicace de l'église. Il y laissa même l'empreinte de ses deux pieds.

Les Suisses font voir au contraire la *pierre du diable*, dans la vallée de Schellenen. C'est un fragment de rocher de beau granit, que le diable apporta, dit-on, pour renverser un ouvrage qu'il avait eu la complaisance de faire, et que les habitans ne voulaient pas lui payer (2).

On montre à Cologne, dans l'église de Saint-Pierre, une autre pierre du diable. L'esprit malin creva un jour la voûte, et jeta cette pierre sur un prêtre qu'il voulait tuer, mais à qui il ne fit aucun mal parce qu'il tenait le calice.

D'autres disent que cette grosse pierre était dirigée contre les reliques des trois rois ; et l'on ajoute que le diable, ayant manqué son coup à Cologne, vint à Rome, dans l'église de Sainte-Sabine, avec l'espoir d'y tuer saint Dominique. Mais son caillou ne fut pas plus heureux ; il se brisa contre le capuchon du saint qu'il ne fit qu'effleurer.

---

(1) M. Dulaure, *Description de la même province*.
(2) *Nouveau voyage en Suisse*, de Madame Williams, trad. par M. Say, tome 1er.

On vénérait, à Marseille, la pierre sur laquelle la Sainte-Vierge enfanta. Cette pierre n'a pourtant pas quitté Bethléem. On a dans cette même ville une pierre du saint sépulcre, une pierre du tombeau de Lazare, et quelques autres raretés d'aussi grand prix.

Les chrétiens d'Abyssinie révèrent la pierre qui servait d'autel à Melchisédech. On baise à Jérusalem, dans le chemin de douleur, une grosse pierre qui marque, dit-on, le lieu où Notre-Seigneur tomba en portant sa croix. On révère aux Trois-Églises, en Arménie, la pierre sur laquelle Jésus-Christ traça le plan de l'église patriarchale, avec un rayon de lumière.

On voyait partout des pierres consacrées par de semblables miracles ou par les souvenirs des saints. Mais il y en avait d'autres dont on ne savait pas l'origine. A Notre-Dame du Puy en Velay, on voyait une pierre qui avait, disait-on, la vertu d'endormir les femmes et de guérir leurs maladies. Les dames allaient en conséquence s'étendre sur cette pierre et y faire un somme.

C'est du reste un culte qui n'a manqué à aucune religion que celui des pierres (1); on a tout adoré, et puis on se vante de n'adorer qu'un Dieu.

PLATS DE LOOSDUYNEN. — La comtesse

---

(1) Les musulmans révèrent, au pied du Mont de Sainte-Catherine, une pierre sur laquelle est l'empreinte du pied du chameau de Mahomet.

de Henneberg, fille de Florent, quatrième comte de Flandres, ayant fait quelques reproches à une pauvre sainte femme qui mendiait, sur ce qu'elle faisait trop d'enfans, cette mendiante lui répondit qu'elle lui en souhaitait pour la punir autant qu'il y a de jours dans l'an ; ce qui ne manqua pas d'arriver la même année. La comtesse accoucha de trois cent soixante-cinq enfans, qui furent tous baptisés et enterrés le même jour à Loosduynen, où l'on montre comme une relique qui ôte sans doute la stérilité, les deux plats d'airain dans lesquels ces trois cent soixante-cinq enfans furent présentés au baptême (1).

—On aurait aimé à placer ici saint Platon, saint Pline et saint Plutarque ; mais chacun de ces trois saints ne présente qu'un corps, et rien de remarquable que le nom.

POLYCARPE, — évêque de Smyrne, disciple de saint Jean l'évangéliste, martyr du deuxième siècle. « Des témoins oculaires ont beau écrire
» que l'évêque de Smyrne, saint Polycarpe, ayant
» été condamné à être brûlé, et étant jeté dans
» les flammes, ils entendirent une voix du ciel
» qui criait : *Courage, Polycarpe, sois fort,*
» *montre-toi homme* ; qu'alors les flammes du
» bûcher s'écartèrent de son corps, et formèrent
» un pavillon de feu au-dessus de sa tête ; que

---

(1) Misson, tome 1er., page 16.

» du milieu du bûcher il sortit une colombe,
» et qu'enfin on fut obligé de trancher la tête
» de Polycarpe. A quoi bon ce miracle, disent
» les incrédules? pourquoi les flammes ont-elles
» perdu leur nature, et pourquoi la hache de
» l'exécuteur n'a-t-elle pas perdu la sienne?
» D'où vient que tant de martyrs sont sortis sains
» et saufs de l'huile bouillante, et n'ont pu ré-
» sister au tranchant du glaive?..... (1) »

Quoi qu'il en soit, saint Polycarpe eut la tête tranchée; et comme on craignait que les chrétiens n'adorassent encore ses os, on les brûla. Le feu ne perdit cette fois rien de sa force, et il est probable que tout fut réduit en cendres; mais les chrétiens se vantèrent d'avoir sauvé quelques ossemens, que l'on vénère peut-être toujours à Smyrne, quoiqu'ils aient été enlevés par les chevaliers de Rhodes qui, dans la suite, les transportèrent à Malte. On possède aussi à Rome divers ossemens de saint Polycarpe, sans parler d'un bras brûlé qui était à Paris à Saint-Jean-en-Grève, et d'un corps entier qui faisait des miracles à l'abbaye de Hautvillé près d'Épernay.

POLYEUCTE, — martyr de Mélitène, au troisième siècle, plus célèbre par la tragédie de Corneille que par son aventure. Son corps était à Mélitène; mais il en avait un second à Constan-

---

(1) Voltaire, *Dictionnaire philosophique*, au mot *Miracles*.

tinople, où il jouissait de la réputation de punir les parjures. On menait à son tombeau ceux que l'on soupçonnait de vol; et s'ils niaient leur crime ils étaient punis sur-le-champ, par des miracles perpétuels.

Nos rois de la première race juraient aussi par saint Polyeucte, comme par saint Martin.

PONS ou PONCE, — martyr languedocien ou provençal, au troisième siècle. Il avait un premier corps à Nice, un second corps au monastère de Saint-Pons près de Nice, un troisième corps qui fut brûlé à Cemèle dans les Alpes, par les Lombards du huitième siècle, une quatrième tête à Marseille, et diverses reliques à Pezenas et ailleurs.

PONTS. — Pont d'Avignon.

Les miracles (ou la foi aux miracles) ont quelquefois produit de bonnes choses, témoin le pont d'Avignon.

Au mois de septembre 1176, un jeune berger nommé Benezet, âgé de douze ans, eut une révélation en gardant ses brebis. Il se rendit devant l'évêque d'Avignon qui se nommait Ponce, et lui déclara qu'il avait reçu de Dieu l'ordre de construire un pont sur le Rhône. Le doux prélat prit le jeune paysan pour un insensé, et l'envoya au prevôt de la ville, en le menaçant de le faire écorcher s'il s'avisait de faire l'homme à miracles.

Benezet ne s'effraya point; il pria le prevôt de

venir avec lui aux bords du Rhône, et devant une grande foule de curieux il chargea sur ses épaules une grande pierre longue de treize pieds et la porta au lieu où le pont devait être bâti.

Il n'en fallut pas davantage. On travailla de toutes parts à répandre le bruit de ce premier miracle. On donna des indulgences à ceux qui coopéreraient au pont; les bourses s'ouvrirent, on fit des legs dans les testamens, et le pont fut construit (1).

Benezet mourut avant de l'avoir vu finir. On l'enterra sur l'édifice qu'on devait à son miracle; on bâtit tout auprès un monastère qui prospéra; et lorsqu'en 1670 on ouvrit le tombeau de saint Benezet, on le trouva si frais qu'on pouvait le prendre pour un corps qu'on y aurait mis la veille (2).

C'était une tradition populaire, dans le comtat d'Avignon, que saint Benezet avait bâti le pont tout seul; mais la construction dura onze années, et plusieurs pièces prouvent que diverses personnes y contribuèrent de leur argent. Quoi qu'il en soit, tous les légendaires conviennent qu'il se fit tous les jours des miracles, depuis le premier coup de truelle jusqu'à la fin des travaux. Le Rhône s'arrêtait, dit-on, à la voix de saint Benezet, et les plus grandes pierres se plaçaient d'elles-mêmes.

---

(1) Bouche, *Essai sur l'histoire de Provence*, t. I, p. 278.
(2) Baillet, 14 avril.

Mais, malgré le miracle de sa construction, le pont d'Avignon fut rompu sous Louis XIV ; on ne put le réparer, et il subsiste sans plus rien présenter qu'un débris. La chapelle de saint Benezet orne toujours l'une des extrémités du vieux pont ; mais on a su en construire un nouveau sous l'empire ; ce beau pont, qui est à cent pas au-dessous de celui de saint Benezet, sera long-temps admiré, sans qu'il soit nécessaire de l'attribuer à un miracle.

PONTS DU DIABLE.

On fait ce conte sur le pont de Saint-Cloud, que l'architecte ne pouvant l'achever, promit au diable (qui s'engageait à le terminer pour lui) de lui donner le premier être qui passerait dessus. Pour s'acquitter de sa promesse, il y fit passer un chat, que le diable emporta d'assez mauvaise humeur (1).

C'est encore le diable qui a fait le fameux pont de Schellenen en Suisse, que l'on appelle *le Pont du Diable*. On attribuait au diable le pont de Ceret, le pont de Pont-à-Mousson, et beaucoup de constructions difficiles. C'est avoir une opinion bien modeste des capacités humaines, et une bien haute opinion des talens du diable (2). Le pont de Sestri à Lucques avait également le diable pour architecte.

---

(1) Piganiol, *Description de Saint-Cloud.*
(2) Voyez *le Diable peint par lui-même*, ch. 19.

PONT DU SAINT-ESPRIT.

On attribue au même petit saint Benezet la construction du pont du Saint-Esprit, qui dura quarante-cinq ans, et qui selon nos bons légendaires, fut achevé en un clin d'œil.

Pendant que des moines s'opposaient à des travaux si utiles, les papes et les rois donnaient des indulgences et des priviléges à ceux qui aidaient les architectes. Il doit son nom au saint Esprit qui inspira l'idée de le construire.

Il y a plusieurs ponts miraculeux que nous ne pouvons indiquer ici, sans trop nous écarter du sujet que nous traitons.

PORTES. — On dit que les deux principales portes de la cathédrale de Pise, qui sont en fonte, sont les portes du temple de Salomon, et qu'elles furent apportées comme telles de Jérusalem. Mais outre que ces portes ne présentent aucun caractère juif, on aurait dû songer que le temple de Salomon fut détruit, avant qu'on songeât à faire des reliques chez les Pisans.

Lorsque le pape ouvre à Rome la porte sainte pour le jubilé, des maçons abattent le mur qui ferme cette porte ; on distribue les décombres aux dévôts, qui les conservent avec soin et qui ont presque autant de foi à ces reliques qu'à celles des saints. Ces pierres et le mortier béni guérissent diverses maladies.

PRAXÈDE, — vierge et martyre romaine, dont on ne sait pas l'histoire. Son corps est à Rome dans l'église qui porte son nom ; sa tête se voit à Saint-Jean-de-Latran, avec la peau, la langue, les yeux et les lèvres ; mais on ne la montre plus que de fort loin.

On vénère, dans la même église, les éponges avec lesquelles elle recueillait le sang des martyrs, et une fiole remplie de ce sang précieux.

On honore encore dans l'église de Sainte-Praxède le puits où elle cachait ses reliques, et une table de marbre sur laquelle la sainte prenait son sommeil : elle y a laissé une légère empreinte de son corps, qui n'est remarquée que par les dévots. — Les légendaires disent que sainte Praxède fut convertie par l'apôtre saint Pierre.

PRIME et **FÉLICIEN**, — martyrs à Rome, au troisième siècle. Ces deux saints frères ont chacun trois corps, 1°. à Toscanella près d'Orviette ; 2°. en France, dans la ville d'Agen ; 3°. à Stein en Carniole.

PRINCIPIN, — martyr de Souvigny en Bourbonnais, sous Agrippin, roi des Goths. Malheureusement on ne connaît point de roi des Goths qui se soit nommé Agrippin. Il fut décapité, et prit, comme saint Denis, sa tête entre ses mains. Il la porta dans une maison où demeurait un aveugle, qui se nommait Machaire. « Je suis Principin, dit-il en entrant ; on m'a coupé la tête et je l'apporte ici. »

Machaire trempe son doigt dans le sang du saint, s'en frotte les yeux et recouvre la vue.

Le corps de saint Principin était honoré à Souvigny (1).

PRIX, PREY ou PRIET, — *Projectus*, évêque de Clermont, en Auvergne, et martyr au septième siècle. Son premier corps était auprès de Venise ; il en avait un second disséminé dans diverses églises de Paris, et un troisième au monastère de Flavigny, en Bourgogne.

Il était célèbre en France par une multitude de pèlerinages. On pourrait compter plus de quatre cents églises qui faisaient des miracles au moyen de ses reliques ou de ses images.

A Cormeil, près de Paris, et dans beaucoup d'autres lieux, saint Prix recevait un culte abominable, parce qu'il avait la réputation de faire des enfans aux femmes stériles. On vit long-temps à Cormeil son image, nue comme celle de saint Guignolé, et employée aux mêmes usages.

PROCESSIONS. — On doit regarder comme la principale cause des processions publiques, la nécessité de promener et de montrer au peuple les images et les reliques. C'est ainsi que les païens promenaient leurs dieux et que nous faisons courir nos saints.

---

(1) Légende des moines de Souvigny, citée par M. Dulaure, *Description du Bourbonnais*.

On faisait aussi la procession des bêtes qu'on sacrifiait. On menait par les champs le cochon qu'on immolait à Cérès, le bouc qu'on offrait à Bacchus. On promène toujours le bœuf gras à Marseille, le jour de la Fête-Dieu (1). Il porte sur son dos un enfant, qui représente saint Jean-Baptiste. Quelques-uns prétendent que c'est un reste de paganisme; mais Ruffi attribue l'origine de cette cérémonie aux confrères du corps de notre Seigneur « qui promenaient tous les ans un bœuf, pour en régaler ensuite les confrères, le jour de la Fête-Dieu. » Il cite des pièces de 1530, qui prouvent du moins que cette procession avait alors l'usage qu'il lui donne, mais qui ne prouvent point que ce ne soit pas un reste du paganisme (2).

Les processions de reliques furent plus générales. On croyait posséder à Billom, en Auvergne, un flacon du sang de notre Seigneur, que l'on promenait tous les ans en procession, le troisième jour de mai. La marche était ouverte par quelques jeunes garçons, vêtus en anges et portant les mystères de la passion en peinture. Venaient ensuite douze hommes représentant les

---

(1) Les nourrices ont bien soin de faire baiser le museau du bœuf gras par leurs nourrissons. Elles se persuadent que cette cérémonie préserve pour toujours un enfant des maux de dents. Les bonnes femmes, qui peuvent faire entrer le bœuf gras chez elles, regardent comme un heureux présage qu'il dépose sa digestion dans leur maison ou dans leur cour.

(2) *Histoire de Marseille*, livre XIV, chap. VI.

douze apôtres, avec les instrumens de leur martyre; après cela les capucins, les pèlerins, et différens ordres de pénitens, parmi lesquels se mêlaient des femmes qui marchaient pieds nus et en chemise, la chandelle à la main.

C'était alors une dévotion que d'aller en chemise à une procession remarquable. De pieuses femmes s'y présentaient même tout-à-fait nues.

En 1224, la reine Blanche et la reine Marguerite de Provence, firent à Paris une procession où plusieurs personnes marchaient en chemise, et quelques-unes sans chemise.

En 1589, il se fit, dans le paroisse de Saint-Nicolas-des-Champs, une belle procession où marchaient plus de mille personnes, tant hommes que femmes et filles, tous absolument nus.

Le prêtre qui portait à Billom la divine relique du précieux sang, se tournait sans cesse de tous côtés pour la montrer aux dévots, et renversait à tout instant le cristal, pour faire voir que la liqueur conservait sa fluidité.

On ajoute qu'autrefois, quand le prêtre déposait sa fiole sur l'autel qui était le but de la procession, les spectateurs voyaient aussitôt une belle étoile, qui se montrait en plein midi, et qui ne se montre plus depuis long-temps.

On croit, au reste, que le sang de Billom n'était que du vin consacré à la messe (1).

---

(1) M. Dulaure; *Description de l'Auvergne.*

On faisait autrefois bien solennellement à Rouen la procession de la gargouille : c'est le nom qu'on donnait au dragon qui fut tué par saint Romain, et dont on promenait l'effigie par la ville.

Dans le quinzième et le seizième siècle, les Normands faisaient à Noël la procession des ânes. Deux ânes, chargés de chapes, marchaient suivis des chanoines habillés en prophètes. Virgile y figurait, à cause que sa quatrième églogue est, selon les théologiens, un poëme sur la naissance de Jésus-Christ. Balaam était monté sur son âne ; et Daniel menait en lesse Nabuchodonosor transformé en bœuf.

Le jour des rois, un prêtre, travesti en vierge, tenait sur ses genoux un enfant nu, que trois chanoines, habillés en mages, venaient adorer. L'un d'eux était barbouillé de noir, pour représenter un nègre.

Le samedi saint, ces trois chanoines, coiffés de béguins, pour figurer les trois Maries, allaient pleurer sur le sépulcre.

« On choisissait à Dieppe, le jour de l'Assomption, plusieurs jeunes filles. La plus belle représentait la vierge, les autres les filles de Sion. Un prêtre et onze laïcs, costumés en apôtres, portaient la Vierge, couchée dans un lit, environnée du clergé, des minimes, des capucins, et suivie des magistrats de la ville. Parmi eux étaient mêlés des hommes chargés de jeter aux spectateurs des poires molles.

» Cette procession se rendait à l'église, dans

laquelle était élevé, sur une tribune, un théâtre représentant le ciel. Un vieillard vénérable, coiffé d'une tiare, était assis sur des nuages, entouré d'étoiles et surmonté d'un soleil d'or; c'était le père éternel.

» Des marionnettes de grandeur naturelle figuraient les chérubins, parcouraient l'air, battaient des ailes, sonnaient de la trompette et faisaient jouer un carillon.

» Dès le commencement de la messe, deux anges descendaient, prenaient dans le chœur une effigie de la Vierge, et l'enlevaient dans le ciel, où le père éternel la couronnait et lui donnait sa bénédiction. Pendant toutes ces cérémonies dramatiques, un personnage, nommé *Gringalet*, égayait la fête en faisant des grimaces, des contorsions et des culbutes (1). »

Le vendredi saint, à Courtray, on donnait vingt-cinq francs à un pauvre homme pour représenter les souffrances du Sauveur. On le menait en procession dans toutes les rues, vêtu d'une robe violette, couronné d'épines et chargé d'une croix. Douze moines faisaient l'office de bourreaux, le tirant à eux de tous côtés avec de grosses cordes qui lui liaient le corps. Un autre homme venait jouer le rôle de Simon le Cyrénéen, et soulager ce malheureux, qui n'arrivait à l'église qu'à demi mort. Ordinairement il ne laissait échapper ni

---

(1) *Voyage de M. Cadet-Gassicourt en Normandie*, t. II et notes communiquées.

plainte ni murmure, parce qu'on l'assurait qu'il allait au ciel, s'il mourait sous les coups.

A Bruxelles, on crucifiait aussi un homme, le vendredi saint. Mais on prenait un scélérat condamné à mort, à qui on accordait la vie s'il jouait bien son rôle. La crucifixion ne se faisait qu'après une procession lugubre ; les confrères de la miséricorde marchaient en tête, le visage masqué, et traînant à leurs pieds de gros boulets de canon attachés avec des chaînes de fer. Des moines, travestis en Juifs et en bourreaux, accompagnaient celui qui représentait Jésus-Christ. Ils étaient armés de grands clous et de marteaux. Après la procession ils le faisaient monter sur un échafaud, le dépouillaient nu, tiraient ses habits au sort, l'étendaient enfin sur une croix haute de vingt pieds, et lui attachaient les pieds et les mains avec des courroies, sous lesquelles étaient des vessies pleines de sang, qui laissaient croire au peuple qu'on avait réellement percé les pieds et les mains du crucifié.

A Venise, le vendredi saint, on portait le saint sacrement en procession dans un cercueil couvert de velours noir.

Les pénitens, coiffés de leurs bonnets pointus, hauts de deux pieds, et les épaules nues, auraient cru mal fêter Notre-Seigneur, s'ils ne s'étaient pas fouettés jusqu'au sang, avec des fouets de cordes (1).

---

(1) *Histoire des Religions et des Mœurs de tous les peuples*, tome V, pages 104 et suivantes.

On faisait encore, à la fin du règne de Louis XV, la procession du jeudi saint, établie à Perpignan au quatorzième siècle. Cette procession, qui durait depuis dix heures du soir jusqu'à quatre heures du matin, parcourait presque toutes les rues de la ville. Les églises étaient magnifiquement illuminées. Deux trompettes et un porte-enseigne habillés de rouge ouvraient la marche. Suivaient deux bannières noires chargées des instrumens de la passion. Les pénitens venaient ensuite, masqués, coiffés de hauts bonnets pointus et portant des cierges de cire rouge.

Les confréries étaient séparées par les *mystères*; on appelait ainsi des sculptures de grandeur naturelle, portées sur des brancards et représentant les diverses circonstances de la passion. Les jardiniers portaient le jardin des olives; les menuisiers la flagellation; les procureurs le couronnement d'épines; la noblesse portait l'*Ecce-homo*.

Un bonhomme figurait Jésus-Christ portant sa croix; sainte Véronique l'accompagnait avec son mouchoir; saint Jean avec une palme, la Sainte-Vierge en pleurs, et la Madeleine avec les cheveux épars.

Il y avait aussi des *saints Jérômes*, des *Dames-Jeannes*, qui portaient le casque et la cuirasse, avec une tête de mort; les *traîneurs de chaînes* marchaient deux à deux; les *barres de fer* avaient les bras étendus sur des broches ou sur de longs morceaux de fer battu, et restaient souvent six heures dans cette position. Les flagellans avaient un jupon blanc et les épaules nues. Un amant faisait bien la cour à sa maîtresse, s'il la fouettait jusqu'au sang (1).

La fameuse procession d'Aix était plus singulière encore. On en attribue l'institution au roi René. Elle sortait à onze heures et demie de l'église de Saint-Sauveur ; la croix de la métropole ouvrait la marche, suivie de cinquante bannières représentant les corps et métiers. Venaient ensuite les ermites, les moines et les soldats du guet. La bazoche y paraissait, avec les notaires et les procureurs.

Cette procession se fait encore avec quelques suppressions. Hérode est entouré d'une douzaine de diables qui le tourmentent avec leurs fourches. C'est le jeu des grands diables.

Dans le jeu des petits diables, un enfant en corset blanc tient une longue croix, et fuit devant trois diables. Cet enfant représente une petite âme. Il a auprès de lui son ange gardien, qu'un quatrième diable rosse à coups de bâton. Les diables ont de longues cornes, des culottes noires chargées de flammes, et chacun une vingtaine de sonnettes en bandoulières. Ils tiennent la fourche à la main et sautent continuellement.

Il y a aussi une diablesse, dont le costume est la caricature des modes actuelles du pays ; elle porte une brosse et cherche à brosser l'habit du roi Hérode.

---

(1) *Voyages en France et autres pays.* Chez Briand, T. II.

Ces diables entendent la messe à Saint-Sauveur. Ils ne font pas leurs jeux dans l'église ; mais ils les commencent devant l'image de la Vierge qui est à la porte.

Dans le jeu du chat, Moïse montre au peuple les tables de la loi ; quatre ou cinq Juifs, qui représentent le peuple, tournent avec vitesse autour du veau d'or. Un d'entre eux, qui porte un chat enveloppé dans un mouchoir, le jette ensuite aussi haut qu'il peut ; il ne doit pas le laisser tomber à terre.

La reine de Saba fait les révérences en remuant les fesses avec agilité. Son écuyer porte, à la pointe d'une épée, un petit château doré, garni de girouettes. Ses trois dames d'atours ont à la main des coupes d'argent.

Dans le jeu de la belle étoile, un homme en longue robe blanche porte une étoile d'or au bout d'une perche ; les trois rois mages suivent avec leurs pages, coiffés de bonnets en pain de sucre.

Le massacre des innocens est représenté par des enfans qui se traînent à terre ; Hérode, accompagné d'un fusilier, ordonne le massacre au son du tambour.

Judas paraît ensuite avec sa bourse ; saint Paul l'épée à la main ; saint Pierre avec ses clefs ; saint Jacques avec des coquilles ; saint Luc avec la tête d'un bœuf ; saint Marc avec la tête d'un lion : saint Simon, coiffé d'une mitre, chargé d'une chape, porte au bras gauche un panier d'œufs, et distribue des bénédictions de la main droite. Saint Jean-Baptiste est vêtu d'une peau de mouton.

Les apôtres et les évangélistes marchent sur deux files. Ils font place à Judas, qui donne le baiser à Jésus-Christ, habillé d'une longue robe et portant sa croix.

Cette scène est suivie du ballet des chevaux de frise, exécuté par sept ou huit jeunes gens sautant en cadence, le corps passé dans des chevaux de carton.

Les danseurs leur succèdent, et sont remplacés par des teigneux, qui figurent les lépreux de l'Évangile. Tous ont la tête rase. L'un porte un peigne, l'autre une brosse, un troisième des ciseaux ; un quatrième, coiffé d'une vieille perruque, évite tant qu'il peut la rencontre de ses trois compagnons.

Saint Christophe, qui vient après, porte un petit Jésus sur l'épaule droite. C'est un mannequin haut de neuf à dix pieds, qu'un crocheteur fait mouvoir.

Le vilain jeu de la mort succède à saint Christophe. Un homme habillé d'un surtout noir, peint en squelette, traîne une faux sur le pavé, et fait reculer les spectateurs qui ne donnent pas une pièce de monnaie à son quêteur.

La veille de la Fête-Dieu, on faisait autrefois la course du guet, où figuraient la Renommée à cheval, le duc et la duchesse d'Urbin montés sur des ânes (1), Momus à cheval, Mercure, la Nuit, Pluton, Proserpine, Neptune, Amphitrite, Pan, Syrinx, tous à cheval; Bacchus dans un petit char; Mars, Minerve, Apollon, Diane, Saturne, Cybèle, à cheval; Jupiter, Junon, Vénus, Cupidon, dans un char très-brillant; tous ces dieux vêtus d'une manière bizarre et mêlés avec les apôtres, les saints, les trois parques, la reine de Saba, les diables et le reste (2).

Cette fête se fait à Aix tous les deux ans; mais elle a subi beaucoup de modifications. Elle attire cependant un grand nombre de curieux.

La procession de la Fête-Dieu d'Angers n'était guère moins remarquable.

A la procession de Beauvais, où les femmes ont le pas sur les hommes, en mémoire de l'action héroïque de Jeanne Hachette, on portait solennellement la châsse de sainte Angadrème, patronne de la ville, qui était déposée dans l'église de Saint-Michel. Lorsqu'on s'arrêtait à la cathédrale, les chanoines, gardiens de la châsse, avaient bien soin de ne la pas laisser entrer dans le chœur, parce qu'on savait que le chapitre de la cathédrale s'en serait emparé.

Cette châsse, perdue à la révolution, fut retrouvée par un chanoine; et la procession rétablie

---

(1) Pour railler un duc d'Urbin qui fut vaincu par le fils du roi René en 1461.

(2) *Soirées provençales* de M. Bérenger. *Voyages en France, Histoire des Religions*, etc.

en 1806, par un décret impérial daté du camp de Posen (1).

Il y avait, à Autun, à Dijon, à Rouen, et dans beaucoup d'autres villes, des processions plus ou moins curieuses, des fêtes de fous, des fêtes de l'âne; on promenait avec les reliques des ânes mitrés. On jouait aux dés dans les églises; on mangeait la soupe sur l'autel où le prêtre officiait. On faisait des feux de joie dans le chœur; on brûlait de vieilles savates, etc. La plupart de ces farces pieuses furent supprimées par le concile de Trente, qui défendit aussi le mariage des prêtres.

On faisait à Marseille la course du cheval de saint Victor, le jour de sa fête. Un gentilhomme marseillais, qui avait le titre de capitaine de saint Victor, paraissait à cheval, armé de toutes pièces et tenant en main un guidon de satin cramoisi, sur lequel était brodée l'image du saint. Il fermait la grande procession de toutes les églises; mais à chaque instant il se détachait pour faire des courses dans différentes rues. On lui donnait ensuite une somme d'argent.

Depuis le commencement du dix-septième siècle, cette parade continua, sans faire partie de la procession.

D'autres cavaliers couraient aussi le guet de saint Lazare; et dans tout le midi les fêtes des

---

(1) *Histoire des Religions et des Mœurs*, tome VI.

saints dont on avait quelques reliques se célébraient avec des cérémonies semblables.

On promène toujours à Tarascon la tarasque, ou le dragon de sainte Marthe. C'est une longue poutre peinte, ou un dragon de toile empaillée, que l'on charge d'artifices pour le dénoûment.

A Montpellier on fait toujours la danse du chevalet, durant les huit jours de la Fête-Dieu. On ne sait trop l'origine de cette cérémonie. Des hommes dans des chevaux de frise courent les rues, avec des polichinelles qui les font danser. Ce n'est peut-être pas un mauvais moyen d'adorer Dieu que de se divertir sans scandale.

La procession de la Fête-Dieu, à Valréas, au comtat Venaissin, avait quelque chose de gracieux. Un homme, habillé en laboureur qui va semer, ouvrait la marche. On conduisait à côté de lui une charrue décorée de rubans, de branches de buis, et accompagnée de divers instrumens d'agriculture. On avait élu un roi des bouviers, qui assistait à la procession, la hallebarde à la main (1). Ces cérémonies simples et innocentes valent mieux sans doute que les fêtes de certains moines.

Par exemple, la fête des Innocens, chez les cordeliers d'Antibes, se célébrait d'une manière si abjecte, que l'on ne conçoit pas de telles brutalités. Les pères religieux n'allaient pas au chœur

---

(1) M. Dulaure, *Description du comtat Venaissin*.

ce jour-là ; mais les frères lais, les frères coupe-choux, les quêteurs, les cuisiniers et les marmitons s'emparaient de l'église et y faisaient l'office. Ils s'habillaient de vieux habits sacerdotaux qu'ils mettaient à l'envers; ils tenaient leurs livres du bas en haut, et ils portaient sur le nez des lunettes dont ils avaient ôté le verre, pour le remplacer par des morceaux d'écorce d'orange; ce qui leur donnait une figure épouvantable. Ils ne chantaient point d'hymnes ; ils poussaient des cris et des sons mal articulés : on aurait cru entendre une bande de porcs.

Et c'est par ces abominations que les moines souillaient les temples (1), dans les mêmes temps où l'on brûlait un laïc, qui avait manqué de respect à une image de pierre.

Les processions des rogations, instituées à Poitiers par saint Mamert, étaient autrefois entourées de coutumes assez singulières. Bouchet, témoin oculaire (2), raconte que, quand cette procession passait dans le faubourg du Pont-Joubert, le trompette de la ville, monté sur un rocher, lançait contre la châsse de saint Hilaire une bouteille pleine de vin : s'il était assez adroit pour la toucher, il avait la valeur de la partie de la châsse que le vin avait mouillée. Mais aussi il était excommunié.

---

(1) *Lettre du P. Neuré à Gassendi en 1645*, citée dans le *Voyage de M. Cadet-Gassicourt en Normandie.*

(2) Cité par M. Dulaure, *Description du Poitou.*

On figurait, dit-on, par-là les persécutions des infidèles qui, en pervertissant les chrétiens, sont maudits et damnés.

On supprima cette cérémonie au commencement du seizième siècle, parce qu'il se trouvait des gens qui s'en moquaient; ce qui était aux bonnes personnes scandale et occasion de pécher. Mais on conserva l'usage de porter à ces processions la figure d'un dragon volant, que le peuple nomme *la bonne sainte Vermine*; on voulait rappeler le dragon dont sainte Radegonde avait délivré le pays.

Il n'y avait guère de processions qui n'eussent quelque chose d'absurde. A Paris, le dragon de saint Marcel avait toujours la gueule ouverte; et les dévots se croyaient obligés d'y jeter quelque chose pour les bedeaux.

Mais il faudrait plusieurs volumes pour faire un traité complet de nos processions; nous devons nous borner aux principales; nous avons parlé de quelques autres, qui ne sont pas mentionnées ici, dans les articles des saints qui en furent l'objet (1).

PROTAIS. — Voyez *Gervais et Protais.*

PROTE, — martyr avec saint Hyacinthe, au commencement du quatrième siècle. On prétend

---

(1) Les autres processions remarquées dans cet ouvrage sont indiquées au mot *Procession* dans la dernière table.

que ces deux saints étaient eunuques. Ils ont laissé chacun trois corps ; premièrement à Rome, dans l'église de Saint-Jean-des-Florentins ; 2°. à Selgenstad sur le Mein ; 3°. à Como dans le Milanais.

PROVERBES. — *Il vaut mieux s'adresser à Dieu qu'à ses saints.*

Il n'est telle chasse que de vieux chiens ; il n'est bonne châsse que de vieux saints.

A chaque saint sa chandelle.

On dit d'un homme dont les affaires vont mal qu'*il ne sait plus à quel saint se vouer.*

Un homme disgracié est un *saint qu'on ne chôme plus*, ou qui n'est bon à rien.

On dit d'un honnête homme : *il y a pires saints en Paradis ;* et d'un hypocrite : *c'est un petit saint de bois*. — *On n'a point foi à ses reliques*, etc.

On respecte une femme *comme un corps saint*, lorsqu'elle n'est pas aimable et qu'on ne la touche pas. *C'est une relique.*

Un homme chaussé trop étroitement est *à la prison de saint Crépin.*

Si deux personnes ne peuvent se quitter, *c'est saint Roch et son chien.*

On dit d'un homme qui estime quelque objet qu'*il en fait une relique.*

On dit d'une belle femme qui est sotte que c'est *une belle image.*

Il ne faut pas chômer les fêtes, avant qu'elles ne soient venues.

Il y en a beaucoup d'autres.

PUDENTIANE ou POTENTIANE, — sainte du deuxième siècle, dont on ne sait absolument rien. Son église, qui est fort ornée, passe pour l'une des plus anciennes de Rome, où l'on vénère sa tête. Son corps était à Châtillon-sur-Seine; elle en avait un second à Bologne, un troisième à Prague, diverses reliques à Douay, à Parme, à Cologne.

On vénère à Rome un puits où elle cacha, dit-on, le sang de trois mille martyrs (1). — On fait sainte Pudentiane sœur de sainte Praxède.

Q.

QUARANTE MARTYRS. — C'est sous ce nom qu'on désigne quarante soldats de la garnison de Sébaste en Cappadoce, qui souffrirent le martyre en 320, sous la persécution de Licinius. On les condamna aux flammes; et après que leurs corps furent réduits en cendres, on les jeta dans l'Iris. Mais ces saints restes brillaient dans l'eau comme des diamans, à ce que dit Ribadé-neira; si bien que les chrétiens les découvrirent, et qu'en peu de temps, selon saint Grégoire de Nysse, il n'y eut presque pas de pays dans la chrétienté qui n'eut quelque chose de leurs reliques.

Dès le sixième siècle, on aurait fait plus de

---

(1) *Merveilles de Rome*, édition de 1730, page 58.

cent vingt corps avec ce qu'on montrait des cendres des quarante martyrs.

Une dame de Constantinople s'était fait enterrer avec un petit coffre plein de ces saintes reliques ; comme cette femme était de l'hérésie macédonienne, les quarante martyrs se déplûrent en sa compagnie. Ils apparurent tous ensemble, vêtus de robes blanches, dans la chambre de l'impératrice Pulchérie, et lui demandèrent de les loger en lieu plus convenable. Saint Thyrse, à qui la princesse faisait alors bâtir une église, arriva en même temps, désigna à Pulchérie le lieu où elle trouverait les cendres des quarante martyrs, et lui ordonna de les faire transporter auprès de son corps, et de leur rendre les mêmes honneurs qu'à lui Thyrse et aux autres grands saints.

Les saintes cendres se trouvèrent ; on les plaça honorablement ; elles firent tant de miracles, qu'en 590 l'empereur Maurice dédia une belle église sous le nom des Quarante Martyrs. On vénère encore à Milan, à Rome, à Brescia, et dans une foule d'autres villes, quelques restes qu'on attribue à ces saints.

QUATRE COURONNÉS.— On nomme ainsi, sans trop savoir pourquoi, quatre martyrs qui s'appellent Sévère, Severin, Carpophore et Victorin. Leurs corps sont à Rome dans l'église des Quatre Couronnés, qui est un titre de cardinal ; mais ces mêmes corps sont aussi à Toulouse.

QUENTIN, — martyr au Vermandois en 287. On dit que Rictius-Varus lui fit vainement souffrir divers supplices. On lui brûla les côtes, on le déchira avec des peignes de fer, on lui perça tous les membres avec de longues broches. Il fallut pour se défaire de lui, lui faire trancher la tête. On jeta son corps et son chef dans la Somme, où ces saintes reliques demeurèrent ignorées plus d'un demi-siècle.

Enfin une femme qui se nommait Eusebie, et qui était aveugle depuis neuf ans, eut révélation qu'elle recouvrerait la vue par l'attouchement des reliques de saint Quentin ; elle les fit chercher aux bords de la Somme, dans les lieux que la révélation lui avait indiqués ; et aussitôt qu'elle se fut mise à genoux, le saint corps, blanc comme la neige, et odorant comme les parfums exquis, sortit de la bourbe et vint se jeter entre les bras des bateliers. La tête qui était un peu plus loin, s'empressa en même temps de se rejoindre au corps. Eusebie recouvra l'usage de ses yeux, et fit bâtir une église, où l'on ensevelit honorablement les restes du saint. Tout cela se passait dans un faubourg d'Augusta, qui porta depuis le nom de saint Quentin.

On enterra si bien le corps et la tête de Quentin, qu'on ne le retrouva plus, pendant trois cent vingt ans. Mais comme son nom était très-révéré, on s'avisa, en l'an 640, de le rechercher de nouveau pour le mettre dans une châsse. Un prêtre nommé Morin, qui avait été chapelain de la cour, et qui s'y était perverti, eut la présomption qu'il découvrirait saint Quentin. La témérité de ce lubrique fut punie. Il n'eut pas plutôt prit le hoyau pour fouiller dans l'église, qu'il tomba paralytique; le manche du hoyau, s'attacha à sa main sans qu'on pût l'en ôter; les vers qu'il avait remués se jetèrent sur son corps avec fureur. En vingt-quatre heures, ce fut un homme mort; ce qui sema l'épouvante et fit bien redouter le saint.

Lorsque saint Éloi fut fait évêque de Noyon et du Vermandois; il voulut à son tour retrouver Quentin. Comme il était saint, il ne craignit pas d'être mangé par des vers en fureur.

Premièrement il s'adressa à Jésus-Christ et lui dit : « Je vous proteste que je ne prendrai aucune nourriture, jusqu'à ce que vous m'ayez fait découvrir le corps du martyr Quentin. » C'était en l'année 641, un an après l'accident de Morin. Le ciel se soumit à la volonté si fortement prononcée d'Éloi, qui fit fouiller et qui trouva ce qu'il cherchait, dès le premier jour.

Il fit mettre le corps de Quentin dans une châsse d'or, d'argent et de pierreries. Il en ôta les dents et les cheveux; il retira les broches et les clous que les bourreaux avaient fichées dans le corps du saint; il distribua à diverses églises ces précieux objets, qui faisaient beaucoup de miracles.

Le corps et la tête de saint Quentin doivent être toujours dans la ville qui porte son nom. Avant la révolution, ces reliques étaient gardées par quatre ou cinq moines, qui avaient vingt-cinq mille livres de rentes.

On dit qu'il a une seconde tête et une troisième main à Cambray, comme il avait une troisième mâchoire à Port-Royal de Paris. Toutes ces reliques échappèrent aux ravages des Normands.

On montrait aussi à Saint-Quentin, dans un reliquaire de grand prix, une grosse dent, que l'on disait la principale de celles qu'Éloi tira du chef de notre saint. La mâchoire jeta un sang frais et vermeil, que l'on a conservé; et la dent répandit à l'instant une si grande clarté, que toute l'église en fut éclairée, quoique ce fût au milieu de la nuit. Il est vrai qu'Éloi avait fait allumer trois ou quatre cents flambeaux. Mais pour montrer que le miracle est incontestable, on ajoute que la lumière de la dent se répandit aussi par toute la ville. Nous n'y étions pas pour disputer là-desssus.

L'église de saint Quentin célèbre toujours ce prodige, et tâche de suppléer au miracle qui ne s'est fait qu'une fois, par une immense quantité de cierges. Cette cérémonie, qui s'appelle l'*allumerie*, a lieu le 2 de janvier.

QUINTIEN, — évêque de Rodez et ensuite de Clermont en Auvergne. Son corps demeura dans cette dernière ville. — C'est à lui que saint Amand ou Chamant se montra, pour le gourmander d'avoir exposé ses os pouris à un culte qui n'est pas dû à des os pouris. — Quintien mourut en 527.

QUIRIN, — martyr de Sisseg en Pannonie au quatrième siècle. On le fit jeter à la rivière avec une meule au cou. Mais, chose admirable! cette meule de moulin nageant sur l'eau conservait la vie à celui que l'on voulait noyer.

Quirin, entraîné par le cou, à la suite de sa meule qui flottait, se mit à louer et glorifier la majesté divine qui confondait ses ennemis. Il fit ensuite, dans cette position, un bon sermon aux chrétiens qui se trouvaient sur le rivage, pour les confirmer dans la foi, Après quoi, las de nager, il s'en alla doucement au fond de l'eau, comme dit le révérend père Ribadéneira, au quatrième jour de juin.

Son corps fut nécessairement retiré dans la suite, et enterré à Sabarie. On prétend qu'il fut apporté à Rome, vers l'an 395. Si cela est vrai, saint Quirin n'a que quatre corps. Le premier est à Rome dans l'église de Sainte-Marie *in trastevere*, le second à Milan, le troisième à Aquilée. Le quatrième fut apporté en 746 dans l'abbaye de Tegernsée en Bavière. Il doit être à Frising.

FIN DU TOME SECOND.

www.ingramcontent.com/pod-product-compliance
Lightning Source LLC
Chambersburg PA
CBHW070200240426
43671CB00007B/502